Thomas Borer-Fielding
Public Affairs

Thomas Borer-Fielding

Public Affairs

Bekenntnisse eines Diplomaten

Econ

Econ Verlag
Econ ist ein Verlag des Verlagshauses
Ullstein Heyne List GmbH & Co. KG, München
1. Auflage 2003

ISBN 3-430-11567-1
Copyright der deutschsprachigen Ausgabe
© 2003 by Ullstein Heyne List GmbH & Co. KG, München
Alle Rechte vorbehalten. Printed in Germany
Gesetzt aus der Sabon und Syntax bei
Franzis print & media, München
Druck und Bindung: Ebner & Spiegel, Ulm

Für Shawne

Inhalt

1. Ambassador Grounding

> If you are to stand up for your Government,
> you must be able to stand up to your Government.
> *Harold Caccia*

Karfreitag 2002. Endlich Ferien! Die ersten Monate des Jahres waren wieder einmal voller Arbeit. Müde, aber glücklich treten Shawne und ich unseren lang geplanten Urlaub an. Am Abend fliegen wir via München in Richtung Afrika. Elf Stunden später – es ist bereits Karsamstag – begrüßt uns der türkis schimmernde Indische Ozean mit seinen gekräuselten Wellen. Strahlender Sonnenschein und milde tropische Temperaturen vertreiben die Flugmüdigkeit aus unseren Gliedern. Ankunft auf Mauritius! Angesichts der langen Sandstrände sind Alltag und Stress augenblicklich vergessen. Vorbei an Palmen und Hütten bringt uns ein fröhlicher einheimischer Taxifahrer in den Südwesten des malerischen Eilands auf die Halbinsel Le Morne, in das zwischen feinkörnigem Sandstrand und spektakulären Felsen gelegene Ressort Dinarobin. Zunächst ruhen wir uns etwas aus, genießen das entspannende Meeresrauschen vor unserer Tür. Später erkunden wir die nähere Umgebung und die zahlreichen Sport- und Wellnesseinrichtungen der reizvollen Hotelanlage. Am zweiten Tag, es ist der Ostersonntag 2002, sind wir schon ganz eingetaucht in den erholsamen Luxus. Shawne ist so glücklich. Ihre Augen leuchten. Ihr Wunschurlaub hat begonnen. Ausgelassen und hungrig betreten wir mit zwei Berliner Bekannten, die wir hier zufällig getroffen haben, gegen ein Uhr das Strandrestaurant des Nachbarhotels. Im geschmackvoll ausgestatteten Ambiente fühlen wir uns wohl. Shawne ist die Entspannung anzusehen, sie wirkt besonders schön.

Direkt nach dem Frühstück sind wir zu unserer ersten Golfpartie losgezogen. Shawne, die Golf sonst unendlich langweilig findet – »It is like watching paint dry!« –, hatte die Initiative ergriffen. Der Achtzehn-Loch-Championship-Golfplatz vor der eindrucksvollen Felsenkulisse des Berges Le Morne hatte selbst sie verführt. Wenn ich Golf spiele, erlaube ich mir, was ich sonst nie wagen würde: Ich schalte mein Handy aus. Ein kluger Mensch hat einmal gesagt, dass nur Domestiken permanent erreichbar sein müssen, Entscheidungsträger sich dagegen durch ihre Abschirmung auszeichnen. Richtig – aber so wenig es ins Klischee passt: Diplomaten *sind* Diener, Diener ihres Staates. Nun, im wohl verdienten Erholungsurlaub und am höchsten kirchlichen Feiertag des Jahres erlaube ich mir, für ein paar Stunden unerreichbar zu sein. Den ganzen Freitag und Samstag über war das Handy angeschaltet. Niemand wollte mich sprechen.

»Mr. Borer, there's an urgent message for you! You need to call your ministry immediately. Here is the number.«

Der Portier schiebt mir eine Schweizer Handynummer zu. Sie gehört Bernardino Regazzoni, einem persönlichen Mitarbeiter meines Außenministers Joseph Deiss. Durch die zweistündige Zeitverschiebung ist es in der Schweiz kurz nach elf Uhr morgens. Ostersonntag, Kirchgangzeit. Warum ein Anruf aus Bern und nicht aus Berlin? In meiner Zeit als Sonderbotschafter für die Task-Force »Zweiter Weltkrieg« hätte mich dieser Umstand nicht gewundert. Stündlich musste ich mit unvorhergesehenen Entwicklungen rechnen, auch an Feiertagen und in den Ferien. Nun bin ich seit knapp drei Jahren Botschafter in Berlin, und wenn es dort irgendwo brennen würde, riefe mich mein Stellvertreter Emanuel Jenni an. Für die Dauer meines Urlaubs habe ich ihn beim deutschen Außenminister Joschka Fischer als Geschäftsträger angemeldet. Ganz offiziell mit einer diplomatischen Note, wie man das seit Jahrhunderten im zwischenstaatlichen Verkehr praktiziert. Bevor der Gesandte Jenni, ein ruhiger und kompetenter Mann, mein Erholungsbedürfnis missachtet, müsste schon eine Katastrophe passieren.

Wie in Berlin ist in Bern die Regierung am Karfreitag in den Osterurlaub gefahren. Der Regierungsapparat läuft auf Sparflamme, mit einer minimalen Personalbesetzung, die eben ausreicht, um bei unvorhergesehenen Problemen schnell die ersten Schritte einzuleiten. An bestimmten Tagen des Jahres sind alle Regierungen der Welt verwundbar. Als 1990 der Irak seinen Nachbarn Kuwait ausgerechnet im August überfiel, löste das hektische Betriebsamkeit bei den reduzierten Stäben in der westlichen Welt aus. Das Gros des politischen Establishments, ob in Washington, London, Paris oder in Bern, befand sich in den Ferien. Als Mitarbeiter der Völkerrechtsdirektion des EDA – des Eidgenössischen Departments für Auswärtige Angelegenheiten, das dem deutschen Auswärtigen Amt entspricht – und obendrein damals noch Junggeselle, gehörte ich zu denjenigen, die im Hochsommer Dienst schieben mussten. An Ostern 2002 hingegen gibt es keine zugespitzte weltpolitische Situation. Schon gar keine, die ein unmittelbares Eingreifen des Schweizer Botschafters in der Bundesrepublik Deutschland verlangte. Natürlich besitzt das Dinarobin eine Satellitenfernsehanlage, und so haben Shawne und ich schon vor dem Frühstück kurz ins CNN-Programm hineingezappt. Zusammen mit dem »BBC World Service« bildet es die aktuellste Nachrichtenquelle selbst für Diplomaten im Ausland. Keine besonderen Vorkommnisse. Deswegen lasse ich mich nicht aus der Ruhe bringen und bin Bernardino gegenüber sogar noch zu Scherzen aufgelegt: »Was gibt's so Dringendes in Bern? Findet ihr eure Ostereier nicht?«

»Ich bin unterwegs, wie du«, tönt es aus dem Hörer. »Aber Bundesrat Deiss hat mich angerufen. Es gibt da so einen Artikel im *Grüezi*.* Er will mit dir darüber sprechen.«

---

* Name geändert

11

Meine Stimmung kühlt sofort um ein paar Grad ab: Das sonntägliche *Grüezi* und sein wochentägliches Schwesterblatt *Adieu**,* die beiden einzigen Boulevardzeitungen der Schweiz, haben sich schon lange auf uns eingeschossen. Während die deutschen Medien meine Arbeit loben und Shawnes Auftritte lieben, verfolgen uns die beiden Blätter regelmäßig mit unglaublicher Häme.

»Was steht drin?«, frage ich knapp.

»Weiß ich leider auch nicht. Wie gesagt, ich bin nicht zu Hause. Aber ich kümmere mich jetzt gleich drum und melde mich wieder. Lass dein Natel an!«

Natel, so nennen wir Schweizer unsere Handys. Selbstredend können wir im Hotel keine schweizerischen Zeitungen auftreiben, die deutsche *Bild* stammt von Donnerstag, die *FAZ* ist noch älter. Nur mein Handy und das Faxgerät beim Empfangschef ermöglichen eine aktuelle Verbindung in die Schweiz, denn bei allem Luxus fehlt unserem Hotelappartement ein Internetanschluss. Das Handy kann keine Zeitungsseiten übermitteln und das Faxgerät kämpft, wie sich rasch zeigen wird, mit den mageren Leitungskapazitäten auf Mauritius. Was tun? Seit ich weiß, dass ich Vater werde – eine ganz frische Nachricht, außer Shawne und mir weiß noch niemand von unserem Glück –, sorge ich mich ums Befinden meiner Frau. Ein gutes Mittagessen erscheint mir jetzt vorrangig. Solange ich nichts Näheres weiß, werde ich Shawne nicht beunruhigen. Gerade heute, wo sie so glücklich ist! Ihr gehen öffentliche Vorwürfe seit längerem an die Nieren, ganz besonders, wenn sie, wie dies oft der Fall ist, aus der Luft gegriffen sind. Und sie findet sowieso, ich arbeite zu viel – und ernte vor allem Undank. Mit unseren Bekannten nehmen wir deshalb in aller Ruhe das Mittagsmahl ein.

Eine Dreiviertelstunde später weiß ich immer noch nicht mehr. Augenscheinlich findet Bernardino, wo immer er sich aufhält, keinen geöffneten Kiosk oder kein Telefax. Nach kur-

* Name geändert

12

zem Zögern wähle ich die Nummer von Ruedi Christen. Als Pressesprecher des EDA müsste er auch am Wochenende auf dem Laufenden sein. Nach einigen Fehlversuchen habe ich ihn an der Strippe. Er ist in Paris. Zum Glück klingt seine Stimme einigermaßen gelassen, er bestätigt jedoch meine dunklen Vorahnungen. Eine unangenehme Geschichte, sagt er. Unter der Schlagzeile »Borer und die nackte Frau« mache *Grüezi* eine große Titelstory auf. Vor vierzehn Tagen hätte ich zwielichtigen Damenbesuch empfangen. Kameras des deutschen Bundeskanzleramts, in unmittelbarer Nachbarschaft der Schweizer Botschaft gelegen, hätten den Besuch aufgezeichnet. Der Artikel insinuiere ein weitergehendes Verhältnis zwischen mir und einer Dame namens Armelle Ménager*. Das Ganze sei vage geschrieben und kaum gerichtsfest, und man wolle meine Version hören, bevor man etwas unternehme. Allerdings sei der Artikel reich bebildert, und die Fotos gäben Anlass zum Nachdenken. Natürlich werde er alles so schnell wie möglich nach Mauritius faxen.

Wie gut Ruedi Christen Bescheid weiß – und vor allem wie lange schon –, erfahre ich erst später. Hätten er und das EDA sich korrekt verhalten, hätte ich das Erscheinen des Artikels mit juristischen Mitteln verhindern können. Daher gab mir *Grüezi* auch keine Gelegenheit, vorgängig dazu Stellung zu nehmen. Meiner Familie wäre viel Leid und der Schweiz eine Blamage erspart geblieben. Aber einmal mehr versagt der Krisenmechanismus im EDA. Ein guter Pressesprecher wird selten von Kampagnen überrascht. Es gehört zu seinen Aufgaben, das Gras in der Medienlandschaft wachsen zu hören, und Christen – selbst kein Diplomat, sondern als ehemaliger Frankreich-Korrespondent des Schweizer Fernsehens ein gewiefter Medienprofi – hat sehr gute Ohren. Vor allem verschweigt er mir, was ich wenige Stunden später mit eigenen Augen lesen kann: dass er *Grüezi* bereits ein Interview gegeben hat. Es steht neben diesem Meisterstück an Hinrichtungsjournalismus und nimmt

---

* Name geändert

leichtfertig den Ball auf, der ihm vom Interviewer zugespielt wird: Ob Botschafter Borer nicht endgültig erpressbar geworden sei?

Erpressbarkeit ist wichtig bei solchen Geschichten. Nur Erpressbarkeit schafft eine politische Kategorie. Alles andere ginge – selbst wenn es wahr wäre – weder das Außenministerium noch die Öffentlichkeit etwas an. Ein erpressbarer Botschafter jedoch muss abberufen werden, er wäre eine Gefahr für sein Land. Genau deswegen bringen die *Grüezi*-Journalisten gleich einen kriminellen Touch in die Story: Der Ex-Freund meiner angeblichen Affärenpartnerin sei mehrfach vorbestraft! Später müssen sie das wie vieles andere korrigieren, denn das Schweizer Nachrichtenmagazin *Facts* recherchiert, dass es sich um das Schwerverbrechen der Fischwilderei handelt – besser bekannt unter dem Begriff »Angeln ohne Angelschein«. Eine echte Bedrohung der schweizerischen Staatsinteressen!

Kommt deutschen Lesern das Muster bekannt vor? Als in den achtziger Jahren der Vier-Sterne-General Günter Kießling von Boulevardmedien der Homosexualität beschuldigt wurde (obschon die sexuelle Orientierung auch damals kein justiziabler Tatbestand war), stach nur der gezinkte Trumpf, dass er sich, im zweifelhaften Milieu von Strichjungen verkehrend, zum wohlfeilen Zielobjekt der Geheimdienste mache. »Erpressbarkeit«, entschied der damalige deutsche Verteidigungsminister Manfred Wörner und entließ den verdienten Offizier. Vorschnell. Denn an der Geschichte stimmte nichts, eine Doppelgänger-Affäre mit irrigen Zeugenaussagen. Der Minister wurde nach Brüssel weggelobt, aber die Karriere des Generals blieb trotz erwiesener Unschuld ruiniert. Manche Boulevardmedien brauchen keine belegbaren Vorwürfe. Ihre Dumdumgeschosse verrichten selbst dann die Vernichtungsarbeit perfekt, wenn das Opfer die Anschuldigungen widerlegen kann. Die verlorene Ehre der Katharina Blum lässt doch immer wieder grüßen.

Shawne hat schon beim ersten Telefonat gespürt, dass ein Gewitter aufzieht. Das sehe ich ihrer Miene an. Wir verabschieden uns von den Berliner Bekannten, stapfen zu unserem im Mauritius-Stil gehaltenen Chalet unweit des traumhaft weißen Sandstrands. So eine schöne Umgebung, und so eine niederträchtige Störung! Mit knappen Worten berichte ich meiner Frau, was ich zu diesem Zeitpunkt weiß. Sie bricht in Tränen aus. Schon die früheren Angriffe von *Grüezi* und *Adieu* haben sie mitgenommen, denn Shawne liebt die Schweiz, nimmt alle repräsentativen Aufgaben als Botschaftergattin mit großem Enthusiasmus wahr, und die Schweizer – ein Kardinalirrtum von *Grüezi* und *Adieu* – haben sie ebenfalls gern. »Why do they hate us so much?«, fragt sie verzweifelt.

Darauf weiß ich keine Antwort. Nur eins ist klar: Nach anderthalb friedlichen Tagen ist der Urlaub vorbei. Ich bin wieder dort angelangt, wo mich viele Menschen ohnehin ansiedeln: beim Krisenmanagement auf exponiertem Posten. Troubleshooting nennen das die Amerikaner. Nur dass es diesmal um meine Privatsphäre geht, und Angriffe darauf viel schwerer zu kontern sind als gegnerische Züge in politischen Krisen. Aber was bleibt mir anderes übrig? Zusammen mit meiner Frau nehme ich die Herausforderung an.

Während der *Grüezi*-Artikel im Schneckentempo durch europäische und afrikanische Telefonleitungen kriecht – es dauert Stunden, bis ich ihn in kaum lesbarer Qualität in den Händen halte, auf dem schwarzgrauen Einerlei der Fotos ist kaum etwas erkennbar –, strapaziere ich mein Motorola bis an die Belastungsgrenze. Hin und wieder greife ich zu Shawnes Handy. Nach einer Stunde kann man auf beiden Geräten beinahe Spiegeleier braten, so heiß sind sie gelaufen. Zwar lässt sich auf Mauritius das internationale Netz erreichen, aber die Verbindungen werden immer wieder unvermittelt unterbrochen und man muss sich erneut einwählen. Ohnehin schwer genug, am Ostersonntag wichtige Leute zu erreichen.

Mit dem Ersten habe ich Glück: Mein Freund Thomas Steg, Chef-Redenschreiber von Bundeskanzler Schröder in Berlin, nimmt persönlich ab. Er verspricht mir, unverzüglich die Be-

15

hauptung zu überprüfen, wonach die Kameraobjektive des deutschen Kanzleramts den Eingang zur Schweizer Botschaft abdeckten. Während er die entsprechenden Wachschutzbeamten zu erreichen versucht, telefoniere ich schweizerische und deutsche Freunde an, darunter Anwälte und Kommunikationsspezialisten. Vergeblich. Entweder ist keiner zu Hause, oder die Angerufenen lesen das Boulevardblatt nicht (was ich ihnen kaum verdenken kann). Dann ruft Thomas Steg zurück und bestätigt: Die Überwachungskameras können keine nächtlichen Bilder von der vermeintlichen Geliebten geliefert haben. Sie sind ausschließlich auf den Eingangsbereich des architektonisch eindrucksvollen Bundeskanzleramts gerichtet. Was sich daneben in der Schweizer Botschaft abspielt, wird vom Bundesgrenzschutz nicht aufgezeichnet. Und am fraglichen Abend haben die Beamten in der dreißig Meter entfernten Botschaft nichts Spezielles bemerkt.

Zu guter Letzt erreiche ich in Hamburg den Medienanwalt Matthias Prinz, der mich schon einmal in einer Presseangelegenheit erfolgreich vertreten hat. Prinz ist beim Joggen, er trainiert für einen Marathon, hat aber sein Handy dabei. Messerscharf analysiert er die Situation und gibt kluge Ratschläge: sich wehren, ja, aber vorerst keine juristischen Schritte. Erfahrungsgemäß verpufften die meisten hochgejubelten »Enthüllungen« binnen weniger Tage, und eine juristische Auseinandersetzung halte sie lediglich über ihr Verfallsdatum hinaus frisch. Das leuchtet mir ein. Die Strategie muss darin bestehen, das Strohfeuer zu löschen, nicht es zusätzlich zu schüren. »Und Ihrem Außenminister kann doch Ihr Privatleben gleich sein, er ist ja nicht mit Ihnen verheiratet …«, meint Prinz.

Mir ist nicht zum Scherzen. Ich habe Kopfschmerzen. Wegen der Dauertelefonate mit dem Handy. Oder kommt es von meiner Anspannung? Ganz allmählich weicht der Druck der ersten Minuten. Die entscheidenden Fehler werden immer zu Beginn einer Krise gemacht. Darauf wartet der Gegner, man darf ihm nicht in die Hände spielen. Doch schier unmöglich, jeden Lapsus zu vermeiden! Wer angegriffen wird, macht Fehler, davon kann ich mich nicht freisprechen. Noch unmöglicher allerdings, die Fehler der eigenen Mannschaft zu verhindern. Leider kämpfe ich von Beginn an nicht nur gegen maßlose Unterstellungen und Übertreibungen der Boulevardpresse, sondern auch gegen ein kopfloses, ungeschicktes, ja streckenweise illoyales Krisenmanagement meines Arbeitgebers. Meine einzige Stütze bleibt meine Frau.

Gegen 17.00 Uhr Ortszeit halte ich endlich den Artikel in den Händen und bin nicht länger auf Mutmaßungen angewiesen. Viel heiße Luft. Konjunktivisch formulierte Vermutungen, bösartige Tatsachenverdrehungen, der Rest Suggestion. Das ist schlimm. Dem ebenbürtig erweist sich allerdings das Interview von Ruedi Christen. Allein schon, dass er Stellung nimmt, ohne mich vorher informiert zu haben, ist ein unübersehbares Zeichen mangelnder Loyalität. Ungeschickterweise geht Christen auch noch der Soufflierstrategie des Interviewers auf den Leim und sagt, was dieser hören will: »Ob Botschafter Borer in der Ausübung seiner Arbeit irgendwie beeinträchtigt sein könnte, diese Frage muss nun gründlich geklärt werden.«

Richtig hätte es lauten müssen: »Wir kümmern uns nicht um Privatangelegenheiten unserer Angestellten.« Monate später wird der Schweizer Presserat unmissverständlich feststellen: »Auch Personen des öffentlichen Lebens haben einen Anspruch auf Respektierung ihrer Privat- und Intimsphäre. Der in den eingeklagten Artikeln geschilderte Sachverhalt gehört eindeutig in den Bereich der geschützten Intimsphäre.« Nach dieser Stellungnahme des EDA ist meine angestrebte Deeskalationsstrategie gescheitert, bevor sie überhaupt beginnen kann. Allein das Begehren von Außenminister Deiss, an einem hohen Feiertag mit mir sprechen zu wollen, zeigt, wie unaufhaltsam die Mühlen der Bürokratie bereits mahlen. Der Skandal lässt sich nun nur noch eindämmen, keinesfalls mehr aus der Welt schaffen.

Ich rufe Joseph Deiss an. Wir haben schon manche Meinungsverschiedenheit miteinander ausgefochten, aber über meine Arbeit in Berlin kann er sich kaum beklagen. Ein halbtägiges, intensives Treffen mit Joschka Fischer, wie ich es ein halbes Jahr zuvor arrangierte, ist in dieser Länge für einen Schweizer Außenminister eine Ausnahme. Als kleines Land mit dezenter Außenpolitik stehen uns die Türen in den größeren Staaten in der Regel nicht offen. Die übrige Arbeit der Botschaft wird von der Zentrale regelmäßig als ausgezeichnet beurteilt. Das weiß Deiss, und am Telefon ist er freundlich wie immer. Auch wenn man dem Minister seinen kaum unterdrückten Ärger anmerken kann, verläuft das Gespräch in sachlicher Atmosphäre. Meine Proteste über das ungeschickte Verhalten seines Pressesprechers nimmt er zur Kenntnis. Natürlich erhebe *Grüezi* schwere Anschuldigungen, formuliert er vorsichtig, aber ich könne mir der Rückendeckung des EDA sicher sein. Ein Abbruch meines Urlaubs sei unnötig, zumal er selber vor der Abreise stehe: Eine einwöchige Dienstreise durch Mittelasien dulde keinen Aufschub. Schließlich regt er noch an, ich solle die Zeitung verklagen. Aber vorerst ist die Rückgewinnung der medialen Hoheit die vordringlichste Option.

Im Umgang mit der Presse erhalte ich vom EDA freie Hand, ich solle in Telefoninterviews die Sache richtig stellen. Die Radionachrichten gegen halb sieben und die TV-Abendnachrichten um halb acht haben höchste Priorität. In beiden Fällen kommt mir die Zeitverschiebung auf Mauritius entgegen – ich kontaktiere alle wichtigen Redaktionen gerade noch rechtzeitig. Später wird mir vom EDA vorgeworfen, ich sei dabei zu aggressiv gewesen. Meine berufliche und persönliche Integrität wurde massiv angegriffen. Hätte ich wie ein Lamm reagieren sollen, das zur Schlachtbank geführt wird?

Was gesagt werden muss, ist klar: Ich kenne die Frau auf dem *Grüezi*-Titelblatt, allerdings nicht in dem abgebildeten Zustand – nämlich barbusig. Shawne und ich sind ihr nur angezogen begegnet, und meine Frau kann sich auch nicht auf Anhieb an sie erinnern. Bei unserem großen Berlinale-Anlass im Februar 2002 kam sie in Begleitung eines geladenen Gastes in die Botschaft. Durchaus nichts Ungewöhnliches; bei großen Veranstaltungen durchmischt sich das Publikum auf eigene Weise. Ich bin kein elitärer Mensch und lasse mich auch ungern als »Herr Botschafter« anreden. Eine Visagistin aus dem Berliner Einkaufsparadies KaDeWe gehört ebenso zur deutschen Bevölkerung wie der Bundespräsident oder ein Aufsichtsratsvorsitzender. Ein gelungener Abend setzt eine gewisse Zusammensetzung des Publikums voraus; hübsche weibliche Farbtupfer können nicht schaden. Armelle Ménager ist mir als freundliche, zurückhaltende Erscheinung in Erinnerung geblieben. Bei meinem Begrüßungsrundgang wechselte ich ein paar Worte mit ihr und habe sie später noch zwei- oder dreimal auf die Gästeliste der Botschaft gesetzt. Allerdings nur bei großen, partyähnlichen Events, keineswegs im kleineren Kreis eines formellen Abendessens. *Grüezi* hingegen brüllt auf der zweiten Seite die Überschrift »Shawne hat mich getreten« heraus und betätigt sich sogleich als Märchenerzählerin. Meine Frau saß zwar im vergangenen Jahr – von jedermann durch berühmt gewordene Fotos überprüfbar – auf einem prächtigen Ross, aber sie selbst schlägt nicht aus.

Alles in allem dürfte es Hunderte von Frauen geben, die eine ähnliche Nähe zum Schweizer Botschafter behaupten können. Nur haben die meisten von ihnen keine Aktfotos in der Schublade. Ein pikantes Detail, das *Grüezi* genüsslich ausweidet: Zehn Jahre zuvor muss Armelle Ménager für die ostdeutsche Boulevardillustrierte *Super-Illu* posiert haben. Wie später der Schweizer Radiojournalist Philipp Burkhardt recherchierte, hat sich die Journalistin Irena Smirnova*, die für den Artikel zeichnete, die Bilder im Archiv der *Super-Illu* auf unrechtmäßige Weise besorgt. Aber was hat das mit mir zu tun? Soll ich am Botschaftsportal eine Kontrolle einrichten und jeden weiblichen Gast fragen: »Gnädige Frau, haben Sie schon einmal Akt gesessen?« Kanzlergattin Doris Schröder-Köpf, Gesundheitsministerin Ulla Schmidt oder Konzerneignerin Friede Springer wären vermutlich das letzte Mal zu einem Empfang der Schweizer Botschaft erschienen.

---

* Name geändert

Am Abend sind Shawne und ich todmüde, doch halbwegs zuversichtlich. Tatsächlich bringt der nächste Tag eine Verschnaufpause. Zwar klingelt das Telefon unaufhörlich, doch durch den zweiten Feiertag in Folge gerät die Kampagne etwas ins Stocken. Das EDA hat meine Natelnummer großzügig an jedermann weitergereicht, sie ist praktisch zum öffentlichen Gut geworden. So erfahre ich immerhin von Journalisten des Nachrichtenmagazins *Facts*, dass Ruedi Christen und ein weiterer persönlicher Mitarbeiter von Deiss bereits am Mittwoch der vergangenen Woche über den Vorstoß von *Grüezi* informiert waren. Das erschüttert mein Vertrauen ins EDA nachhaltig – von Schlamperei und unterlassener Hilfeleistung kann man kaum noch reden. Der Tatbestand lässt eher an gezieltes Handeln denken. Muss ich annehmen: mit Wissen und Billigung des obersten Chefs?

Immerhin hat Frau Ménager am Montag über ihre Anwältin öffentlich verbreiten lassen, der *Grüezi*-Artikel enthalte nicht die Wahrheit und sie habe keine Affäre mit mir gehabt. Trotzdem rät man mir im Freundeskreis, klein beizugeben. Gegen die Boulevardpresse könne ich bei aller Medienversiertheit nicht gewinnen, eine allzu offensive Verteidigungslinie, wie sie sich in meinen Radio- und TV-Interviews abzeichne, ruiniere meine Karriere. Das Verlagshaus Märki* werde nicht locker lassen. Besser wäre eine öffentliche Demutshaltung, bis der Sturm vorüber sei. Obwohl ich kein Protestant bin, gilt für mich das Luther-Wort: »Hier stehe ich und kann nicht anders!« Wenn es um unberechtigte Anschuldigungen geht, hat die Gerechtigkeit Priorität, nicht die Karriere oder materielle Güter. So bin ich. Änderungsversuche zwecklos. Und Shawne steht wie eine Armee hinter mir.

Aus diesem Grund rufe ich am Ostermontag den *Grüezi*- und *Adieu*-Verleger Stephan Märki* an. Die Schweiz ist klein, auf avanciertem Posten lernt man Menschen aller Schichten kennen. Märki und ich haben miteinander gegolft, auch sind

---

* Name geändert

Shawne und ich bei ihm und seiner Frau schon zu Gast gewesen. Wir hatten eigentlich ein gutes persönliches Verhältnis. Seit einer juristischen Auseinandersetzung über unakzeptable Praktiken von Märki-Journalisten, die zu meinen Gunsten ausging, ist die Atmosphäre freilich getrübt. Entsprechend bringt das Telefonat weder Aufklärung noch ein Nachgeben. Er weist auf die Unabhängigkeit der Journalisten hin und darauf, dass er diesen den Rücken stärken werde, wenn sie gute Gründe für die Story ins Feld führen würden. Ich bestreite erneut die Wahrheit der Geschichte und prophezeihe: »Wenn wir uns jetzt und hier nicht einigen, werden am Schluss nur Verlierer bleiben. Ich werde verlieren, die Schweizer Diplomatie wird verlieren, die Schweiz wird verlieren – und auch Märki wird verlieren.« Später erhalte ich aus dem Hause Märki den Vorschlag, wenigstens zuzugeben, dass ich mit der Ménager ein Glas Wasser in der Tiefgarage getrunken hätte.

»Dann müsste ich nicht nur die Unwahrheit sagen«, entgegne ich aufgebracht, »sondern würde auch noch zeigen, dass ich ein ungehobelter Gastgeber bin. Hätte ich nach meinem Hausmädchen klingeln sollen, damit sie das Wasser auf einem Silbertablett nach unten bringt? Oder hätte ich es aus einem Gartenschlauch in einen zufällig herumliegenden Pappbecher abfüllen sollen?« Auch in schwierigen Zeiten muss man seinen Humor bewahren.

Mit jemandem – wo auch immer! – ein Glas Wasser zu trinken, dürfte selbst der skandalsüchtigsten Boulevardpresse keine Schlagzeile wert sein. Ich staune jedoch nicht schlecht, als Armelle Ménager – entgegen ihrer Feststellung vom Montag – in der Dienstagausgabe von *Adieu* genau dies behauptet. So verwandelt sich das Glas Wasser in einen Teilsieg für die Märki-Journalisten. Nachdem ihre Kronzeugin komplett auszufallen drohte, spielt auch die läppischste aller Behauptungen eine große Rolle, solange sie den Vorwurf eines geheimen Treffens stützt. »Ein Glas Wasser«, Ironie der Geschichte, heißt auch die berühmteste Polit- und Diplomatenkomödie des 19. Jahrhunderts von Eugène Scribe – aber davon wird sich die Visagistin kaum inspiriert haben lassen. Die erneut von *Adieu* abgedruckten Fotos besitzen weiterhin keinerlei Beweiswert, denn ich bin darauf nicht mit einer Fingerspitze zu sehen, und jedermann kann sich vor der Botschaft abfilmen lassen. Aber das scheint bei Märki niemanden zu interessieren. So steht und fällt die Kampagne mit den Aussagen der Kronzeugin. Die wechseln häufig und haben ihren Preis. Vorerst erhält sie ein paar tausend Euro. Ein paar tausend Euro für ein Glas Wasser? Nicht schlecht, da kann der beste Jahrgang eines Château Pétrus kaum mithalten.

Doch von den kommenden Sagen und Märchen aus Berlin, Zürich und anderswo haben wir am Ostermontag noch keine Ahnung. Shawne und ich geben stattdessen den *Facts*-Leuten ein Interview, in dem wir – unserer Verteidigungslinie gezielt folgend – den Verleger Stephan Märki scharf kritisieren. Wir wollen ihn in die Verantwortung nehmen. Er soll sich nicht hinter seinen Journalisten verstecken dürfen. Wir fordern die Respektierung unserer Privatsphäre, die Einhaltung von moralischen Mindeststandards und *Good Governance* in seinem Konzern. Ist es unbillig, solche ethischen Vorstellungen bei Journalisten einzufordern? Offensichtlich ja, denn unser Interview ruft Außenminister Deiss auf den Plan. Er hat in der Politik und den Medien den Ruf eines eher schwachen Ministers und will ganz offensichtlich jetzt seine »Stärke« zeigen.

Inzwischen ist es Mittwoch geworden, und die gesamte Presse in Deutschland und der Schweiz hat sich unseres Falles angenommen. Mehrheitlich kontra *Grüezi* und *Adieu*. Die meisten Journalisten sehen wie wir in der Kampagne eine Beschädigung des journalistischen Ethos. Besonders das »Informationshonorar« an Armelle Ménager wird als sittenwidrig empfunden. »Darüber hinaus ist die Summe – gemessen am Einkommen einer Kaufhaus-Visagistin – derart hoch«, erklärt der Schweizer Presserat später, »dass wohl in jedem Fall von einer unzulässigen Bezahlung gesprochen werden muss.«

Joseph Deiss hat mit diesen Praktiken weniger Probleme und will mich per Anruf aus Mittelasien zum Rapport nach Bern zurückbeordern. Damit verleiht er der initiierten Hetzjagd den Segen offizieller Anerkennung: Kapitulation der Politik vor den Medien. Überdies geht es Shawne verständlicherweise sehr schlecht, und wie bei meinem ersten Telefongespräch bitte ich, auch im Hinblick auf Shawnes Schwangerschaft, um maßvolle Aktionen. In der Folge besteht er nicht weiter auf einer überstürzten Rückreise, zumal er selbst erst am 7. April wieder in Bern sein wird. An der EDA-Heimatfront werden wir weitgehend allein gelassen. Pressesprecher Ruedi Christen und EDA-Generalsekretär Thomas Litscher geben nur dürre Lippenbekenntnisse ab.

Schon die rein praktische Hilfe lässt zu wünschen übrig. Nicht das EDA sendet mir jeden Morgen ein Bündel Faxe mit den neuesten Artikeln, sondern Andy aus Bern. Andy ist mit Shawnes bester Schweizer Freundin Sylvia Lafranchi befreundet und opfert für uns seinen Schlaf. Morgens um fünf steht er am Kiosk und nervt die Zeitungsfrau, dass sie die Zeitungsbündel schneller aufschneiden möge. Dann kauft er alle erreichbaren Journale und bastelt noch vor dem Frühstück mit Schere und Prittstift eine Presseschau für uns zusammen. Diese faxt er ins ferne Mauritius, bevor er sich endlich seinem Job widmen kann. Den offiziellen Pressespiegel des EDA erhalte ich dagegen erst am Abend – viel zu spät, um darauf vor Redaktionsschluss noch reagieren zu können. Unprofessionelles Krisenmanagement im EDA oder absichtliche Taktik?

Ohne Rücksicht auf Verluste hat *Adieu* den Faden von *Grüezi* aufgenommen und spinnt ihn jeden Tag weiter. Auch andere Boulevardmedien, vor allem die entsprechenden Magazine von RTL und SAT 1 hängen sich mit »eigenen Enthüllungen« an den lukrativen Stoff an. Auch sie gehen großzügig mit dem Scheckbuch um, um die gewünschte Erklärung zu haben. Nähme ich alles ernst, käme ich mit dem Dementieren gar nicht nach. Es ist aber mittlerweile offensichtlich, dass *Adieu* und andere Printmedien keinerlei beruflich relevanten Vorwürfe gegen mich erheben. So beschließen Shawne und ich, den sinnlosen Wettlauf um die immer schärfere Darstellung und Gegendarstellung mit einer abschließenden Presseerklärung zu beenden. »Die jetzt in *Adieu* fortgesetzte Berichterstattung«, formuliere ich handschriftlich und faxe es meiner Berliner Sekretärin zur Abschrift, »betrifft nur noch Belange, die meine Privatsphäre berühren. Daher beende ich den Krieg der Stellungnahmen. Meine Frau und ich fordern die Medien auf, unsere Privatsphäre zu respektieren. Journalisten müssen sich an Mindestregeln halten, die der großen Idee des freiheitlichen, demokratischen Rechtsstaates Schweiz würdig sind. Ich weiß mich mit dieser Forderung einig mit der weit überwiegenden Mehrheit der Schweizerinnen und Schweizer, für deren große Unterstützung ich danke.«

Danach kehrt Ruhe ein. Zumindest auf unserer Seite. Keine Interviews und keine Statements mehr. Wir stricken an keiner Legende mit und beteiligen uns nicht an den ins Kraut schießenden Spekulationen über alles und jeden. Welche Motive Frau Ménager umtreiben? Wir wissen es nicht. Warum das EDA derart herumlaviert und sich nicht zu einer klaren Haltung durchringt? Für uns uneinsichtig und unerklärlich. Wer im Hause Märki die Fäden spinnt? Verlagsinterna gehen uns nichts an. »Der Skandal nährt den Skandal«, lautet ein weithin bekanntes Gesetz. Man muss ihm die Nahrungszufuhr abdrehen, nur so kann die endlose Abfolge von Rede und Widerrede gebrochen werden.

Die Insel Mauritius ist ein Urlaubsparadies. Aber natürlich existieren wie in jedem afrikanischen Land Mangel und Elend. Schon vor unserer Abreise hat Shawne einen Termin mit dem SOS-Kinderdorf Beau Bassin verabredet. Es wurde 1990 als erste derartige Einrichtung des Landes eröffnet und entwickelte sich so erfolgreich, dass 1999 mit dem Bau eines zweiten Kinderdorfs in Bambous begonnen werden konnte. Shawne ist schon längere Zeit offizielle schweizerische Botschafterin der SOS-Kinderdörfer und plant auf Reisen Abstecher zu den jeweiligen Landeseinrichtungen gleich mit ein. Wer immer den Presserummel um Shawne kritisiert, übersieht, dass sie ihre Popularität vor allem dafür einsetzt, über die Medien Werbung für wohltätige Zwecke zu machen. Ohne kontinuierliche öffentliche Wahrnehmung erginge es Einrichtungen wie den SOS-Kinderdörfern schlechter! Eine populäre, ehrenamtliche Botschafterin wie Shawne vermag ungleich mehr Spenden zu sammeln als es Postwurfsendungen oder Anzeigenkampagnen schaffen, die obendrein noch etwas kosten. Und Shawne nimmt ihre Aufgabe sehr ernst. Sie liebt Kinder sehr und ist glücklich, wenn sich irgendwo auf der Welt ihre Lebensbedingungen verbessern lassen.

Diesmal freilich verspürt sie ein bisschen Furcht. Zwei im Voraus angekündigte Presseteams wollen sie auf der Fahrt ins Inselinnere begleiten. Wir bitten die Medienvertreter der schweizerischen *Sonntagszeitung* und der deutschen *Bild am Sonntag*, sich ausschließlich aufs karitative Geschehen zu konzentrieren und ansonsten unsere Privatsphäre zu respektieren. Dazu sind keine großen Worte nötig, die Journalisten willigen sofort ein. Bis auf einen legitimen Einleitungs-Zehnzeiler in der *Sonntagszeitung* erscheint kein Wort zur Affäre. Die Kinder auf Mauritius werden es danken: Die Aufmerksamkeit gilt nur ihnen, nicht dem aus Europa importierten Medienskandal.

Journalisten sind dieser Tage meine ärgsten Feinde – aber auch meine besten Freunde! Den Rechercheuren von *Facts*, *Sonntagszeitung*, *Radio DRS* und dem Hause Springer verdanke ich viel, und in meiner beruflichen Karriere bin ich weitaus häufiger integren Reportern und Redakteuren begegnet als windigen Schlagzeilenschmieden. Selbst im heißesten Abwehrkampf verdamme ich den Berufsstand nicht, wenngleich mir Einzelne seiner Vertreter das wirklich schwer machen. Einen exemplarischen Fall bildet die deutsche Illustrierte *Bunte*, von ihrer Chefredakteurin Patricia Riekel zum »gesellschaftlichen Nachrichtenmagazin« ausgerufen. Das hochtrabende Etikett ist kein Zufall, ihr Lebensgefährte Helmut

Markwort gründete das Nachrichtenmagazin *Focus*. Die *Bunte* will sich nicht mit unserer Presseerklärung vom Mittwoch zufrieden geben. Dass wir noch öfter Anfragen ablehnen müssen – damit rechneten wir. Andere Zeitungen und Zeitschriften lassen aber von uns ab, sobald sie die Ernsthaftigkeit unseres Schweigens erkennen. Die *Bunte* nicht. Sie will mit allen Mitteln ein Exklusivinterview erzwingen.

Meine Antwort fällt auch hier kategorisch aus: »Nein!« Das hält *Bunte*-Chefredakteurin Patricia Riekel jedoch nicht ab, ihre Reporterin Patricia Bartels zusammen mit einem Fotografen in den Flieger zu setzen und ihnen zwei luxuriöse Tage im Dinarobin-Hotel zu gönnen. Man hofft wohl, von uns Swimmingpool-Aufnahmen machen zu können, wie man sie vom früheren Verteidigungsminister Rudolf Scharping auf Mallorca zeigen konnte. Dank des findigen Hotelmanagements und der weitläufigen Anlage – es gibt kein zentrales Hauptgebäude, sondern nur eine Anzahl voneinander separierter Chalets – gelingt es Shawne und mir, uns zu verstecken und jede Begegnung mit den Paparazzi zu vermeiden. Der Preis indes ist hoch. Medien hegen Rachegelüste, wenn man ihre führenden Redakteure frustriert. Parallel zum Scheitern auf Mauritius führen Patricia Riekels Leute in München ein Interview mit Armelle Ménager, nicht ohne ein sattes »Informationshonorar« von zehntausend Euro zu bezahlen. Nachdem die Kronzeugin die ganze Woche ihren neu erworbenen Status als Medienstar auskostete und gegen Geld Rede und Antwort stand, lässt sie in der *Bunten* eine Bombe platzen: Ja, sie hätte Sex mit dem Botschafter gehabt, und zwar auf dem »großen runden Holztisch in den Repräsentationsräumen, da wo die Staatsgäste immer sitzen«.

Wie gesagt, ich schweige. Der runde Holztisch ist lang und rechteckig, und auch viele andere Details an den neuen Erfindungen sind falsch. *Bild* deckt das auf. Das Briefing durch die Journalisten musste eben rasch vorgenommen werden, da passieren Fehler. Immerhin erstaunlich: Innerhalb weniger Tage ist aus dem Glas Wasser in der Tiefgarage eine Sexorgie in der

Botschaft geworden. Kann das überhaupt noch jemand glauben und ernst nehmen? Leider ja. Zum Beispiel Bundesrat Joseph Deiss, Vorsteher des Eidgenössischen Departements für Auswärtige Angelegenheiten.

Den deutschen Lesern sei erklärt: Der Begriff *Bundesrat* hat in der Schweiz zwei Bedeutungen. Zum einen bezeichnet er das Exekutivorgan der Regierung, einen Ministerrat aus sieben Mitgliedern (und nicht wie in Deutschland die zweite Kammer des Parlaments, in dem alle sechsundzwanzig Kantone und Halbkantone vertreten sind, das ist bei uns der *Ständerat*); zum anderen wird jeder dem Bundesrat angehörende Minister seinerseits so tituliert. Der Bundesrat – ich meine jetzt die Versammlung – bildet ein Kollegium, in dem die Regierungsentscheidungen einvernehmlich oder durch Mehrheitsbeschluss getroffen werden. Dieses Kollegium leitet der schweizerische Bundespräsident, der aus der Runde der Minister vom Parlament jeweils für ein Jahr gewählt wird. Er gilt als *Primus inter pares*, was ihm keinerlei realen Machtzuwachs beschert. Seine kurze Amtszeit macht es den Botschaftern im Ausland immer wieder schwer, ihren Gastregierungen überhaupt zu vermitteln, wer gerade oberster Repräsentant der Schweizer Regierung ist. Bevor man sich dort seinen Namen gemerkt hat, tritt schon wieder ein anderer aus dem Siebener-Korps an.

Einen Regierungschef mit Richtlinienkompetenz gibt es nicht, und als Staatsoberhaupt fungiert eigentlich der Gesamtbundesrat. Derzeit haben wir in der Schweiz mit Annemarie Huber-Hotz zwar auch eine vom Parlament gewählte Bundeskanzlerin, doch dieser Titel wird nur an den Leiter oder, wie in diesem Fall, an die Leiterin des administrativen Regierungsapparats vergeben. Das klingt ungewohnt, doch auch in deutschen Universitäten nimmt der Kanzler die höchste administrative Position ein. Das Fehlen einer Person mit Richtlinienkompetenz spiegelt allerdings eine weitere helvetische Besonderheit wider: Für andere Europäer – vor allem in Ländern mit Mehrheitswahlrecht – ist das Schweizer Modell der *Konkordanzdemokratie* schwer nachvollziehbar. Im höchsten Exekutivorgan des

Staates sitzen nämlich nicht nur die Minister der Regierungspartei oder zweier an der Regierung beteiligter Koalitionsparteien, wie etwa in Deutschland, sondern Vertreter aller größeren Parteien. Das sind die Liberalen von der FDP (zwei Sitze), die Christdemokraten von der CVP (zwei Sitze), die Sozialdemokraten von der SPS (zwei Sitze) und die Konservativen von der Schweizerischen Volkspartei SVP (ein Sitz). Diese »Zauberformel« wird unverändert seit 1959 praktiziert, obwohl sich Stimmenverhältnisse der Parteien mittlerweile verschoben haben. Doch bevor man im Bundeshaus in Bern Bewährtes infrage stellt, müsste schon mehr passieren als der Fall des Eisernen Vorhangs und die Neuordnung der Weltpolitik.

Nicht nur in Krisenfällen erweist sich die seit 1848 bestehende, überkommene Konstruktion als ziemlich problematisch. Eine Konsensregierung ohne politischen Chef neigt dazu, Probleme endlos zu diskutieren, statt sie zu lösen. In Bern gilt das Motto »Numme nit gsprängt« (»Bloß nichts übereilen«), und dieser Spruch trifft aufs gesamte Modell der Konkordanzdemokratie zu. Ein Schönwettersystem, das für den gemächlichen Gesetzgebungsalltag der neutralen Schweiz des 19. Jahrhunderts geschaffen wurde, aber in einer zunehmend komplexer und schneller werdenden Welt ein sperriges Artefakt darstellt. Machtbrechung und Machtteilung, diese typischen Symptome schweizerischen Denkens, gehen stets auf Kosten der Handlungsfähigkeit und führen in angespannten Lagen zu verspäteten oder halbherzigen Entschlüssen.

Am Sonntag, den 7. April – eine Woche nach dem Startschuss zur Kampagne in *Grüezi* – kehrt Außenminister Deiss von seiner Mittelasienreise nach Bern zurück. Das EDA und ich sind frustriert, dass diese Auslandsreise im Gegensatz zu meinem Problem in den Medien kaum Beachtung fand. Auf Mauritius wissen wir zu diesem Zeitpunkt noch nichts von den geplanten Angriffen auf unser Privatleben in der *Bunten*. Nach dem Ausflug ins SOS-Kinderdorf haben wir uns sogar eine touristische Abwechslung gegönnt und sind mit einem Glasbodenboot aufs Wasser hinausgefahren, um die farbenprächtige Meeresflora und -fauna des Indischen Ozeans zu bewundern. Kurz vor dem Abendessen dieses 7. April meldet sich EDA-Generalsekretär Thomas Litscher auf dem Handy und kündigt einen Anruf von Deiss für den kommenden Morgen an. 6.45 Uhr – eine nicht gerade christliche Zeit für Urlauber. Aber ich kann ohnehin nie länger schlafen und willige ein. Zu diesem Telefonat kommt es jedoch nicht. Als der Apparat am frühen Morgen klingelt, meldet sich wiederum Litscher: Der Termin habe sich auf 14.00 Uhr verschoben. Um 14.00 Uhr schellt das Natel. Litscher am Apparat: »Deiss will dich vor der Bundesratssitzung am Mittwochvormittag in Bern sehen.«

Sein Tonfall lässt Unheil erahnen. Später kann ich mir den Ablauf zusammenreimen: Normalsterbliche erhalten die *Bunte* donnerstags am Kiosk. Die *Bunte* oder jemand bei Märki hat dem EDA am Sonntagabend oder am Montag – jedenfalls Tage vor dem offiziellen Erscheinungstermin und rechtzeitig genug vor der Bundesratssitzung, die immer mittwochs stattfindet – den Vorabzug des Interviews mit den neuen, infamen Unterstellungen übergeben. Obwohl die Anschuldigungen aus derselben Quelle wie zuvor stammen, keinerlei objektiven Erkenntniswert besitzen und durch kein einziges Beweismittel gestützt werden können, ist damit bei Bundesrat Deiss meine Abberufung aus Berlin besiegelt. Wo Schweizer Regierungsmobiliar involviert ist – der Konferenztisch! –, muss ganz offensichtlich beherzt eingegriffen werden. Der Außenminister der sechzehntgrößten Wirtschaftsmacht der Welt kapituliert vor einer Hand voll Gossenschreibern. Während sonst jeder Entscheid in Bern siebenunddreißigmal abgewogen wird, glaubt Deiss, endlich energische Handlungsfähigkeit beweisen zu müssen. Aber er möchte mir den Entscheid selbst ins Gesicht mitteilen können.

Shawne ahnt so etwas. »Don't travel back to Bern!«, beschwört sie mich nach Litschers Anruf am Montag. »They have no right to humble you in this way!« Sie ist kalkweiß im Gesicht, hat viele schlaflose Nächte mit Weinkrämpfen hinter sich. Ich rede ihr gut zu. Sie weiß, dass ich ein pflichtbewusster Mensch bin. In Anspielung auf ihren Vater, der Marineoffizier war, erkläre ich: »Ich bin Soldat, mein General ruft, da muss ich gehen, selbst wenn es zu meiner Exekution ist!« Ich prüfe die Möglichkeiten eines Rückflugs. Kurzfristig von Mauritius nach Bern zu kommen, erweist sich jedoch als unmöglich. Die Flugpläne von Air Mauritius und Air France sind auf solche Flexibilität nicht eingerichtet. Schließlich ist die Strecke Touristen mit längeren Vorausbuchungen vorbehalten, Businessleute mit schnell wechselnden Terminen verirren sich nur selten auf die tropische Insel. Der Flug dauert über zehn Stunden. Frühestens am Mittwochvormittag könnte ich in Bern sein, zu spät für ein klärendes Gespräch vor der Bundesratssitzung. Während ich telefoniere, verschwindet Shawne ins Badezimmer. Als sie wieder auftaucht, hat sie Tränen in den Augen. Am Nachmittag des 8. April 2002 wissen wir, dass wir nicht mehr wie erhofft Eltern werden.

All der Stress, all die unnötigen und mutwilligen Belastungen waren zu viel gewesen. Nach Konsultation eines Arztes, der unsere bittere Vermutung zur Gewissheit werden lässt, schildere ich Litscher den schlimmen Vorfall. Ich erkläre ihm, dass meine Frau ärztlich reiseunfähig geschrieben ist und ich sie in ihrem Zustand nicht allein lassen könne. Ich bitte mit Nachdruck um ein telefonisches Gespräch mit dem Außenminister. Der EDA-Generalsekretär gelobt, Deiss umgehend zu informieren. Dennoch erfolgt kein Rückruf meines Dienstherrn an diesem Tag. Nur mit Mühe kann ich Shawne in ihrer Verzweiflung besänftigen. Am Dienstagmorgen dann wieder der obligatorische Anruf von Litscher: »Deiss ruft dich um 16.00 Uhr an. Versprochen.«

Wieder vergeht ein Tag mit Warten, Grübeln, düsterer Stimmung. Mauritius ist einer der schönsten Flecken der Erde, aber nach Naturschönheiten steht uns kaum mehr der Sinn. Wir wollen Klarheit. Ein Ende der Hetzjagd. Ruhe. Seit einer Woche steht ohnehin eine Gewissheit wie in Stein gemeißelt: Sollte ich nur auf Grund einer Pressekampagne, ohne nachgewiesene berufliche Verfehlungen, von meinem Berliner Posten abberufen werden, verlasse ich den diplomatischen Dienst! Einem Außenminister, der mir in solch einer Situation nicht loyal den Rücken stärkt, kann und will ich nicht länger dienen. Auch nicht an einem anderen Ort. Shawne und ich sind uns darüber sofort einig.

»Treten Sie zurück«, tönt Deiss, als er sich zur Abendessenszeit am 9. April endlich bei mir meldet. »Ich lasse Sie dann noch drei Monate in Berlin, damit Sie alles abwickeln können. Anschließend bekommen Sie einen schönen Posten im Ausland.«

»Warum sollte ich zurücktreten? Ich habe mir nichts zuschulden kommen lassen. Ich lasse mir mein Leben nicht von der Boulevardpresse diktieren, und das Schweizer Volk würde es sicherlich nicht goutieren, wenn sich der Bundesrat sein Handeln von den Medien vorschreiben ließe.«

Deiss wird böse. Er lasse sich sein Handeln nicht von Märki vorschreiben. Meine Situation in Deutschland sei jedoch durch diese Vorfälle unhaltbar geworden: »Sie können die Interessen der Schweiz nicht mehr mit Würde vertreten.«

Ich lege dar, dass die deutsche Presse überwiegend auf meiner Seite sei und diese Kampagne für widerwärtig halte. Der Bundesrat würde durch meine Abberufung oder meinen Rücktritt die Schweiz in Deutschland und weit darüber hinaus lächerlich machen.

Deiss teilt diese Ansicht nicht. Seine Stimme wird schärfer, er droht mir mit der Abberufung Ende Juni. »Ich biete Ihnen ein Gentlemen's Agreement an: Sie stärken mir jetzt den Rücken, und ich scheide im Herbst, wenn sich die Wogen geglättet haben, freiwillig aus dem diplomatischen Korps aus«, antworte ich.

Dieser Vorschlag ist reiflich überlegt und steht für eine *Win-win*-Situation: Beide Seiten könnten die Arena hoch erhobenen Hauptes verlassen. Die Idee hat nur einen Haken: Sie rechnet nicht mit der Schwäche dieses Außenministers. Würde Deiss einwilligen, müsste er plötzlich etwas zeigen, was er in der ganzen Angelegenheit bislang vermissen ließ – Zivilcourage. So reagiert er unwirsch und macht klar, dass sein Entscheid gefallen sei: Wenn ich nicht freiwillig zurücktrete, werde er mich abberufen und mir einen Posten in Bern zuweisen.

Ich koordiniere mich ein weiteres Mal mit einem Blick auf Shawne. Und bleibe hart. Der in der Schweiz als farblos bekannte Deiss ist jetzt erzürnt, verkürzt strafverschärfend meine Abberufung auf Ende April. Das heißt: Wenn wir heimkommen, haben wir noch knapp zwei Wochen, um unsere Sachen zu packen. Jeder private Vermieter muss längere Fristen gewähren. Aber Deiss, der sich sonst gutmütig zu geben pflegt, vergisst jetzt derartige menschliche Grundregeln. Er will ja endlich Führungsstärke beweisen.

Erleichtert lege ich den Telefonhörer auf. Immer wollte ich Diplomat sein. Immer wollte ich meiner Heimat dienen. Viele im EDA, in der Presse, im Schweizer Volk sind der Meinung, dass ich dies auch getan habe, oft bis an die Grenze meiner Belastbarkeit. Solcher Einsatz bedarf des Rückhalts im eigenen Korps. Vielleicht bin ich altmodisch, doch der ehrwürdige, zentrale Grundsatz *in dubio pro reo* gilt nicht nur für Richter und Angeklagte, sondern auch für einen Dienstherrn gegenüber seinem Untergebenen. Loyalität ist auch von oben nach unten geschuldet.

Aus. Vorbei. Es war eine schöne Zeit.

Beim Roomservice bestelle ich eine gute Flasche Rotwein. Mit einem Glas und einer Zigarre von Davidoff – einer ovalen »Short Perfecto« – lege ich mich in die Badewanne. Vor dem Fenster jagen beinahe durchsichtige Geckos nach Insekten, und ich frage mich, ob ich in meinem künftigen Leben das Insekt oder der Gecko sein werde.

2. Bättwil Boy

Wer die Tüchtigkeit der Schweizer gering achtet, soll uns
sagen, was für eine bewundernswerte Staatsführung es zustande
bringt, dass es in einem aus verschiedenen Glaubensbekenntnissen
zusammengesetzten Gemeinwesen keine inneren Unruhen gibt,
obwohl das Volk als so kriegerisch gilt, dass eine Streitmacht
beschließen und sie aufstellen, ein und dasselbe ist.

Samuel Johnson (1743)

Rund fünfzehn Jahre zuvor, am Montag den 16. März 1987,
betrat ich das Büro meines neuen Chefs Bruno Spinner im
»Bundeshaus West«, dem Sitz des Berner Außenministeriums
direkt neben dem schönen Parlamentsgebäude. Spinner kam
mir nicht entgegen, sondern wandte sich in Richtung Fenster
und blickte auf die Straße hinunter. »Ich will nur rasch schau-
en«, sagte er, »ob Sie mit dem Panzer vorgefahren sind.«

Gut, dachte ich, auch Diplomaten haben Humor. Ich lächelte. Da stand vor ihm der hoch motivierte Jurist und Diplomatenanwärter Thomas Borer und wurde gleich eines militärischen Anritts verdächtigt! Jeder wehrfähige männliche
Schweizer bewahrte sein Sturmgewehr zu Hause auf, meist
irgendwo im Kleiderschrank oder Keller. Das gehörte zu den
Notwendigkeiten einer funktionierenden Milizarmee. Und
Bruno Spinner las offensichtlich *Grüezi*. In den Achtzigern war
das ein zahmes Boulevardblatt, mit ähnlichen Presseerzeug-
nissen in Deutschland, England oder Italien kaum zu vergleichen. Kurze Texte, lockeres Layout, aber keine Schmutzkam-

pagnen und wenig nackte Haut. Dennoch senkte ich beschämt den Kopf. Für mein Renommee in der Völkerrechtsdirektion des EDA war es wohl nicht allzu gut, den Dienstantritt mit öffentlichem Aufsehen zu verbinden. Ja, in *Grüezi* stand etwas über mich. Aber nichts, dessen ich mich zu schämen gehabt hätte. Im Gegenteil, das zu Grunde liegende Ereignis hatte mir starke Nerven und einige Tapferkeit abverlangt.

In der Woche zuvor war ich bei einem militärischen Wiederholungskurs unvorhergesehenerweise an einen echten »Feind« geraten. Als Oberleutnant sollte ich mit meiner Panzerartilleriebatterie während eines Manövers einen feindlichen Luftlandeversuch unterbinden. Es gab zwei Möglichkeiten: Entweder man nahm die Simulation ernst, was ja Sinn der Angelegenheit ist, oder man verhielt sich wie im Zivilleben und suchte nach einem geeigneten Betonparkplatz, wo man Panzerhaubitzen ohne Schaden für Dritte einsetzen konnte. Ich entschied mich für die erstere Variante – im Ernstfall blieb einem Offizier nur die freie Geländewahl –, ließ meine Männer auf einen nahe liegenden, unbestellten Acker fahren und hatte die Stellung in Rekordzeit aufgebaut. Trotz der niedrigen Temperaturen wühlten sich die Fahrzeugketten in den gefrorenen Boden. Der Motorenlärm musste den Bauer alarmiert haben, jedenfalls erschien er kurz darauf mit einer Schrotflinte im Anschlag. »Ich knalle euch alle ab!«, brüllte er, »wenn ihr nicht sofort von meinem Acker verschwindet!«

Wie in Deutschland werden in der Schweiz Manöverschäden vom Staat übernommen, es gab keine materielle Rechtfertigung für seinen Auftritt. Aber natürlich verstand ich die Erregung. Kein Bauer, der sein Land liebt, bleibt gleichgültig, wenn es beschädigt wird. Allein – hier standen die Notwendigkeiten der Landesverteidigung gegen einen geringen Schaden des Einzelnen. Ich befahl meinen Männern, Deckung in den Panzern zu suchen, und trat unbewaffnet vor den Bauern hin. Nach kurzem Wortwechsel verzog er sich, um freilich mit einer anderen Waffe zurückzukehren. Diesmal ist es ein großer Werkstatthammer, mit dem er den Kampf David gegen

Goliath aufnehmen wollte. Wiederum musste ich beschwichtigend auf ihn einwirken, bis er endlich von der herbeigerufenen Polizei zur Räson gebracht wurde. Wegen der Schnelligkeit und Zielstrebigkeit meiner Soldaten und vielleicht auch wegen meiner erfolgreichen Beschwichtigungsversuche erhielt unsere Einheit großes Lob vom Divisionskommandanten. Als Belohnung hob ich während des Batterieabends die Polizeistunde auf, was damals noch ging – oder zumindest auf keinen Widerstand bei den Zivilbehörden stieß. Meine Soldaten sollten nach dem harten Manöver feiern können. »Work hard and play hard«, hieß damals schon mein Motto. All das hatte *Grüezi* genüsslich zusammengefasst, wobei der Artikel noch den Unfall eines Militärfahrzeugs einer anderen Einheit mit unserem Geschehnis vermengte.

Es bleibt ein seltsamer Umstand, dass just der erste Tag im Eidgenössischen Departement für Auswärtige Angelegenheiten von einem *Grüezi*-Artikel über mich begleitet wurde. Böses Omen für künftigen Ärger an der Medienfront? Bruno Spinner, heutiger Schweizer Botschafter in London, trug den Trubel mit Fassung. Er konnte mich in seiner Völkerrechtsdirektion gut gebrauchen, denn mir eilte wegen meines *Summa-cum-laude*-Universitätsabschlusses ein tadelloser Ruf als Jurist voraus. Nicht zuletzt hing das mit meiner Doktorarbeit über »Das Legalitätsprinzip und die auswärtigen Angelegenheiten« zusammen. In einem Satz ging es um die Frage, ob und wann Außenpolitik durch Gesetze vorherbestimmt werden muss. Meine Antwort darauf war über fünfhundert Seiten lang! Später lernte ich, mich kürzer zu fassen.

Völkerrechtler werden von allen Außenämtern der Welt geschätzt. Für mich, der ich immer in den aktiven, politischen diplomatischen Dienst wollte, barg die Dissertation ein Risiko. Meine Doktorarbeit in Völkerrecht konnte sich als prädestinierend für eine Laufbahn im Innendienst erweisen. Allerdings galten damals die Völkerrechtler im EDA als kleine, aber einflussreiche Elite, und als ich nach ersten praktischen Erfahrungen in Afrika wieder in diese Direktion zurückkehrte, genoss ich zugegebenermaßen den ein bisschen dünkelhaft gefärbten Zusammenhalt unseres kleinen Stoßtrupps. Zudem zeigte sich, dass einige der attraktivsten Auslandsposten den Völkerrechtlern vorbehalten waren, ich meine Studienwahl also durchaus nicht zu bereuen brauchte.

Die Art des Studiums – ob Jura, Volkswirtschaft, Geschichte, Theologie – ist für die Diplomatenkarriere wenig relevant. Ein Diplomat muss operative Intelligenz, strategisches Denken, Kommunikations- und Führungsfähigkeit in seiner Person vereinen. Vor allem aber muss er das Zeug zum Generalisten, zum »Allrounder« haben, der sich schnell und flexibel in neue Themenfelder einarbeitet. Breites Allgemeinwissen und geistige Offenheit auch gegenüber fremden Kulturen kommen vor Fachwissen und Expertentum. Natürlich ist der Diplomat auch ein Spezialist – nämlich einer für internationale Beziehungen –, aber auf diesem Terrain spielen *soft skills* eine viel größere Rolle als abfragbares Fachbuchwissen. Naturgemäß lassen sich diese *soft skills* nur schwer prognostizieren, doch das Kontaktverhalten, die persönliche Integrität und die Loyalität zur Heimat werden in der langen Dienstzeit viel öfter gefordert sein als akademische Spezialkenntnisse. Der Physiker Peter Burkhard oder der Volkswirt André Schaller gehörten etwa zu den wenigen herausragenden Strategen, die ich im EDA kennen gelernt habe. Zu meiner großen Verwunderung zeigte sich im Lauf der Jahre, dass allenfalls zehn Prozent der Berner Diplomaten konzeptionell denken konnten. Ich habe das später als Verantwortlicher für die Personalauswahl zu korrigieren versucht. Eine naturwissenschaftliche Ausbildung braucht also nicht verkehrt zu sein. Sogar katholische Theologen sind hie und da im diplomatischen Korps vertreten, obwohl nicht sämtliche Länder eine Botschaft beim Heiligen Stuhl in Rom unterhalten.

Zielstrebigkeit kennzeichnete meinen Weg von Anbeginn. Schon mit zwölf, dreizehn Jahren wollte ich Diplomat werden und las in unserer Tageszeitung vorrangig die Auslandsseiten. Neben der *Neuen Zürcher Zeitung* gab es damals, Ende der sechziger Jahre, noch eine zweite schweizerische Qualitätszeitung mit gleichrangiger Auslandsberichterstattung: die *Basler Nachrichten*. Sie wurde bei uns zu Hause bezogen, und wir waren sicher nicht die einzigen Abonnenten, die 1977 die Verschmelzung mit der *National-Zeitung* zur heutigen *Basler Zeitung* tief bedauerten. Schon mein Großvater hatte den *Basler Nachrichten* die Treue gehalten, denn mit Albert Oeri, einem Großneffen des berühmten Kunsthistorikers Jacob Burckhardts, hatte in den schwierigen Jahren des Zweiten Weltkriegs ein mutiger und hochintelligenter Kopf an der Spitze dieses Weltblatts gestanden. Ich bin wohl noch ein Zögling seiner liberalen, weltoffenen Tradition, denn ohne *Basler Nachrichten* wäre mein Interesse für Geschichte und Politik sicherlich nicht so früh erweckt worden. Bis zu meinem fünfzehnten Lebensjahr erschien dieses Leib- und Magenblatt meiner Familie sogar in zwei täglichen Ausgaben, nämlich als Morgen- und Abendzeitung.

Geboren wurde ich am 29. Juli 1957 in der Sankt-Josefs-Klinik zu Basel, bin aber damit – eine Schweizer Besonderheit – nicht automatisch Basler. Als meinen Heimatort vermerkt die Geburtsurkunde das Dorf Büsserach im Kanton Solothurn, denn von dort stammt meine Familie väterlicherseits. Seit Jahrhunderten wird in Büsserach unser Familienregister geführt, und wenn eines Tages meine Sterbeurkunde ausgestellt werden muss, ist das Amt Büsserach zuständig. Auch in Büsserach fühle ich mich freilich nicht heimisch (schon mein Vater wurde nicht mehr hier geboren), sondern muss dazu etwa zwanzig Kilometer Luftlinie nach Nordwesten zurücklegen. Dann erreiche ich Bättwil, aus dem die Familie meiner Mutter kommt. In diesem kleinen Dorf von damals vierhundert, heute knapp tausend Einwohnern habe ich die ersten zwölf Jahre meiner glücklichen Kindheit verbracht. Wann immer ich dorthin zurückkehre – viele Verwandte wohnen noch immer in Bättwil –, spüre ich eine tiefe, warme Verbundenheit zu den Stätten meiner Kindheit. Das ist meine Heimat.

Obwohl manche in der Schweizer Politik meinen, ich sei ein schwarzes Schaf, bin ich in Wahrheit doch nur ein Schwarzbube. So nennen wir versprengten katholischen Solothurner in den beiden Bezirken Dorneck und Thierstein uns selbst. Dies hat einerseits mit unserer traditionellen schwarzen Tracht zu tun, andererseits mit unserer unverkennbaren Neigung zum Schmuggeln, das behauptet zumindest die Legende. Umschlossen vom Kanton Baselland und Frankreich, existiert in zwei Enklaven nicht einmal ein Verbindungskorridor zum Solothurner Hauptgebiet, und wer eine Schweizer Straßenkarte zur Hand nimmt, wird rasch erkennen, dass Bättwil und der Nachbarort Flüh, beide südwestlich von Basel im Leimental gelegen, mit bloßem Auge nicht einmal eindeutig der Schweiz oder dem Elsass zuzuordnen sind. Ja, die Straßenbahn, welche die hinteren Dörfer des Leimentals mit Basel verbindet, führt sogar über französisches Territorium. Jede Fahrt in die Stadt ist für einige Minuten mit einem Grenzübertritt verbunden. Für uns, die wir in friedlichen Zeiten leben, ein kaum merklicher Umstand. Meine Großeltern machten jedoch noch andere Erfahrungen. Die meisten Bauern in Bättwil und Flüh bestellten auf Grund der geografischen Gegebenheiten seit Jahrhunderten Äcker auf beiden Seiten der Grenze. Schon im Ersten Weltkrieg kam es bei Aussaat und Ernte zu Behinderungen durch deutsche Truppen – das Elsass war damals reichsdeutsch –, im Zweiten verschärfte sich die Lage noch. Von der Hitlerregierung wurden die Elsässer als Deutsche betrachtet und waren demnach in der Wehrmacht dienstpflichtig. Als in den siebziger Jahren meine Großmutter verstarb, wunderte ich mich über betagte französische Bauern, die zur Beerdigung über die Grenze gekommen waren und uns kondolierten. Sie sprachen voller Achtung von meiner Großmutter, denn sie hatte im Krieg mehrere junge Männer im Jauchewagen über die Grenze geschmuggelt, damit diese nicht für die Besatzungsmacht in den Krieg ziehen mussten. Eine von tausend Taten, die bewiesen, wie auch Schweizerinnen und Schweizer den Nazis getrotzt haben.

So, wie Staaten durch ihre geopolitische Lage geprägt werden, die Schweiz etwa durch ihre Position als gebirgiges Transitland zwischen großen Territorialmächten, bin ich fest davon überzeugt, dass regionale Besonderheiten die Bewohner eines Landstrichs formen. Mein Heimatkanton Solothurn ist dabei reich an Überraschungen. Tief im katholischen Glauben verwurzelt, wird er allerdings seit hundertdreiundsiebzig Jahren politisch liberal regiert, was man von anderen katholischen Kantonen wie Freiburg, Luzern oder dem Wallis nicht sagen kann. Dort funktioniert bis heute die Verbindung zwischen katholischer Kirche und christlichsozial-konservativer Politik viel eindeutiger. In Solothurn geben jedoch seit 1830 nicht die Katholiken den Ton an, sondern die liberalen Freisinnigen von der FDP. Und ich, obwohl als Dorfbube noch ein getreuer Messdiener, bin als junger Diplomat ebenfalls in die FDP eingetreten. Auch geografisch erstreckt sich der Kanton Solothurn nicht in geradliniger Gestalt über die Landkarte, sondern weist vielmehr eine bizarr zerklüftete Kantonsgrenze auf. Das führte zum Spott, »dass man von jedem solothurnischen Dorf aus in einer Stunde zu Fuß aus dem Kantonsgebiet herauskommen könne«, wie es der Solothurner Parlamentspräsident Hugo Dietschi Anfang des 20. Jahrhunderts feststellte. Freilich hätte man seinerzeit dazu Siebenmeilenstiefel gebraucht, doch für uns Bewohner des vom Hauptkanton abgetrennten Leimentals galt der Satz allemal. In anderen Ländern als der Schweiz wäre die Enklave sicher arrondiert worden, doch der Volkswille stellte sich quer. Der letzte Versuch, Dorneck und Thierstein gegen grenznähere Gebiete zu tauschen, scheiterte im Jahr 1805, und das geharnischte Protestschreiben der Bevölkerung ist bis heute im Solothurner Staatsarchiv einzusehen. Eine Mahnung an spätere Generationen, sich nicht mit den dickköpfigen Schwarzbuben anzulegen. Allen modernen Verwaltungsreformen zum Trotz hat das bis heute auch keiner mehr gewagt.

So wundert es nicht, dass ich in vielerlei Hinsicht ein Grenzgänger bin. Grenzgänger zwischen katholischem und protestantischem Milieu, zwischen Stadt und Land, zwischen der Schweiz, Frankreich und Deutschland, zwischen bürgerlichen und bäuerlichen Wurzeln. Das Muster setzte sich später fort, denn als Diplomat war ich ein Grenzgänger zwischen Politik und Wirtschaft, ebenso zwischen Europa und den USA. Ich begreife mich als stolzer Schweizer Patriot und fuße fest auf alten Traditionen. Andererseits stehe ich für Modernität und Aufgeschlossenheit. Denn wo Grenzen liegen, muss auch der Mut entstehen, sie zu überwinden – und der liegt uns Bewohnern von Grenzgebieten naturgemäß im Blut.

Die gut abgestimmte Mischung aus Stadt und Land hat den wohl nachhaltigsten Einfluss auf meine Entwicklung ausgeübt. Für die bürgerliche Linie stand mein Großvater väterlicherseits. Als Mitglied der CVP war er in diversen politischen Gremien tätig, als Lehrer ein ungewöhnlich belesener Mensch. Seine Bibliothek umfasste mehrere tausend Bände und prägte die Neigungen meines Vaters zu Literatur und Musik. Ein renommiertes Internat, das Kollegium Schwyz in der Innerschweiz, das mein Vater als Kind besuchte, verstärkte diese intellektuelle Seite an ihm. Allerdings war mein Großvater, für damalige Zeiten typisch, ein sehr bestimmender Mann und verlangte von seinem Sohn, dass er Medizin studieren solle. Kurz nach dem Zweiten Weltkrieg konnte und wollte sich mein Vater dem nicht widersetzen und absolvierte beinahe den vollen Studiengang, obwohl er am liebsten Musiker geworden wäre. Später leitete er respektable Laienchöre, die es bis zu Radioauftritten und Platteneinspielungen brachten. Sein Pragmatismus gebot ihm jedoch nach der Geburt meiner sieben Jahre älteren Schwester Doris, einen Erwerbsberuf zu ergreifen, und er nahm das Angebot seines Freundes und meines späteren Patenonkels Josef Jeger an, mit ihm zusammen ein kleines Geschäft aufzubauen.

Heute, fünfzig Jahre danach, ist dieses kleine Geschäft an der Züricher Börse notiert, erwirtschaftet neunhundert Millionen Franken Jahresumsatz und gehört in seinem Bereich zu den Marktführern. Unter dem Namen »Selecta« entwickelt und vertreibt der Konzern Versorgungsautomaten. Das sind all jene raffinierten Maschinen, die in großen Firmen und öffentlichen Einrichtungen nicht nur Kaffee und kalte Getränke, sondern mittlerweile ganze Zwischenmahlzeiten in Sekundenschnelle hervorzaubern. Mitte der fünfziger Jahre war dies eine sehr amerikanische Idee und bedeutete für Europäer nachgerade eine Kulturrevolution – wie Tupperware und Supermärkte. Die chemische Industrie in Basel sah indes eine Chance, ihre vielen tausend Arbeiter und Angestellten kostengünstig mit Snacks zu versorgen, und verhalf dem Geschäft meines Patenonkels zum schnellen wirtschaftlichen Aufstieg. Am heutigen Millionenumsatz partizipiert mein Vater allerdings nicht mehr. Zeit seines Lebens wirkte er als angestellter Geschäftsführer, zur riskanten Rolle des Teilhabers fühlte er sich nicht berufen. Mein Patenonkel verkaufte seine Anteile 1985 an die Valora-Gruppe, die das Unternehmen Ende der neunziger Jahre an die Börse brachte. Allein der ursprüngliche Name »Selecta« ist geblieben, und die Lebensleistung Josef Jegers damit unbeschädigt dokumentiert. Heute ist er ein wohlhabender Mann, und mein frühes wirtschaftliches Interesse mag darauf zurückgehen, dass ich in ihm ein geglücktes Beispiel für einen *Selfmademan* nach amerikanischem Vorbild sehen konnte.

Aus den Erfahrungen mit seinem Vater zog mein Vater schon früh den Schluss, dass man Kinder nicht in eine Richtung drängen sollte, in die sie nicht gehen wollen. So ließ er mir beim Studienfach freie Wahl, wie er schon während der Schulzeit die Regel eingeführt hatte, dass meine Freizeit mir gehörte, solange ich im Notendurchschnitt nicht unter fünf rutschte. Für deutsche Ohren klingt das alarmierend, doch wir Schweizer verwenden ein umgekehrtes Benotungssystem: Die Sechs ist die beste Note, eine Fünf entspricht dem deutschen »Gut«. Übrigens ist die in Deutschland weitverbreitete Legende, der reichsdeutsche wie Schweizer Bürger Albert Einstein sei ein Schulversager gewesen, diesem Missverständnis zuzuschreiben. Er war ein sehr guter Schüler, er hatte fast nur Sechsen! Obwohl nie ein begeisterter Schulgänger, bereiteten mir die väterlichen Vorgaben wenig Mühe, was mir eine Menge Freiheit bescherte. Ich nutzte sie für Abenteuer auf dem Land, zum Fußballspielen und zum Lesen – ein Erbe, das nahtlos von meinem Großvater über meinen Vater auf mich übergegangen war. Ein anderer Bereich freilich blieb tabu: die Musik. Nachdem ich meinen Vater lange unter Druck gesetzt hatte, ließ er es auf einen Versuch ankommen. Schon meine ersten Versuche am Klavier bereiteten ihm Qualen. Er besaß das absolute Gehör und merkte sofort, dass seinem Sohn jegliche Begabung abging. So trat einer der seltenen Fälle ein, in dem der Vater den Sohn zum Fußballspielen schickt, statt ihn zum Klavierunterricht zu verdonnern; normalerweise ist es wohl umgekehrt.

Kaum war der tägliche Schulunterricht zu Ende, machte ich mich zum Bauernhof meines Onkels Hans auf. Der Milchwirtschaftsbetrieb bot alles, was ein Knabenherz höher schlagen lässt: Tiere, Heuschober, versteckte Winkel – und einen roten McCormic! Dieser Traktor galt damals als Nonplusultra der Landmaschinenindustrie, und mein Onkel liebte ihn wie ein Rennpferd. Für derartige Reize war ich als Siebenjähriger ebenfalls hoch empfänglich. Nichts konnte mich davon abhalten, eine eigene Testfahrt zu absolvieren. Da der Zündschlüssel steckte, brachte ich den Trecker problemlos in Gang. Und natürlich begnügte ich mich nicht mit der niedrigsten Geschwindigkeit, sondern gab ordentlich Gas. Allerdings wusste ich nicht, wie man das einmal fahrende Gerät wieder stoppte. So fuhr ich laut um Hilfe schreiend im Hof herum, bis es meinem Onkel gelang, aufzuspringen und die Bremse zu ziehen – eines jener Ereignisse, die eine Tracht Prügel nach sich zogen.

Meine Mutter war immer voller Verständnis und Güte mir gegenüber, mein Vater dagegen streng und gerecht. Bis heute ist er erstaunt über das, was ich im Leben erreicht habe, schon die *Summa-cum-laude*-Dissertation hatte er mir nicht wirklich zugetraut. In seinen Augen war ich als Kind ein schwer zu bändigender Wildfang, dessen Undiszipliniertheit sich der Intelligenz in den Weg stellte. Nun, Disziplin habe ich spätestens im

Studium erworben, und daran trug meine 1998 verstorbene Mutter einen hohen Verdienst. Nie wieder traf ich einen Menschen, der ein vorbildlicheres Arbeits- und Leistungsethos vertreten hätte als sie. Nicht nur verbal, sondern in praktischer Tat. Meine ganze Kindheit über arbeitete sie auf dem Hof ihres Bruders und sorgte fürs Blühen und Gedeihen des Betriebs. Umso härter traf sie das bäuerliche Erbrecht der Schweiz, als mein Onkel die Landwirtschaft aufgab und die Äcker als Bauland verkaufte. Sie ging leer aus und verübelte ihrem Bruder, dass er sie am erheblichen Zugewinn nicht teilhaben ließ. Die dadurch entstandenen Zwistigkeiten vergifteten die Atmosphäre auf Jahre hinaus.

Die ersten Jahre meiner Schulzeit kam ich in den Genuss einer Schulform, die lange in Vergessenheit geraten ist, heute jedoch wieder mutige Fürsprecher findet: die einklassige Dorfschule. Dass sie bei mir herausragende Ergebnisse erzielte, verdanke ich vor allem unserem Lehrer. Auf seine Weise war dieser Hermann Zingg ein Nachfahre Ludwig Wittgensteins. Wie der große Wiener Denker hatte auch Zingg Philosophie studiert, anschließend bei Karl Jaspers promoviert und dann die praktische Bewährung als Dorfschullehrer gesucht. Großes Glück für mich, dass meine ersten Schuljahre just in diese Zeit fielen, denn er förderte und forderte seine Schüler außerordentlich. Später traf ich ihn als Philosophielehrer am Gymnasium wieder, seine Laufbahn machte ihn zum Rektor eines Progymnasiums, und selbst nach der Pensionierung unterrichtete er weiter. In der Klasse von fünfundzwanzig Bättwiler Kindern stellte mein Jahrgang drei Schüler, und wir alle schafften es dank Zinggs Bemühungen, den Stoff in vier statt in fünf Jahren zu absolvieren. Dadurch konnte ich ein Jahr früher aufs Progymnasium wechseln, was mir im weiteren Verlauf des Lebens die fruchtbare Herausforderung verschaffte, beinahe überall der Jüngste zu sein. Während meiner Armeezeit hatte ich beispielsweise fast ausschließlich ältere und im Zivilleben erfahrenere Rekruten unter mir. Auf eine altersbedingte Autorität konnte ich nicht bauen, also strengte ich mich besonders an, ihre Achtung durch besondere Kenntnisse und Leistungen zu erwerben.

Wie in Deutschland ist in der Schweiz das Bildungssystem föderal aufgebaut, die Schulformen variieren aber von Kanton zu Kanton stärker als in Deutschland zwischen den Bundesländern. Auf die ersten fünf Jahre Grundschule folgten im Kanton Baselland, wo ich die höheren Schulen besuchte, vier Jahre Progymnasium und noch einmal dreieinhalb Jahre Gymnasium. Vor dem Hintergrund meiner eigenen, komprimierten Bildungserfahrung erscheint mir der heute noch übliche Weg als zu lang und viel zu umständlich. Wertvolle *Human Power* wird dadurch vergeudet. Zum Beispiel neigen in Deutschland die jungen Menschen nach einer ohnehin langen Schulzeit dazu, im Kriechgang zu studieren. Wann sollen sie praktische Lebenserfahrung erwerben, wann sich zum ersten Mal auf verantwortungsvollem Posten bewähren? Jenseits der Dreißig in einen Beruf einzutreten, ist nicht nur für die Rentenkassen ein Desaster. Es führt zu einem Menschenschlag, der seine aktivste Zeit in Bildungseinrichtungen verbummelt und seinen Gestaltungswillen auf die Organisation von Schulfesten und Studentenfeten beschränkt! Nicht nur aus diesem Grunde bevorzuge ich das amerikanische System der Ganztagsschulen. Dort lässt sich der notwendige Stoff in kürzerer Zeit vermitteln, die Schüler lernen auch außerhalb von Unterrichtsblöcken den sozialen Umgang miteinander. Und überdies werden ihre Mütter von der permanenten Betreuungspflicht entbunden und können einem Beruf nachgehen.

Das wahre Geheimnis erfolgreicher Bildungspolitik liegt jedoch im Personal. Mich haben zwei sehr gegensätzliche Erfahrungen geprägt, die im Guten wie im Bösen zur selben Einsicht führten: Auf den Lehrer kommt es an! Während Herrmann Zingg und manche andere Lehrer einen nachhaltig positiven Zug in mein Leben brachten, provozierte meine Begegnung mit dem Aushilfslehrer Kellenberger auf dem Progymnasium Therwil beinahe einen Schulverweis. Aus heutiger Sicht würde ich sagen, dass Kellenberger eine bedauernswerte

Gestalt war, doch wir pubertierenden Schüler litten ungeheuer unter ihm, denn in diesem Alter ist man gegen Ungerechtigkeiten doppelt empfindlich. Statt seine Fächer Englisch und Französisch geradeheraus zu unterrichten, traktierte er uns beinahe jede Stunde mit Kraftausdrücken. In Prüfungen fragte er Stoff ab, den er nie zuvor behandelt hatte, und hin und wieder ließ er es sogar zu tätlichen Entgleisungen kommen. Heute glaube ich, dass das Lehrerkollegium davon wusste, ihn jedoch gewähren ließ, weil er kurz vor der Pensionierung stand. Für uns Schüler bedeuteten seine Ausfälligkeiten allerdings eine schwere Belastung. So griff ich zu einem illegalen, von mir jedoch als legitim empfundenen Mittel. Als Jurist würde ich mich heute nicht mehr auf die Debatte zwischen Legalität und Legitimität einlassen. Kurzum, ich steckte mein Tonbandgerät und ein Mikrofon in die Schultasche und schmuggelte die Abhöreinrichtung in den Klassenraum. Als echter Schwarzbube lag mir das Schmuggeln ja im Blut! Trotz der Betriebsgeräusche des Tonbandgeräts bemerkte Kellenberger die Aktion nicht und ließ wie üblich seinem Furor freien Lauf. Das bescherte mir ein Tondokument von hoher Beweiskraft, mit dem ich beim Rektor vorstellig wurde. Allein – die illegal erworbenen Beweise wurden nicht gelten gelassen! Es kam zu einem Riesendonnerwetter, in dessen Verlauf mich nur mein bislang untadeliger Ruf und das große Wohlwollen meiner Klassenlehrer Buser und Hügin vor dem fälligen Schulverweis schützten. Kellenberger ging wenig später in Rente, und ich entwickelte mich trotz der Vorbelastung zu einem rechtstreuen Juristen.

In meine Kindheit fielen die großen Erschütterungen der sechziger Jahre, doch glücklicherweise war ich 1968 zu jung für jede Art von revolutionären Spielen. Auch später galt ich zwar als Rebell, weil ich mir keine Ungerechtigkeiten gefallen ließ und immer nach Innovationen suchte, gehörte aber keiner radikalen Fraktion an. Mit Drogen hatte ich nichts am Hut – auch nicht in der berühmten Clinton-Manier à la »geraucht, aber nicht inhaliert« –, und richtig betrunken war ich nur ein einziges Mal. Da ich viel Sport trieb, genügte mir diese Erfahrung im Alter von sechzehn, um fürderhin beim Trinken beizeiten innezuhalten. Selbstverständlich bin ich kein Abstinenzler geworden – das stünde einem Diplomaten und Offizier schlecht zu Gesicht, dann und wann muss man auch seine Trinkfestigkeit beweisen –, aber ein guter Tropfen wird noch besser, wenn man weiß, wann der Genuss in Leiden umschlägt.

Das Jahr 1968 hat sich dennoch tief in mein Gedächtnis eingeprägt. Selbst im verschlafenen Therwil, wo ich das Progymnasium besuchte, brach die Weltpolitik auf den Schulhof ein. Nach Dubčeks Sturz im August 1968 hefteten wir Jungen von elf, zwölf Jahren die ČSSR-Fahne an unsere Fahrräder und waren unglaublich stolz, dass die Schweiz so vielen tschechischen Flüchtlingen politisches Asyl gewährte. Ein Stolz, der bei mir auf fruchtbaren Boden fiel. Schon damals interessierte ich mich mehr für die Geschichte meiner Heimat als für Detektivstorys und las Jugendbücher über die Ritterschlachten bei Morgarten 1315 und Sempach 1386, in denen die habsburgischen Machtträume am Widerstand der Eidgenossen zerbrachen und die Habsburger nach Österreich »auswanderten«.

Bei aller Kritik im Detail, ich liebe meine Heimat. Das ist auch nicht schwierig, denn geografisch zerklüftet und durch keine gemeinsame Landessprache geeint, beruht die Jahrhunderte während wirtschaftliche und politische Stabilität auf zwei großartigen Ideen: Gleichberechtigung und Demokratie. In kaum einem anderen Staat der Welt können Regionen derart eigenständige Entscheidungen treffen, und nirgendwo anders ist so viel direkte Demokratie verwirklicht. Ein ausgeklügeltes System von *checks and balances* stellt dabei sicher, dass die gesetzgeberischen Kompetenzen der Zentralregierung nicht unterlaufen werden und der Föderalismus nicht destabilisierend wirkt. Nach der jüngsten Verfassungsänderung haben die Kantone sogar Einfluss auf die Außenpolitik, was einem französischen oder britischen Politiker einen kalten Schauer über den Rücken jagen würde. Ich bin jedoch sicher, dass unsere Außenpolitik auch in Zukunft nicht durch Regionalinteressen beeinträchtigt wird, sondern im Gegenteil eine höhere Akzeptanz in den Kantonen erfährt.

Das politische System der Schweiz in allen Einzelheiten zu erläutern, würde zu weit führen, aber für deutsche Leser seien ein paar Hinweise eingefügt. Mit unseren zwei Kammern (dem zweihundertköpfigen Nationalrat und dem sechsundvierzigköpfigen Ständerat) griffen wir Schweizer 1848, als in Deutschland die bürgerliche Revolution misslang, das amerikanische Vorbild von 1776 auf: Der Nationalrat (Repräsentantenhaus) vertritt die Gesamtbevölkerung, der Ständerat (Senat) die einzelnen Kantone. Während man den deutschen Bundestag noch mit der ersten Kammer (Nationalrat beziehungsweise US-Repräsentantenhaus) vergleichen könnte, ist die Ländervertretung in Deutschland abweichend organisiert. Wer im deutschen Bundesrat Platz nehmen darf, bestimmen die jeweiligen Landesregierungen, während in der Schweiz und in den USA die Ständeräte oder Senatoren vom Volke gewählt werden. Meines Erachtens die bessere Lösung, denn ein vom Volk mandatierter Abgesandter agiert unabhängiger von Parteiinteressen als Sendboten der jeweiligen Landesregierungen. Gerade die Ereignisse rund um den deutschen »Bundesratsskandal« im Frühjahr 2002, als die Einwanderungsgesetze mit unschöner Trickserei durch die zweite Kammer gebracht werden sollten –, was später das Bundesverfassungsgericht kassierte – zeigen die Anfälligkeit des deutschen Systems für parteistrategische Blockaden. Im Schweizer Fall wäre eine solche Entwicklung verheerend, da helvetische Gesetze ausnahmslos die Zustimmung beider Kammern benötigen.

Dennoch kann es passieren, dass Gesetze nach parlamentarischer Doppel-Verabschiedung vom Volk abgelehnt werden. Die traditionellen Elemente direkter Demokratie sehen nämlich Volksbefragungen in Form von *obligatorischen* oder *fakultativen Referenden* vor, und zwar in von der Verfassung genau festgesetzten Fällen. Das fakultative Referendum gegen Gesetze ermöglicht es jedermann, innerhalb von drei Monaten Widerspruch gegen ein frisch verabschiedetes Gesetz einzulegen und darüber im Volke abstimmen zu lassen. Er benötigt dazu die vergleichsweise geringe Zahl von fünfzigtausend gleichgesinnten Mitbürgern, die mit der Parlamentsvorlage ebenfalls unzufrieden sind. Für organisierte Interessenverbände mit starker Mitgliederzahl ist es indes effektiver, frühzeitig zu signalisieren, dass man bei mangelnder Berücksichtigung bestimmter Sichtweisen zu einem fakultativen Referendum aufriefe. Die generelle Kompromissneigung der Konkordanzdemokratie sorgt dann schon im Vorfeld für eine entsprechende Gesetzesformulierung. Obligatorisch abstimmungspflichtig sind hingegen alle die Verfassung betreffenden Fragen. Das Parlament kann die Verfassung nicht gegen den Willen der Mehrheit der Bevölkerung und der Kantone verändern. Zu jeder Modifizierung muss das Schweizer Volk ausdrücklich seine Zustimmung geben. Gegen den Willen der Parlamentarier Verfassungsänderungen durchzuboxen, ist ebenfalls möglich: Mit hunderttausend Stimmbürgern lässt sich sogar eine Verfassungsinitiative erzwingen.

Für Deutsche besonders interessant dürfte sein, dass die Obergrenzen der Bundessteuersätze in der Schweizer Verfassung festgeschrieben sind. Keine Regierung kann an der Steuerschraube drehen, wenn dies nicht in einer obligatorischen Volksabstimmung genehmigt wird! Ein Hauptgrund für die relativ gemäßigte Steuerbelastung in der Eidgenossenschaft. Damit erweist sich Politik als Kunst des Möglichen bei uns als weitaus anspruchsvoller denn in anderen europäischen Staaten. In Deutschland, Österreich oder Frankreich werden anstehende Probleme durch den Griff ins Steuersäckel gelöst – gerade die Deutschen können ein trauriges Lied davon singen! –, und dass Politiker wie Verwaltungsbeamte Geld unvernünftiger ausgeben als Privatleute, ist eine Binsenweisheit. Wer jemals in einer Behörde oder einer staatlich subventionierten Institution gearbeitet hat, kennt zum Beispiel den Konsumrausch am Jahresende, bei dem übrig gebliebene Summen noch rasch ausgegeben werden müssen, weil sie sich nicht ins nächste Rechnungsjahr transferieren lassen. Sparsames Wirtschaften wird dagegen mit einem verkürzten Ansatz im Folgejahr bestraft. Kein Privatmann würde so handeln. Aus Behördenstuben ist der Verschwendungsgeist schwer auszutreiben. Daher darf man dem Staat nur unter hohen Auflagen frisches Geld zukommen lassen. Die Staatsquote ist in unseren Ländern sowieso zu hoch. Seit Dezember 2001 steht mit Artikel 126 sogar die Pflicht zum ausgeglichenen Staatshaushalt in der Schweizer Bundesverfassung, die so genannte »Schuldenbremse« gilt erstmals für den Bundeshaushalt 2003. Lang anhaltende Haushaltsdefizite dürften damit der Vergangenheit angehören, denn kein Politiker wird es in der Schweiz wagen, permanent gegen die Verfassung zu regieren.

Die direkte Demokratie findet ihre Fortsetzung auf Kantons- und Gemeindeebene. Dies führt dazu, dass der Stimmbürger zwar mehrmals pro Jahr zu einer Vielzahl von kommunalen, kantonalen und eidgenössischen Vorlagen Stellung nehmen muss. Gleichzeitig hat er aber auch das Gefühl, konkret auf seine Lebensumstände Einfluss nehmen zu können. Ein großer Vorteil, der eine Entfremdung vom Staat weitgehend verhindert. In Ländern mit einer indirekten Demokratie ruft das Schweizer Beispiel oft Erstaunen hervor. Viele Europäer wissen gar nicht, welch utopisches Fleckchen an bürgerlicher Mitbestimmung sich im Herzen ihres Kontinents befindet. Und was Deutschland anbetrifft, stimme ich mit Hans-Olaf Henkel überein, dass die deutsche Bevölkerung heute eine frisch renovierte Verfassung verdient hätte: aus dem Volk und für das Volk. Zwar verstehe ich die historisch bedingte, tief sitzende Furcht der deutschen Politik vor Veränderungen im Grundgesetzbereich, aber achtundfünfzig Jahre nach Kriegsende sind die Deutschen viel reifer, als sie es selbst von sich glauben. Ihrem Identitätsgefühl und der Funktionsfähigkeit ihres politischen Systems täte eine gemeinschaftlich entwickelte Verfassung außerordentlich gut. Dabei sollten auch vermehrt Elemente der direkten Demokratie einfließen. Der Deutsche ist nicht dümmer als der Schweizer. Weshalb darf er über wichtige Fragen des politischen Lebens nicht abstimmen? Weshalb soll seine Mitwirkung auf die vierjährliche Wahl des Bundestags und der Landtage beschränkt bleiben? Politikwissenschaftler, Journalisten und Parteifunktionäre werden einwenden, dass jedes Mehr an direkter Demokratie populistische Strömungen begünstige. Das Schweizer Beispiel beweist jedoch das Gegenteil. Je stärker die Beteiligung des Wahlvolks an konkreten politischen Entscheiden, desto geringer seine Neigung, den Vorschlägen der Populisten zu folgen. Politische Systeme mit geringen direkten Einflussmöglichkeiten, so meine Gegenthese, laufen weitaus mehr Gefahr, in ihren Parlamenten überdurchschnittlich viele Populisten sitzen zu haben. Der Verdruss der Bevölkerung entlädt sich über das billige Ventil, indem der Wähler versucht ist, die etablierte Politik zu »ärgern«.

Aus der eigenen Biografie weiß jeder von uns, dass steigende Verantwortung auch größere Reife nach sich zieht. Meiner festen Überzeugung nach sind die Deutschen längst reif genug für den Schritt in die direkte Demokratie. Mehr Volksabstimmungen und Referenden verbesserten das politische Klima nachhaltig, die »Politikverdrossenheit« könnte gemildert, schwierige Reformen mutiger angepackt werden. Und vielleicht würden sich Gewerkschaften wie Wirtschaftsverbände verwundert die Augen reiben, wenn sie sähen, wie weitsichtig die Bevölkerung in wirtschaftlichen Fragen handelt? In der Schweiz brachte im Jahr 2002 die Abstimmung zur Einführung der Sechsunddreißig-Stunden-Woche ein eindeutiges Ergebnis: Sie wurde massiv abgelehnt. Das Volk hielt die Sechsunddreißig-Stunden-Woche für einen wirtschaftlich gefährlichen, damit der Allgemeinheit schadenden Luxus. Wer war da wohl klüger, die Gewerkschaftsfunktionäre oder das Volk?

1975 legte ich die Reifeprüfung am Gymnasium in Oberwil ab. Dass ich in Basel Jura studieren würde, stand lange zuvor fest. Zum einen wollte ich eine vernünftige Grundlage für den diplomatischen Dienst erwerben, zum anderen keinesfalls etwas studieren, das mir bereits in der Schule vergällt worden war. Gewiss, in den diplomatischen Dienst konnte man auch als

Historiker eintreten, wie mein späterer Freund Claude Altermatt bewies, der ebenso zielstrebig wie ich seine Karriere geplant hatte, aber auf anderem Wege zum Ziel kam. Mein gesunder Pragmatismus fand jedoch keinen Gefallen an der Vorstellung, sich schon durch die Studienwahl spätere Berufschancen zu verbauen. Was konnte man mit Geschichtswissenschaften außerhalb von Schule, Universität und diplomatischem Dienst schon anfangen? Anders als in Deutschland endete das Schweizer Jurastudium mit dem Lizenziat und hielt mannigfaltige Möglichkeiten für eine spätere Berufspraxis bereit. Der dritte Weg eines naturwissenschaftlichen oder technischen Studiums schied dagegen aus, da ich auf diesen Gebieten weder eine große Neigung noch ausreichende Talente besaß.

Wie ist das damit vereinbar, dass ich unmittelbar nach dem Abitur als Rekrut in einer Artillerieeinheit meinen obligatorischen Militärdienst begann? Nun, die Artillerie gilt in allen Armeen der Welt als elitärer Haufen, deshalb packte mich der Ehrgeiz, in einem mir eigentlich wesensfremden Bereich gute Ergebnisse zu erbringen. In der Schule alles andere als ein Mathematikgenie, lernte ich ein zweites Mal den Umgang mit dem Rechenschieber – von Taschenrechnern und Computern waren wir in den siebziger Jahren in der Schweizer Armee noch weit entfernt. Die Beherrschung der Militärtechnik fiel mir leichter als erwartet. Die siebzehn Wochen Rekrutenschule im prächtigen Wallis – der deutschen Grundausbildung entsprechend – vergingen schnell, weil es viel zu lernen und zu entdecken gab. Etwas mühseliger wurde es die folgenden Jahre. Getreu dem eigenen Leistungswillen und aus familiärer Tradition hatte ich mich zur Offizierslaufbahn entschlossen, was ein stufenweises »Abverdienen« der jeweiligen Ränge nach sich zog. Während meine Kommilitonen Urlaub machten, absolvierte ich in den Semesterferien als Korporal und Leutnant monatelange militärische Schulungen und Ausbildungskurse.

Bekanntlich setzt die Schweiz nicht nur bei ihrem Parlament, sondern auch bei der Armee auf ein Milizsystem. Hauptberufliche Soldaten stellen die absolute Minderheit dar und garantieren ein bloßes militärisches Funktionsminimum. Alles, was über wenige planerische Aufgaben und über die Wahrung der reinen Einsatzbereitschaft hinausgeht, wird von Milizionären übernommen. Also von Männern, die im Hauptberuf anderen Tätigkeiten nachgehen und nur für bestimmte Zeiten ins militärische Leben überwechseln. Meine Erfahrungen sprechen eindeutig für die Milizarmee und gegen die Alternativen Wehrpflichtigenarmee mit Berufsoffizieren beziehungsweise reine Berufsarmee nach amerikanischem Muster. Die enge Verknüpfung zwischen militärischem und zivilem Leben dient beiden Seiten. Zum einen stärkt sie das Ansehen der Armee in der Bevölkerung, zum anderen trägt sie zivile Innovationen viel schneller als in Berufsarmeen ins Militär hinein. In meine aktive Zeit fiel beispielsweise der große Computerboom, und man kann sich ausmalen, wie lange diese Innovation innerhalb eines konventionellen Militärapparats gebraucht hätte, um vom Beschaffungsamt bis in die Gehirne der Soldaten vorzudringen. Ganz anders in unserer helvetischen Milizarmee, bei der ein Zahnarzt neben dem Computerprogrammierer, ein Bauer neben dem Kfz-Schlosser diente. Hier kann man stets auf passende Fachleute mit großer ziviler Erfahrung zurückgreifen.

Im Rückblick bereue ich meine Militärzeit keine Minute. Meine Männer achteten und liebten mich, und wenn ich da und dort als »harter Hund« galt, lag das vornehmlich daran, dass ich mich selbst nicht schonte. Nie verlangte ich meinen Untergebenen etwas ab, das ich nicht selbst vollbracht hätte, und was in einem steckt, merkt man erst, wenn man es herausfordert. Vielleicht die größte Schwäche der stromlinienförmigen Bildungssysteme in Europa liegt in ihrer Orientierung aufs schwächste Glied, ihrem Hang zur permanenten Unterforderung, statt hin und wieder den Schüler zu überfordern. Umso krasser fällt der Bruch im Übergang zum Berufsleben aus. Nach jahrelangem Studium und anschließender Promotion soll man plötzlich zwanzig, dreißig Menschen führen und erhält Material und Gelder in Millionenhöhe anvertraut. Kann das gut gehen? Ich konnte mit zwanzig im Militär erhebliche

Führungserfahrungen und Sozialkompetenz erwerben und musste mit dreiundzwanzig mein erstes Krisenmanagement durchstehen. Bei einem Wintermanöver geriet auf engem Feldweg ein Lastwagen ins Schleudern und überschlug sich. Blut, Schreie, Schwerverletzte. Mein Trupp umfasste rund fünfzig Mann und große Konfusion drohte. Plötzlich war das eingetreten, was für militärische Situationen eigentlich typisch ist, sich in Manövern aber kaum simulieren lässt: Chaos, Unübersichtlichkeit und Handlungsdruck. Zusammen mit wenigen Unteroffizieren, die der Schock ebenfalls nicht handlungsunfähig gemacht hatte, organisierte ich ruhig die Bergung der teilweise schwer Verletzten.

Zur eindrücklichsten Erfahrung dieser Stunden gehörte, dass sich in der Krise die Spreu vom Weizen trennte. Die Soldaten, auf die ich mich verlassen konnte, waren exakt diejenigen, von denen ich das schon vorher angenommen hatte. Und Ähnliches sollte sich später noch oft bestätigen. Vielleicht ließ mich dieses Wissen in der eskalierenden Situation mit dem Bauern so ruhig bleiben; vielleicht bin ich aber einfach als kaltblütiger Mensch geboren, bei dem die Natur einen Schalter vergessen hat. In zugespitzten Lagen wäge ich nüchtern die Handlungsalternativen ab und bewahre ruhig Blut. Panik ist nicht meine Sache. Kein Vorwurf an die Adresse derjenigen, denen diese Nüchternheit abgeht. Aber sie sollten sich überlegen, ob ihr Persönlichkeitsprofil sie nicht für andere Positionen als ausgerechnet solche in der Führungsspitze qualifiziert.

3. Les jeune loups

Demokratie ist ein Verfahren, das garantiert, dass wir
nicht besser regiert werden, als wir es verdienen.
George Bernhard Shaw

Karl Spiro gehörte zu den gefürchtetsten Professoren an der juristischen Fakultät der Universität Basel. Seine zynische Rhetorik und seine intellektuelle Brillanz zwangen jeden Kombattanten in die Knie, seine Fachkompetenz war unbestritten. Prüfungen bei Spiro bedeuteten eine Tortur, denn er hatte angeblich eine eindeutige Vorstellung, wie er die vom üblichen Benotungsschema abweichende Zehnerskala einsetzen wollte: »Die Zehn und die Neun sind für die Götter, die Acht und die Sieben sind für mich reserviert, und um den Rest können Sie sich streiten!« Mythen über seine vernichtenden Prüfungen gab es zu Dutzenden, man erzählte sie sich ehrfurchtsvoll im Studentencafé.

Obwohl gebürtiger Schweizer, sprach Spiro seine Verdikte langsam und in näselndem Tonfall, jedoch in makellosem Hochdeutsch aus. Dispute mit ihm waren selten, weil sich kein Student freiwillig auf ein Gefecht mit ihm einließ. Und doch geriet ich eines Tages – ich saß in der mündlichen Lizenziatsprüfung mit meinem Freund Samuel Werenfels eingeschüchtert vor dem großen Gelehrten – in eine hochspezifische rechtliche Auseinandersetzung. Es ging um Schuldrecht, denn Spiro hatte ein vierbändiges Standardwerk über Verjährung im Schuldrecht verfasst, das bis heute den Gerichten Urteilsbegründungen liefert und dessen stupende juristischen Formulierungen nur wenige verstehen dürften. Ich strengte mich nach Kräften an, denn eine Niederlage hätte zwar meine Mitkommilitonen nicht verwundert, aber ich war nicht der Mann, der in die Enge gedrängt aufgab. Sportlicher Ehrgeiz! Nachdem mich Spiro ein paar Minuten hatte argumentieren lassen, ohne mich zu unterbrechen – was schon Seltenheitswert besaß –, starrte er mich unverwandt an und sagte lächelnd in seinem hohen, näselnden Tonfall: »Jaaa, junger Mann, Sie können ja denken!«

Ich studierte gern Jura, weil mir die Jurisprudenz zum ersten Mal im Leben ein intellektuelles Feld eröffnet hatte, auf dem ich mich rundum wohl fühlte. In der Schulzeit war es trotz einiger Fächer wie Deutsch und Geschichte, die mich fesselten, nie zu solch einer Herausforderung gekommen. Das strukturierte dialektische Verfahren von These, Antithese und Synthese kam mir sehr entgegen, ich fühlte mich von Anbeginn wohl und versäumte kaum Vorlesungen. Neben Karl Spiro las in Basel der bekannte Privatrechtler Frank Vischer und der Staatsrechtler Kurt Eichenberger; Letzterer legte die Fundamente für mein Interesse am Staats- und Völkerrecht. Obwohl die eindrückliche Humanistenstadt Basel eine Fülle von Ablenkungsmöglichkeiten bereithielt, studierte ich – von militärischen Wiederholungskursen abgesehen – vier Jahre lang konzentriert und ohne Freisemester oder lange Urlaubsreisen. Auslandserlebnisse sollte mir ja der diplomatische Dienst bescheren. Der Fleiß meiner Studentenjahre wurde belohnt: Ich konnte die Spiro'sche »Götterregel« stürzen, denn ich erhielt von ihm eine Zehn verliehen. Dass er mich damit über sich selbst stellte, war wohl ein Betriebsunfall, oder – wahrscheinlicher – die bösen Anekdoten über ihn stimmten einfach nicht.

Im Februar 1981 hatte ich zwei Zwischenziele erreicht: das bestandene Lizenziat und den abverdienten Leutnantsrang bei der Panzerartillerie. Mehrere Professoren, darunter Karl Spiro, boten mir eine Assistentenstelle an und ermunterten mich zu einer akademischen Karriere. Für einen jungen Juristen eine schmeichelhafte Aussicht, allein ich drängte ins Auswärtige Amt. Zum Wissenschaftler fehlte mir die Geduld. Ich wollte bewusst ein Macher sein, ein Managertyp, der gerne Strategiepapiere entwarf, diese dann aber auch umsetzen wollte, statt von der Außenwelt abgeschottet über einem Thema zu brüten. Eine Dissertation schien mir indes sinnvoll, da ich während dieser Zeit parallele Berufserfahrungen sammeln konnte. So schrieb ich einerseits an meiner Doktorarbeit, während ich andererseits Rechtsgutachten für Firmen und Kanzleien anfertigte und als Aushilfslehrer Wirtschaft und Jurisprudenz an Schulen unterrichtete. Dafür gab es Anfang der achtziger Jahre einen stolzen Stundenlohn von fünfundvierzig Franken; Lehrer sind in der Schweiz zu Recht besser bezahlt als in Deutschland. In ihren Händen liegt letztlich unsere Zukunft. Da ich im Hofstettener Haus meiner verstorbenen Großeltern mietfrei lebte – immer noch auf Solothurner Gebiet –, ging es mir für einen Promotionsstudenten wirtschaftlich erstaunlich gut.

Noch besser wurde meine Lage ab 1985. Nach Abschluss der Doktorarbeit beschloss ich, einen kurzen biografischen Umweg einzuschlagen, bevor ich in Bern endgültig die Bewerbungsunterlagen abgeben würde. Wie meine spätere Karriere zeigte, fügte mir das durchaus keinen Zeitverlust zu, sondern bildete einen sinnvollen Baustein für meine spätere Arbeit. Studienfachwechsel und hilfloses Ausprobieren verschiedener Fakultäten sind gewiss keine Garanten für spätere Karriereerfolge, wohl aber die Kombination unterschiedlicher Wissensgebiete und Fertigkeiten. Neben dem juristischen Denken fehlte mir noch die wirtschaftliche Praxis, also bewarb ich mich bei der *Credit Suisse* in Genf um einen Traineeposten.

Wieso Genf? Durch häufige Lehrerwechsel in den Sprachfächern waren Französisch und Englisch meine Achillesferse geblieben, und mit einem Aufenthalt in der Romandie, wie wir die französischsprachige Schweiz nennen, verband sich nicht nur die Erwartung gallischer Lebensfreude, sondern auch der Gewinn höherer Fremdsprachenkompetenz. Zudem ist Genf eine faszinierende Stadt. Zum Glück konnte ich die Personalabteilung der *Credit Suisse* von meinen Qualitäten überzeugen und bekam die Stelle zugesagt. Allerdings verschwieg ich dabei, dass ich vorerst keine Karriere als Investment- oder Privatbanker anstrebte, sondern nach zwei Jahren in den diplomatischen Dienst wechseln wollte. Aber während der Traineezeit drohte meine »Tarnung« manches Mal aufzufliegen. Kosteten die unternehmungslustigen Kollegen nach dem Tag in Bank und Börse die Annehmlichkeiten Genfs aus, zog ich mich oft mit einem Buch zurück. Noch gab es genügend Lücken im Bereich Wirtschaft, Politik und Kultur, die mir die Aufnahmeprüfung vermasseln konnten. Rasch ging mir der Ruf des intellektuellen Karrieristen voraus, denn für einen Banktrainee standen eher Unternehmensbroschüren und Jahresbilanzen als Lektüre im Vordergrund – und das während der Arbeitszeit. Da ich aber ein kommunikativer Mensch bin, vermochte ich das Misstrauen meiner Kollegen zu zerstreuen; zu einigen pflege ich bis heute freundschaftlichen Kontakt.

Durch die vielen internationalen Organisationen und ausländischen Geschäftsleute ist Genf ein teures Pflaster. Dennoch hatte ich Glück und fand in der Rue Etienne-Dumont mitten in der Altstadt eine gemütliche Dachgeschosswohnung. Zur Bank war es nicht weit, zur Börse auch nicht, und in der Altstadt spielte die Musik. Da ich immer schon ein Faible für gute Kleidung besaß, genoss ich die Tage im dunklen Anzug und konnte durchaus die Faszination der Börse nachvollziehen. In diesen Jahren gingen die Aktienkurse noch steil nach oben, selbst für einen blutjungen Anlageberater war es schwer, falsche Empfehlungen auszusprechen. Den Crash von 1987 habe ich dann zum Glück nicht mehr als Bankangestellter erlebt, verlor aber trotzdem alle früheren Spekulationsgewinne: »Easy come, easy go«. Wollte ich für meine Kunden, überwiegend institutionelle Anleger, Aktien kaufen oder verkaufen, notierte ich die entsprechenden Daten auf einem Zettel und schickte einen Laufburschen los. Im Börsensaal händigte er den Zettel einem Kursmakler, dem »Schreier«, aus, und die Transaktion wurde wie hundert Jahre zuvor per Zuruf durchgeführt.

Zum damaligen Zeitpunkt war die Genfer Börse in einem kleinen, schummrigen Raum untergebracht und platzte aus allen Nähten. Als wir in einen großzügigen Neubau umzogen, stand schon die Computerrevolution vor der Tür. Kurz nach Inbetriebnahme wurde der Neubau funktionslos.

Zwei Jahre später war mir etwas mulmig zumute, als ich meinen Kündigungswunsch in der Personalabteilung vortrug. Mir saß derselbe Personalchef gegenüber, der mich auch eingestellt hatte. Er trug meinen Entschluss jedoch mit Fassung. »Wissen Sie, Herr Borer«, sagte er nüchtern, »wir haben Sie gut ausgebildet, und Sie werden diese Kenntnisse an anderer Stelle so einsetzen, dass sich die Investition eines Tages vielleicht auch für uns lohnen wird.« Über ein Jahrzehnt später – ich war Leiter der Task-Force »Zweiter Weltkrieg«, bei der es um erhebliche Interessen der Banken ging – lief ich ihm auf einem Empfang in Genf über den Weg. Er erkannte mich sofort und knüpfte stolz an das Entlassungsgespräch an. »Habe ich es Ihnen nicht prophezeit? In Ihrer jetzigen Position sind Sie für uns viel wichtiger als bei der *Credit Suisse*.« Und er zwinkerte mir freundlich zu.

Bei der *Credit Suisse* hatte ich im vorauseilenden Selbstvertrauen gekündigt. Der Zulassungswettbewerb des EDA galt nämlich als eines der anspruchsvollsten Ausleseverfahren des Landes. Nach all meinen Vorbereitungen war ich jedoch zuversichtlich, zu den besten Kandidaten zu gehören – zumindest in meinem Jahrgang. Bevor ich im Januar 1987 nach Bern fuhr, um mit rund sechzig weiteren Bewerbern für einen Tag lang die Schulbank zu drücken und zwei weitere Tage Gespräche mit der Auswahlkommission zu führen, schob ich einen zweimonatigen Studienaufenthalt in Oxford dazwischen. Bei diesem Zulassungswettbewerb gab es keine Noten, die Entscheidung wurde von der Prüfungskommission nach dem individuellen Gesamteindruck getroffen. Dabei zählten kommunikative Kompetenz und breites Allgemeinwissen so viel wie eine gute Dissertation. Meine Doktorarbeit war dem EDA schon deshalb bekannt, weil einer meiner beiden Zweitgutachter, Emmanuel Diez, vormals Direktor der Völkerrechtsdirektion gewesen war und der Aufnahmekommission vorstand. Ein unerlässlicher Bestandteil jedes modernen Bewerbungsgesprächs, die psychologische Dimension, fiel dagegen gänzlich unter den Tisch. Man vertraute einfach auf die Menschenkenntnis der Kommissionsmitglieder, was einen gewissen Spielraum für verhängnisvolle Irrtümer und unerfreulichen Nepotismus ließ.

Gut zehn Jahre später war ich in meiner Funktion als Stellvertretender Generalsekretär des EDA selbst für diesen Bereich zuständig. Zu meinen ersten Neuerungen gehörte die Einführung von Elementen des Assessment Centers, auch bei der Kandidatenauswahl. Noch in den achtziger Jahren konnte man in den oberen Rängen des diplomatischen Korps Vertreter der alten Schule antreffen, bei denen die Wörter »Teamarbeit« oder »moderne Managementmethoden« nur ein abweisendes Kopfschütteln hervorriefen. Solange sie in Bern ein Fachreferat leiteten, ging das gut – auf schwierigem Außenposten wuchsen sich dagegen Führungsmängel und eine schwache charakterliche Disposition zur reinsten Zeitbombe aus. Man muss sich einmal vorstellen, was es heißt, mit einem kleinen Team in unwirtlicher, manchmal feindseliger Umgebung auf Gedeih und Verderb zusammengeschweißt zu sein. Derartige »hardship postings« – Botschaften in Afrika, Lateinamerika oder Asien mit sehr schwierigen Lebensumständen – umfassen selten mehr als fünf bis zehn Mitarbeiter, die nicht nur miteinander arbeiten, sondern auch nach Dienstschluss aufeinander angewiesen sind.

In einer solchen Konstellation einen komplizierten Botschafter zu haben, der intern nicht kommunizieren kann oder die Managementmethoden eines russischen Feldwebels der Zarenzeit praktiziert, macht das Leben rasch zur Hölle. Auf meinen Außenposten durfte ich freilich immer verständige und menschlich angenehme Vorgesetzte genießen, aber das war beileibe nicht überall der Fall.

Vor dem Hintergrund der historischen Entwicklung des diplomatischen Dienstes bedeutete der Zulassungswettbewerb 1987 schon einen Meilenstein. Bis zum Zweiten Weltkrieg rekrutierte man den Nachwuchs nicht nach genau feststellbaren Kriterien. Es herrschte das System der Kooptation, wobei auch familiäre Bindungen stark ins Gewicht fielen. Das galt nicht nur für die Schweiz, sondern für ganz Europa. Traditionell war die Diplomatenkarriere »besseren Kreisen« vorbehalten, ein Auffangbecken für streckenweise verarmte Adlige, seltener für großbürgerliche Söhne, die auf Grund testamentarischer Verfügungen nicht ins väterliche Unternehmen eintreten konnten, weil dort bereits der Erstgeborene das Zepter in der Hand hielt. Begabte Kinder aus tieferen Schichten hatten schon aus finanziellen Gründen so gut wie keine Chance, ins diplomatische Korps aufzusteigen. Diese Auswahl führte zu starken Qualitätseinbußen im Auswärtigen Amt, sodass die Diplomaten zwar eine gesellschaftliche Elite darstellten, aber keine Leistungselite. 1956 – in der Bundesrepublik Deutschland 1957 – führte man in der Schweiz daher ein standardisiertes Aufnahmeverfahren ein, um sich die besten Köpfe zu sichern und die Zulassung zu demokratisieren.

Meine Volée – so nennt man den Jahrgang von Jungdiplomaten – aus anfänglich vierzehn Stagiaires, von denen nach kurzer Zeit zwei ausschieden beziehungsweise gar nicht erst antraten, spiegelte die Stärken und Schwächen des Auswahlverfahrens wider. Einerseits beförderte die Kombination aus objektivem Testverfahren und subjektiver Kommissionsbewertung so brillante Köpfe wie den Historiker Peter Maurer oder den Russlandkenner Peter Burkhart ins EDA, wovon die Eidgenossenschaft nur profitieren konnte. Andererseits verschaffte sie auch einem verhuschten Wesen wie unserem Nesthäkchen B. den Eintritt in den diplomatischen Dienst. Zu den Schwächen des Zulassungswettbewerbs gehörte weiterhin, dass jedes Jahr nur so viele Kandidaten aufgenommen wurden, wie Diplomaten in Pension gingen, und man nur einmal zum Wettbewerb antreten durfte. So wurden in einem Jahr hoch qualifizierte Bewerber abgewiesen, während im darauf folgenden auch weniger geeignete Anwärter aufgenommen wurden. Viel vernünftiger wäre es gewesen, die starken Kandidaten des Vorjahres noch einmal zuzulassen, statt um der bloßen Auffüllung der Leerstellen willen Qualitätseinbußen im diplomatischen Korps zu riskieren.

Am 29. Januar 1987 erhielt ich Nachricht, dass ich zu den Auserwählten zählte. Die Ergebnisse im Wissenstest und beim Aufsatz sowie mein Auftreten vor der Kommission hatten mir den Weg ins Eidgenössische Departement für Auswärtige Angelegenheiten geebnet. Da ich bis zum Beginn des Einführungskurses am 1. Mai noch Zeit hatte, griff ich aufs Angebot des EDA zurück, schon früher in Bern mit meiner Arbeit anzufangen. Ich war ungeheuer neugierig auf meine kommende Wirkungsstätte. Ähnlich erging es Claude Altermatt, der zeitgleich mit mir anfing. Altermatt sprudelte nur so vor Wissen und Belesenheit, ließ sich keine politische Debatte entgehen und brillierte im Schlagabtausch mit seinen Kenntnissen. Ich bemerkte, dass er mir als promovierter Historiker etwas Wichtiges voraushatte: Unhinterfragt galt er sofort als Generalist, während sich bei mir die EDA-Juristen die Tür in die Hand gaben, um sich den »brillanten Völkerrechtler« Borer für ihr jeweiliges Ressort zu sichern. Eine schwierige Lage, die während des ersten Jahres in Bern einige hausinterne Diplomatie erforderte, denn natürlich empfand ich mich als ebenso vielseitig wie Claude, nur verführte meine Spezialisierung das EDA dazu, meine breite Verwendbarkeit vorerst nicht auf die Probe stellen zu wollen.

In einem weiteren Punkt unterschieden Claude und ich uns trotz unserer Sympathie füreinander: Er war von einer Neugier und Offenheit beseelt, die ihn unter ungünstigen Umständen Kopf und Kragen kosten konnten, da er auf die verwickelten Machtstrukturen innerhalb der Behörde kaum Rücksicht nahm. Ich hingegen beteiligte mich von Anfang an nicht an Klatsch. Mich interessierte nicht, wer wann und wo Botschafter werden würde und wer welche Schwäche und Stärke haben sollte. Ich machte mir immer mein eigenes Bild. Die Vorliebe für »informelle Nachrichtenkanäle« – so nennt man »Klatsch« vornehm – ist überall in Auswärtigen Ämtern verbreitet. Diplomaten glauben oft, in einem permanenten Konkurrenzkampf untereinander zu stehen. Informationen sind ihre Berufung, sie tauschen sie gerne aus. Natürlich gehört »gossiping« über die Kollegen dazu. Dass einige meinen, sie müssten dies ebenso gegenüber Journalisten tun, ist leider eine neuere Zeiterscheinung. Dies geschieht dann unter Wahrung ihrer Anonymität; den Mut zum Kampf mit offenem Visier fehlt mithin den meisten Kollegen.

Den damaligen Chef der politischen Direktion, Staatssekretär Edouard Brunner, habe ich in bester Erinnerung. Er gilt bis heute als »elder statesman« der Schweizer Diplomatie, ein durch und durch politischer Kopf, was damals unter Diplomaten seines Alters eher die Ausnahme war. Neben dem Handelsdiplomaten, Staatssekretär Franz Blankart, war er einer der wenigen Schweizer Diplomaten, die sich auch im Ausland bis heute anhaltend hohen Ansehens erfreuen. Damals sah ich ihn vornehmlich mit anderen hohen Chargen ins Gespräch vertieft durch die Flure des Außenministeriums wandeln. Nie blieb er lange in seinem Büro, er hielt sich lieber draußen im Gang auf. Dieses *management by walking*, das jede Information begierig aufsog und in formidable diplomatische Entscheide umsetzte, war legendär. Ich selbst halte sehr viel von offenen Kontakten unter Mitarbeitern, gerade auch über Hierarchieschranken hinweg. Je starrer eine Organisation ist, desto schwerer tut sie sich damit, produktiven Widerspruch in den eigenen Reihen zu integrieren und Zivilcourage als förderliche Tugend anzuerkennen. Zum Glück sammelten sich immer wieder kritische und brillante Geister um mich herum, die maßgeblich zu meinen Erfolgen beitrugen.

In der Wirtschaft war der Segen eigenständiger Mitarbeiter schon 1987 kein Geheimnis mehr. Längst hatten moderne Managementmethoden nachgewiesen, dass Verkrustungen innerhalb einer Unternehmensstruktur großen Leerlauf und damit hohe Kosten erzeugten. In Bern war diese Erkenntnis so wenig wie in anderen europäischen Regierungsbürokratien angekommen. Statt das Prinzip »Leistung« zu beherzigen, galt das Anciennitätsprinzip preußischer Couleur: Beförderung nach Dienstalter, nicht nach Talenten und Leistung. In der Praxis hieß das: Immer der älteste Diplomat wurde auf den frei werdenden Botschafterposten ernannt, ob er dazu taugte oder nicht. Vor dem fünfundvierzigsten, manchmal erst fünfundfünfzigsten Geburtstag wurde kaum jemand zum Botschafter berufen, und schaffte er es dennoch, rief das böses Blut bei den Übergangenen hervor. Als ich später als absolute Ausnahme mit achtunddreißig in den Botschafterrang aufstieg, gab das zu monatelangen Tuscheleien und »Stuhlsägen« Anlass. Missgunst blühte. Noch etwas kam hinzu: Die lange Wartezeit der fähigeren Jüngeren hinter den Älteren erzeugte oft ein Klima der Unzufriedenheit mit sich selbst und mit den übertragenen Aufgaben. Dabei war doch offensichtlich die Position eines zweiten Mannes in London oder Paris ungleich wichtiger als die des Botschafters in Manila/Philippinen oder Maputo/Mosambik. Zu dieser Einsicht gelangten allerdings nur wenige.

Wir Diplomatenanwärter wurden sofort in den Strudel von Karrieregerüchten und Personalquerelen hineingezogen. Je nach Naturell beteiligte man sich daran oder zog sich wie ich auf den Beobachterposten zurück. Natürlich enthielt Klatsch mitunter wichtige Informationen, zugleich versuchte der Klatschinitiator, Leute auf seine Seite zu ziehen. In dieser Kunst waren viele ältere Diplomaten wahre Meister und bemühten sich, die Neuzugänge in ihrem Sinne zu beeinflussen. Oft gar nicht mit bösen Hintergedanken, sondern nur um der eigenen Frustration Ausdruck zu verleihen. Ich erinnere mich beispielsweise an einen Karrierediplomaten namens Stefan Speck, einen hoch begabten Mann, der elf Sprachen beherrschte – darunter solch schwierige wie Hebräisch, Arabisch oder Russisch – und in seiner Freizeit aus purem Vergnügen Lexika las. Er überfiel uns sofort mit seinem Lamento, wir hätten den falschen Beruf ergriffen, die Aussichten seien trübe, und was uns um Gottes willen dazu verleite, den diplomatischen Dienst einer Karriere in der Privatwirtschaft vorzuziehen! Er rechnete uns vor, dass wir, wenn überhaupt, im Jahre 2010 in den Botschafterrang aufsteigen würden.

Überdies gehörten ständige Klagen über den Außenminister, der die brillanten Konzepte seiner Mitarbeiter nicht umsetzte, zu den gängigen Gesprächsthemen auf den Fluren und in den Büros. Leider steckte ein Quäntchen Wahrheit darin. Bis in die neunziger Jahre hinein galt das Berner Außenministerium als Ressort ohne Prestige, seine Chefs als Minister ohne Fortüne. Ganz anders als in Deutschland, wo der Außenminister meist Vizekanzler ist und in der politischen Hierarchie ganz oben steht, hat ein Schweizer Außenminister politisch den Schwarzen Peter gezogen. Für die Deutschen war eine aktive Außenpolitik nach dem Zweiten Weltkrieg eine Überlebensfrage. Sie musste nach innen und außen überzeugend geführt und erläutert werden, weswegen sie charismatische und Vertrauen erweckende Politiker brauchte. Für die neutrale Schweiz bedeutete Außenpolitik ein lästiges, Kosten treibendes Pflichtprogramm, das im Siebenergremium des Bundesrats häufig der schwächsten Partei zugeschoben wurde, die ihrerseits nicht ihren stärksten Mann auf dem Posten verbrauchen wollte. Zurzeit meines EDA-Eintritts stand der SP-Mann Pierre Aubert als Außenminister bereits auf der Abschussliste – wobei man das nicht wörtlich verstehen darf. In der Schweiz treten Minister zwar regelmäßig zurück, jedoch niemals auf Druck von außen, etwa der Parteien oder der Öffentlichkeit. Die Vertrauensfrage gibt es nicht. Bundesräte werden vom Parlament immer wieder gewählt, solange sie antreten. Sie demissionieren nach eigenem Gutdünken, wenn sie sich im Amt erschöpft fühlen, meist nach ungefähr zehn Jahren. In den letzten hundert Jahren hat es lediglich zwei politisch erzwungene Bundesratsrücktritte gegeben (1917 und 1989). Ganz anders als in Deutschland, Italien oder Frankreich ist der Ministerposten ein krisensicherer Arbeitsplatz. Keine Regierung der Welt sitzt so fest im Sattel wie die schweizerische. Theoretisch könnte sie die mutigste Politik der Welt machen. Und trotzdem wird sie praktisch meist von Ängstlichkeit beherrscht.

Auf Aubert, der die Menschenrechtspolitik und den UNO-Beitritt in den Vordergrund seiner Tätigkeit gestellt hatte, folgte für fünf Jahre der blasse Sozialdemokrat René Felber. Erst seinem Nachfolger Flavio Cotti, einem machtbewussten Christdemokraten aus dem Tessin, gelang es, vom Innenministerium kommend die erst halbherzig initiierten Reformen im EDA auszuführen und die Außenpolitik in der Schweiz populärer zu machen. Auf Cotti folgte Joseph Deiss, ebenfalls CVP, der im März 1999 nur mit einer einzigen Stimme Mehrheit im Parlament gewählt wurde. Deiss wurde vom »Schattenaußenminister« Ernst Mühlemann bei seiner Wahl überaus treffend mit den Worten charakterisiert: »Hat noch nie eine Laterne eingeschlagen – aber leider auch noch nie eine angezündet.«

Kleiner Test für deutsche Leser: Welchen Namen eines Schweizer Ministers glauben Sie schon eher gehört zu haben? Wohl den von Joseph Deiss, weil er sich unrühmlich mit meinem Namen verbindet. Dabei hätte Flavio Cotti den Nachruhm viel eher verdient, denn er erwies sich in seiner Amtszeit von 1994 bis 1999 als einer der bei weitem aktivsten, ideenreichsten und international einflussreichsten Außenminister der Schweiz.

In der Verwaltung spiegelte sich das Mauerblümchendasein der Außenpolitik wider. Schweizer *Botschaften* gibt es überhaupt erst seit 1957, zuvor installierte Bern in ausgewählten Ländern *Gesandtschaften*, was angeblich billiger kam, andererseits aber im Protokoll der Gastländer zu einer Unterbewertung der Schweiz führte. Bis weit in die fünfziger Jahre war jeder Botschafter eines Dritte-Welt-Landes höher angesiedelt als der Schweizer Gesandte. Auch dem Prinzip der Reziprozität wurde nur sehr widerwillig nachgegeben. Das Königreich Belgien richtete beispielsweise 1840 eine Gesandtschaft in Bern ein, wir Schweizer schickten unsererseits erst 1918 einen Ständigen Vertreter nach Brüssel – achtundsiebzig lange Jahre Personal- und andere Kosten gespart! Anlässlich des zweihundertjährigen Jubiläums der schweizerischen Außenvertretungen stellte mein Freund Altermatt, noch einmal zu seinen Wurzeln als Historiker zurückkehrend, im Jahr 1998 einen kenntnisreichen Bericht zusammen. Wie üblich tat er dabei plakative Quellen auf. Der freisinnige Bundesrat Ludwig Forrer sprach Anfang des 20. Jahrhunderts dem sparsamen Schweizer Volk mit folgender eindringlichen Mahnung aus der Seele:»Neue Gesandtschaften errichten, ist keine Kunst. Solche wieder aufzuheben, wenn sie sich als unnütz erwiesen oder wenn man kein vorrätiges Geld mehr besitzt, ist sehr schwierig. Ich anerkenne die Notwendigkeit der vier Gesandtschaften in den Nachbarstaaten. Alles andere ist Überfluss und nützt uns gar nichts. Wir sind ein kleines Land und ein sparsames Volk. Für unsere Verhältnisse sind *acht* Gesandtschaften zu viel, die reine Großtuerei.«

Besser kann man die lange vorherrschende Stimmung gegen den »außenpolitischen Luxus« nicht auf den Punkt bringen. »Keine Außenpolitik ist die beste und billigste Außenpolitik«, lautete das Credo. Und obwohl die Eidgenossenschaft heute nicht nur acht, sondern mehr als zehnmal so viele Missionen in aller Welt unterhält, bekommt nicht einmal der Botschafter in Berlin oder Washington eine Staatskarosse gestellt. Was sollte der Souverän auch von solcher Verschwendung denken? Stattdessen gibt es eine Kostenpauschale von zehntausend Franken, mit der aller repräsentative und infrastrukturelle Kfz-Aufwand abgegolten wird. So spart der Staat Geld!

Selbst für uns enthusiastische Berufsanfänger war die Reformbedürftigkeit des EDA mit Händen zu greifen. Wenn in einem Unternehmen derartige Unzufriedenheit herrschte, dass jeder Neuankömmling damit infiziert wurde, war die Funktionsfähigkeit des Unternehmens auf mittlere Sicht gefährdet. Und da der lähmende Geist großer Bürokratien jede Veränderung im Keim erstickte, konnte offensichtlich nur der Nachwuchs frischen Wind in den Laden bringen. Erstaunlicherweise – und sehr zum Missfallen unserer Vorgesetzten – taten wir Diplomatenanwärter das auch. Unser Jahrgang 1987 erwarb sich binnen zweier Jahre den Ruf der »jeune loups« (der »jungen Wölfe«), weil wir uns mit Reform- und Verbesserungsvorschlägen profilierten oder – besser gesagt – diskreditierten, bevor wir überhaupt ins geordnete Beamtenverhältnis übernommen worden waren. Wir waren eine ziemliche Provokation. Die Jüngsten sollten die Stillsten sein und erst einmal lernen, wie die Dinge laufen, bevor sie den Mund aufmachen! Tatsächlich lief nach der zweijährigen Stage das Gerücht um, man wolle den aufrührerischen Jahrgang nicht in den Staatsdienst übernehmen, sondern noch ein Jahr als Diplomatenanwärter auf Bewährung behalten. Solche Maßnahmen gab es zwar in individuellen Zweifelsfällen immer mal wieder, für einen gesamten Jahrgang waren sie jedoch noch nie in Erwägung gezogen worden. Indes war so etwas in den Reglementierungen nicht vorgesehen und vertrug sich absolut nicht mit dem Anciennitätsprinzip, das negative Ausnahmen vom Beförderungsrhythmus ebenso wenig vorsah wie positive. Bevor man den Dienst derart durcheinander brachte, verzichtete man lieber auf das Disziplinierungsinstrument. Wir wurden alle übernommen.

Wie verlief die zweijährige Stage? Der Zeitraum unterteilte sich in vier Abschnitte: einen vierwöchigen Einführungskurs, gefolgt von acht Monaten »training on the job« in der Berner Zentrale. Dann ging es für elf Monate in eine Auslandsmission, die restlichen vier Monate verbrachte man schließlich in Genf, um am »Institut Universitaire de Hautes Études Internationales« (IUHEI) Kurse zu belegen und parallel die Arbeit internationaler Organisationen kennen zu lernen. Gerade dieser letzte Abschnitt versprach besondere intellektuelle Anregungen und sollte eigentlich zum krönenden Abschluss unserer Ausbildung werden. Leider bescherte er uns die größte Enttäuschung der zwei Jahre, da er uns zusammen mit unbedarften Studenten zurück auf die Schulbank zwang. Mit der Genfer Universität assoziiert, machte das IUHEI keinen Unterschied zwischen promovierten Akademikern im diplomatischen Vorbereitungsdienst und regulär eingeschriebenen Politologiestudenten. Der praktische Nutzen für uns war gering und beschränkte sich auf wenige Vorlesungen, wie etwa diejenigen des herausragenden internationalen Sicherheitsexperten Professor Curt Gasteyger. Ansonsten war die intellektuelle Herausforderung gleich null. Seminararbeiten wie gefordert, hatten wir alle schon x-mal abgefasst. Auch andere Blockseminare befriedigten uns nicht. Als besonders absurd ist mir die Nachstellung der Haager Friedenskonferenz von 1907 mit verteilten Rollen in Erinnerung geblieben. Als Teil einer Veranstaltung über Verhandlungsstrategien konnte uns der Seminarleiter nicht einmal mitteilen, welchen Sinn und Zweck die Übung haben sollte. Eigentlich ein eminent wichtiges Feld für angehende Diplomaten, doch vergebens: Ob einer ein guter oder schlechter Verhandlungsführer wurde, blieb der eigenen Initiative und dem persönlichen Geschick überlassen. Nachdem wir dies alles vier Monate lang durchlitten hatten, machten wir unserem Ruf als »jeune loups« alle Ehre: Wir setzten eine Denkschrift an die EDA-Führung auf und plädierten eindringlich für eine Reform der Stage. Die Unbotmäßigkeit wirbelte einigen Staub auf, führte aber letztlich dazu, dass der zuständige Genfer Professor am IUHEI einige Zeit später entnervt seinen Hut nahm und das Ganze gründlich reformiert wurde.

Ich habe mich später öfter gefragt, vor allem als ich selbst für die Ausbildung junger Diplomaten zuständig war, wodurch unser Jahrgang zu solch unüblichem Mut und dieser Einstimmigkeit gelangte? Zivilcourage gehört, wie gesagt, nicht zu den herausragenden Eigenschaften von Diplomaten, schon gar nicht von Diplomatenanwärtern in der Probezeit. Auffallend war die ungewöhnlich homogene Zusammensetzung unserer Volée, die aus lauter Deutschschweizern bestand. Das kam sonst nie vor, da die Schweiz ihre Sprachminoritäten nach Proporz berücksichtigt. Ein Jahrgang ohne französischsprachigen Romands und italienischsprachigen Tessiner war eigentlich kaum denkbar. Mit Regina Escher fand sich zudem nur eine Wölfin unter elf Wölfen wieder, sodass der Erfahrungshintergrund der Männer eine stabile Gemeinsamkeit bildete. In anderen Punkten stachen die Unterschiede jedoch durchaus ins Auge. Es dominierten beileibe nicht die Juristen, die Historiker stellten eine gleich starke Fraktion, in der einige wie Martin Dahinden und Walter Haffner auch ausgesprochen musische Neigungen besaßen. Haffner wurde später ein sehr guter Kulturattaché in Washington. Politisch schließlich repräsentierte die Volée das ganze Spektrum der Schweizer Parteienlandschaft, ohne irgendwelche Schwerpunkte erkennen zu lassen. Selbst die eher isolationistisch, nationalkonservativ orientierte SVP fand in unserer Runde von jungen, weltoffenen Diplomaten einen Fürsprecher. Die – relative – Widerborstigkeit des Jahrgangs lässt sich damit wohl weniger auf Persönlichkeitsmerkmale als auf die obwaltenden Umstände im EDA zurückführen: Es war jedenfalls an der Zeit, seine Stimme zu erheben.

Allesamt neugierig wie die Kinder und motiviert bis in die Fingerspitzen, spürten wir im vierwöchigen Einführungskurs noch die kribbelnde Atmosphäre der persönlichen Berufung. Nacheinander stellten sich die Ministerialdirigenten vor und erläuterten ihre Ressorts in allen Einzelheiten. Dem schlossen sich zuweilen praktische Übungen an, etwa wie man diplomatische Noten verfasst, ohne sich im Tonfall zu vergreifen. Ein stilistischer Fauxpas, der im Privatleben noch durchgehen mag, kann zwischen Staaten eine unvorhersehbare Eigendynamik entwickeln – die Geschichte ist voller Beispiele. Oder der Protokollchef erläuterte die Feinheiten der Sitzordnung vom Staatsbankett bis zum einfachen Abendessen. Eine Stuhlarithmetik, die mir später als Botschafter in Deutschland manchmal in den Sinn kam, obwohl ich an sich ein vollkommen unprotokollarischer Typ bin. Natürlich habe ich stets versucht, die wichtigsten Personen an den passenden Ort zu setzen und vor allem neben die richtigen Partner, aber gemessen an anderen Botschaftern gab ich pragmatischen Überlegungen immer den Vorrang vor protokollarischen Regeln.

Deutsche Diplomaten dagegen sind hoch qualifiziert, wenn es darum geht, das Protokoll auszulegen und einzuhalten. Als im Jahr 2000 »mein« Bundespräsident Adolf Ogi für einen kurzen Arbeitsbesuch nach Hamburg und zur Weltausstellung nach Hannover kam, erwartete ihn neben den Staatskarossen eine Motorradeskorte von sieben schweren BMWs am Flughafen. Er nickte anerkennend und klopfte mir scherzend auf die Schultern: »Sieben Motorräder, der Besuch ist ein voller Erfolg!« Natürlich meinte er das nicht ernst, aber das fürsorgliche deutsche Protokoll hatte dafür gesorgt, dass den latenten schweizerischen Minderwertigkeitsgefühlen, die jeden Bundespräsidenten ins Ausland zu begleiten scheinen, erst gar kein Platz eingeräumt wurde. Nachdem auch noch siebenhundert Zuhörer zu seinem Auftritt erschienen waren und der Senat ein wunderbares Abendessen zu seinen Ehren gab, genossen wir einen wirklich angenehmen Abend in bester Stimmung.

Man könnte das Protokoll als Zeichensystem verstehen, dem gerade in angespannter Situation große Bedeutung zukommt. Wenn im Laufe eines Staatsbesuchs »undiplomatische Vorfälle« auftreten, so kann auch die verbale Kommunikation zwischen den Politikern schwieriger werden. Das lässt sich in Demokratien nicht immer vermeiden, denn Gäste aus autoritären Regimen nehmen Menschenrechtsdemonstrationen und freizügige Meinungsäußerungen als Zeichen persönlicher Missachtung wahr. Sie können auch nicht verstehen, dass die Befugnisse der Exekutive an rechtsstaatliche Grenzen stoßen. So entwickelte sich beim Bern-Besuch des chinesischen Staatspräsidenten Jiang Zemin im Frühjahr 1999 ein wahres Protokoll-Desaster. Zuerst »beleidigten« Demonstranten, darunter einige Parlamentarier, durchs Hissen von Tibet-Flaggen den empfindlichen Gast, dann zog die damalige sozialdemokratische Bundespräsidentin Ruth Dreifuss einen gewollten, aber undiplomatischen Vergleich zwischen dem Kosovo- und dem Tibet-Konflikt. Schließlich unterlief Protokollchef Daniel von Muralt ein Fauxpas beim Bankett: Er begleitete Jiang Zemin höflich und würdevoll an den falschen Platz an der Tafel und musste ihn kurz darauf bitten, noch einmal den Platz zu wechseln. In früheren Jahrhunderten hätte sich ein Protokollchef vermutlich die Kugel gegeben, aber von Muralt bewahrte die Façon, wie es sein Amt verlangte. Der chinesische Staatspräsident revanchierte sich auf seine Weise, indem er die Schweizer Regierung während der Rede im Bundeshaus und in der Bankettrede ungewöhnlich scharf angriff. Ist erst einmal der Rahmen diplomatischer Riten und Formen gesprengt, gerät die Politik in ein schwieriges Fahrwasser. Auch ein sonst umgänglicher Mensch wie Jiang Zemin kann dann Formfehler als Majestätsbeleidigung werten und dementsprechend reagieren, zumal er sich von den Tibet-Demonstranten persönlich bedroht fühlte.

Trotz des geforderten Fingerspitzengefühls genießt das Amt des Protokollchefs kein herausragendes Prestige. Auf Dauer ist die Beschäftigung mit protokollarischen Fragen nämlich ziemlich eintönig. Für uns Anfänger leuchtete der Glanz des Protokolls jedoch strahlend hell, denn in jenem Frühjahr 1987 stand der Staatsbesuch des mit Bern eng verbundenen deutschen Bundespräsidenten Richard von Weizsäcker vor der Tür. Ich erinnere mich, dass ich Benedikt Gubler ein bisschen beneidete, als er der Protokollsektion zugeteilt wurde. Er konnte jeden Schritt während des dreitägigen Besuchs begleiten. Mein Platz in der Völkerrechtsdirektion bot dagegen wenig Glanz, sondern viel harte Arbeit in Substanzfragen.

»Trainig on the job« während der folgenden Monate bedeutete, dass wir als ganz normale Mitarbeiter in den Tagesablauf eingebunden wurden. Wie alle Außenministerien der Welt unterteilt sich das Eidgenössische Departement für Auswärtige Angelegenheiten in zwei Dienste. Der Außendienst umfasst alle Beschäftigten im Ausland, der Innendienst die Angestellten der Zentrale. Letzterer bestand damals aus einem Generalsekretariat – als Stabsstelle für Koordination und Planung – und fünf Fachdirektionen. Neben »meiner« Direktion für Völkerrecht existierten noch die Direktion für Entwicklungszusammenarbeit und humanitäre Hilfe, die Direktion für Verwaltungsangelegenheiten (sehr unbeliebt bei Karrierediplomaten), die Direktion für Internationale Organisationen und – als weitaus größte Abteilung – die Politische Direktion. Sie nahm die meisten Diplomatenanwärter auf, da sie den größten Personalbedarf nachweisen konnte. In der Politischen Direktion wurden die Länderdossiers und Papiere abgefasst, die dem Außenminister die Arbeit erleichterten beziehungsweise sie überhaupt erst ermöglichten. Das Protokoll, die Finanz- und Wirtschaftsdienste, die Sicherheits- und Abrüstungsfragen waren hier angesiedelt. Kurzum: Wer geradlinig Karriere machen wollte – so dachte ich damals –, musste unbedingt in eine der Unterabteilungen der Politischen Direktion gelangen. Mein persönliches Juristen-Stigma war also vorderhand hinderlich.

Im Dienstalltag stachen die Schwachstellen des EDA rasch ins Auge. Zwei Beispiele: Auf allen Kanälen strömten Informationen von den Außenposten nach Bern. Sie gehörten geordnet, bewertet und aufgearbeitet. Dabei existierten jedoch keine Richtlinien, welche Meldung per Diplomatenpost und welche per Fernschreiben abzusetzen sei. Von Fernschreiben versprachen sich die meisten Botschafter mehr Aufmerksamkeit als von Briefen, sodass in den Fernschreiberkammern die Papierfahnen aus den Geräten quollen. Ebenso verschwenderisch ging man mit dem Stempel »Vertraulich« um, der jeden auch noch so belanglosen Vermerk schmückte. Die ursprünglich beabsichtigte Filterwirkung ging damit auf diese Weise verloren.

Wichtiges von Unwichtigem zu unterscheiden, die Kardinalfrage aller Bürokratien, wurde somit für uns Jungdiplomaten zur Hauptaufgabe. Der eine behauptete sich auf diesem Gebiet besser, der andere schlechter. Hier erwies sich, wer die nötige intellektuelle Courage besaß, eine Orientierungsschneise in ein bestimmtes Themenfeld zu schlagen, ohne dazu das letzte Zettelchen aus der hintersten Archivschublade zur Kenntnis genommen zu haben. Dies war vor allem wichtig, wenn man in kurzer Zeit fundierte Völkerrechtsgutachten erstellen musste. Ich verbrachte diese Zeit zum Teil im »Aquarium«, einem Kuppelsaal im Berner Bundeshaus West. Dort standen die Schreibtische der Diplomatenanwärter. Allerdings hielten nicht nur wir uns in diesem Großraumbüro auf, hin und wieder nahm auch ein höherrangiger Diplomat zwischen uns Platz. So bereitete sich mit Benedikt von Tscharner ein ausgewiesener älterer und brillanter Kollege hier auf seinen Brüssel-Einsatz als Missionschef vor. Der Raummangel im EDA schuf damit die Möglichkeit zum zwanglosen Meinungsaustausch mit erfahrenen Botschaftern.

Für einen jungen Menschen hielt die schläfrige Beamtenstadt Bern kaum Attraktionen bereit und glich damit dem provinziellen deutschen Bonn. Neun Monate lang ließ sich die Schweizer Hauptstadt im Jahr 1987 jedoch ertragen, jedenfalls weitaus besser als bei meinem zweiten Aufenthalt ab 1989, der dann während mehr als drei Jahren zur »hardship« wurde. Ich bezog eine möblierte Altstadtwohnung in der Kramgasse 46, fast gegenüber dem Haus, in dem Albert Einstein wohnte, als auch er dem Berner Beamtentum angehörte. Allerdings fand ich nicht die Muße, im Büro eine Relativitätstheorie zu entwickeln. Bei allem, was sich gegen Bern einwenden ließ, die wundervolle, zum UNESCO-Weltkulturerbe zählende barocke Stadtkulisse gab ein äußerlich angenehmes Ambiente ab. Der Weg zum EDA war kurz, und in der gesamten Schweiz existiert ohnehin kein Ort, von dem aus man nicht innerhalb weniger Minuten eine beeindruckende Naturlandschaft erreichen kann. Damals hatte ich keinen rechten Sinn dafür, aber hätte ich gewusst, was mich die folgenden elf Monate erwartete, wäre mir die Heimatliebe vielleicht noch stärker ins Bewusstsein gestiegen, auch wenn sie sich in diesem Fall nicht auf solothurnischen, sondern bernischen Boden bezog.

Ende September 1987 kamen nämlich die Karten auf den Tisch: Welcher Anwärter erhielt welchen Auslandsposten? Die Prioritäten waren ähnlich verteilt. Nach Washington, Moskau oder Paris wollte jeder, auch Tel Aviv, Pretoria oder Buenos Aires genossen Sympathien. Ich hatte auf meinen Wunschzettel neben Washington und Buenos Aires auch Südafrika gesetzt, und mein Wunsch wurde *beinahe* erfüllt. Ich durfte nach Afrika! Allerdings nicht in die Republik Südafrika, sondern ins chaotische, brodelnde Nigeria. Niemand von uns hatte Lagos überhaupt auf seiner Rechnung, denn die dortige Botschaft galt als eine der härtesten Bewährungsproben überhaupt. Bei allen möglichen Abhärtungs-Erwägungen des EDA, einen blutigen Anfänger schickte man nicht in den heißesten Frontabschnitt der ganzen Schlacht! So gesehen lag in der Berufung eine Auszeichnung verborgen – jedenfalls versuchte die EDA-Führung ihren Entscheid so zu rechtfertigen. Man traute mir zu, als Stagiaire einen Posten ausfüllen zu können, den man sonst nicht an Diplomatenanwärter vergab, sondern mit einem richtigen Diplomaten bestückte, der sich schon andernorts bewiesen hatte. Aus einer akuten Notlage heraus griff man auf mich zurück, weil man mir die physische und psychische Stärke zutraute, die vier berüchtigten nigerianischen K's zu überstehen: Korruption, Kriminalität, Krankheiten, Klima. Ich gestehe allerdings freimütig, dass ich ein paar Tage brauchte, um mir diese Sicht der Dinge inklusive des nötigen Zweckoptimismus anzueignen. Durch meine militärische Biografie war ich zwar körperlich fit für Afrika, aber mit meinem Berufswunsch Diplomat verband sich nicht unbedingt sportlicher *Survival*-Ehrgeiz.

Das Gegröle der »jeune loups« klingt mir noch heute in den Ohren, wenn ich an diesen Tag denke. Selbst Claude Altermatt hatte mit Belgrad ein besseres Los gezogen, wenngleich es gegen die Posten der anderen abfiel (Den Haag, Paris, Moskau, Brüssel). Aber wie das Leben so spielte, ein Jahr später wendete sich das Blatt, und der im September 1987 noch triumphierende Martin Dahinden – er war im Stage in Paris –

wurde mein Nachfolger in Lagos. Allerdings nicht für elf Monate, sondern für volle drei Jahre. *C'est la vie!* Überlebt haben wir das afrikanische Abenteuer beide, aber es war bei mir ein Spiel mit knappem Ausgang.

4. Love this country – or leave it!

Afrika ist ein Kontinent, den Gott geschaffen hat,
um das Foreign Office in Unruhe zu halten.
Robert Salisbury

Am frühen Morgen des 8. Dezember 1987 bestieg ich in Zürich eine *Swissair*-Maschine nach Lagos. Der Flug war bis auf den letzten Platz ausgebucht, denn die westafrikanische Wirtschaftsmetropole und Hauptstadt Nigerias zog Geschäftsleute und Glücksritter gleichermaßen in ihren Bann. Nach einem Boom-Jahrzehnt mit unzähligen unsinnigen Mammut- und Prestigeprojekten (wie der im Bau befindlichen neuen Hauptstadt Abuja im Zentrum des Landes) ließ sich die wirtschaftliche Schieflage des Ölförderlandes zwar nicht mehr verleugnen, doch in den Augen westlicher Investoren galt das bevölkerungsreichste afrikanische Land trotzdem noch immer als interessanter Kandidat für Handelsgeschäfte und Joint-Ventures.

Ich schleppte dreiunddreißig Kilo Übergepäck mit mir herum. Als Diplomat bekleidete ich zwar nur den untersten Dienstrang (»Attaché – Embassy of Switzerland« stand auf meiner Visitenkarte), doch behandelte mich das freundliche *Swissair*-Personal zuvorkommend wie einen Botschafter. Gegen 21.00 Uhr zog die Maschine ihre Landeschleifen über Lagos, und das Lichtermeer am Boden gaukelte die Silhouette einer europäischen Metropole vor. Auch der riesige »Murtala Muhammed International Airport« vor den Toren der Stadt entsprach auf den ersten Blick gewohnten westlichen Standards. Er war erst wenige Jahre zuvor errichtet worden und trug seinen Namen zu Ehren eines Militärobristen, der 1975/76 knapp sechs Monate regiert hatte, bevor ihn seine Nachfolger ermorden ließen. Als zynische Geste gönnten sie dem Toten die Verewigung als Flughafenpatron. Mit Generalmajor Ibrahim Badamasi Babangida regierte im Jahr 1987 zwar ebenfalls ein durch eine Palastrevolte an die Macht gekommener Offizier, sein Regime erwies sich jedoch im Vergleich zu anderen Militärdiktaturen als halbwegs erträglich und mündete nach sechs Jahren in einen Demokratieversuch mit freien Wahlen. Babangida überlebte 1993 seinen Machtverlust ohne Gewaltanwendung und durfte, ungewöhnlich für einen afrikanischen Diktator, friedlich zurücktreten. Eine auf Stelzen ins Meer gebaute neue Straßentangente trägt bis heute seinen Namen.

Sein Nachfolger und ehemaliger Stabschef Sani Abacha war dagegen aus einem anderen Holz geschnitzt. Er entwickelte sich zu einer der widerwärtigsten Gestalten Afrikas am Ende des 20. Jahrhunderts. Als er 1998 für jedermann überraschend mit vierundfünfzig Jahren an Herzversagen starb (manche Quellen, darunter die seriöse *Neue Zürcher Zeitung*, berichteten über eine vergiftete Viagra-Tablette als Todesursache), hinterließ er ein komplett ausgeplündertes Land. Zahllose Projekte, für die Nigeria Auslandskredite aufgenommen hatte, existierten nur auf dem Papier, die Gelder waren unmittelbar in die Taschen der Militärjunta und ihrer Günstlinge geflossen. Sechshundert Millionen US-Dollar gelangten dabei auf helvetische Konten, wo sie nach dem Tod des Diktators eingefroren wurden. Leider konnten sie nicht, wie von der Schweiz gewünscht, dem nigerianischen Volk unverzüglich zurückerstattet werden, da es dazu rechtskräftiger Urteile bedurfte. Bis heute hat die nigerianische Justiz diese nicht zustande gebracht, und die Witwe Abachas ficht das Rechtshilfeverfahren zwischen der Eidgenossenschaft und Nigeria an. Dass überhaupt

Gelder aus dem Abacha-Clan in die Schweiz gelangten, verstieß allerdings gegen die Sorgfaltspflicht der kontoführenden Bank und kostete diese im Herbst 2002 ein Rekordbußgeld von siebenhundertfünfzigtausend Franken. Das zeigt, wie ernst die Schweiz den unverantwortlichen Umgang mit Geldern von zweifelhaften Potentaten bestraft.

So führte der Flughafenname schon mitten hinein ins afrikanische Politikwirrwarr. Nur wenige der aus dem Kolonialismus entlassenen Staaten des schwarzen Kontinents hatten es bis 1987 geschafft, ein dauerhaft funktionierendes demokratisches System zu installieren. Militärdiktatoren und »gewählte« Autokraten auf Lebenszeit bestimmten das Bild. Nur aus der Ferne konnte man sich der Illusion hingeben, Afrika sei ein gelehriger Schüler der westlichen Welt. Spätestens auf dem Rollfeld wurde jedem Ankömmling klar, dass er Europa hinter sich gelassen hatte. Auch klimatisch: Schwüle, mit Feuchtigkeit gesättigte Luft schlug ihm ins Gesicht und nahm ihm den Atem. Die zweite Korrektur der Fata Morgana einer westlichen Metropole erfuhr er unmittelbar nach Verlassen des »Murtala Muhammed International Airport«. Ins Stadtzentrum führte eine kilometerlange, unbeleuchtete Straße. Nach Einbruch der Dunkelheit war sie fest in den Händen derer, die Reisende für eine leicht auszunehmende Geldquelle hielten. Wer Schlaglöcher ernster nahm als die Gefährdung durch Straßenräuber, konnte bei langsamer Fahrweise in den Genuss der Bekanntschaft mit diesen Wegelagerern kommen. Die Überfälle auf Geschäftsleute waren auf dieser Strecke Legion. Erst nach Fertigstellung einer von deutschen Ingenieuren gebauten Flughafenautobahn änderte sich dieser Umstand, doch 1987 befand sich diese noch im Planungsstadium.

Am Gate erwartete mich mit Marcel Stutz der Stellvertreter von Botschafter Anton Greber. Als echter Outback-Bewohner und Frontdiplomat beherrschte er die afrikanischen Verhältnisse perfekt und ließ es sich in seiner vierjährigen Nigeria-Zeit nicht nehmen, mit dem Jeep quer durch Nordafrika nach Hause zu fahren. Für die meisten Diplomaten eine Horrorvorstel-

lung, denn wer in der Dritten Welt stationiert ist, will wenigstens den knapp bemessenen Jahresurlaub in ruhigen, ange-
nehmeren Gegenden verbringen. Mit sicherer Hand chauffierte mich Marcel über die dunkle Piste hinein ins helle Lagos.
Hotels, Botschaften und bessere Wohngebiete befanden sich
auf Victoria Island, einer der beiden dem Festland vorgelager-
ten Inseln der Lagunenstadt. Diesen vergleichsweise paradiesi-
schen Stadtteil konnte man nur über drei Brücken erreichen,
die von der Polizei ständig kontrolliert wurden. Gegen ein
»dash« – so die ortsübliche Bezeichnung für Schmiergeld – war
es aber auch denjenigen möglich, das geschützte Reservat zu
betreten, die nichts Gutes im Schilde führten. Einbrüche in die
Villen von Europäern und wohlhabenden nigerianischen
Geschäftsleuten standen auf der Tagesordnung. Mein frei ste-
hendes Häuschen in der Elsie Femi Pearce Street 12 trug daher
dicke, schmiedeeiserne Gitter vor den Fenstern im Erdgeschoss.
In den ersten Nächten, in denen ich mit den tropischen Geräu-
schen noch unvertraut war, schreckte ich mehr als einmal aus
dem Schlaf hoch, weil ich meinte, Einbrecher zu hören. Schon
deshalb war ich über meine mitgebrachte Militärpistole froh
und trug bei Erledigungen außer Haus fast immer eine Waffe
am Leib. Mehr als einmal bewahrte mich dies vor unange-
nehmen Erlebnissen, denn es sprach sich herum, welche Diplomaten bewaffnet waren. Hatte ein Kleinkrimineller davon
noch nichts gehört, genügte ein kurzer Griff ans Jacket, und
er suchte das Weite. Alle Banditen der Welt verstehen diese unmissverständliche Geste.

Marcel und seine Gattin empfingen mich herzlich, auch Botschafter Greber erwies sich sogleich als umgänglicher, kompetenter Vorgesetzter. Er wollte dem jungen Attaché Borer in seiner Bewährungszeit alles nur nötige praktische Wissen für den
beruflichen Lebensweg beibringen. Neben langer Berufserfah-
rung – er war Ende fünfzig – besaß Greber das besondere Talent,
in jeder Argumentation die Schwachstellen herauszufinden. Das
bereitete mich auf meinen späteren Vorgesetzten, Bundesrat
Cotti, vor. Diskussionen mit Greber waren deshalb eine intel-

lektuelle Herausforderung. Auf der anderen Seite litt er, wohl angesteckt von seiner Umwelt, an der afrikanischen Krankheit der Büroineffizienz: Auf seinem Schreibtisch verstaubten Zeitschriften, Dossiers und Akten, Entscheide zögerte er bis zum letztmöglichen Moment hinaus und eingehende Kurierpost brauchte etliche Tage, bis sie an die Zuständigen weitergeleitet wurde. Alles natürlich kein Vergleich zum Chaos in nigerianischen Amtsstuben, doch genug, um eine gewisse Missstimmung bei den pflichtbewussten Untergebenen hervorzurufen. Es war eine unnötige Klimabelastung, denn ansonsten schätzte jeder den klugen, gewitzten Botschafter Greber.

Auch auf meinem Schreibtisch lag schon etwas bereit: die Einladung zu einer Cocktailparty. Sie kam aus der Gemeinschaft der »Expatriates« (so nannten sich Amerikaner und Europäer auf Außenposten), und bereits am zweiten Tag nach meiner Ankunft war ich um fünfzig Bekanntschaften reicher. Innerhalb kürzester Zeit kannte ich also die Community, nach zwei Monaten boten die Partys und Empfänge kaum noch einen Unterhaltungswert. Zunächst aber milderte die Betreuung durch meine Kollegen und Leidensgenossen den Zivilisationsschock, der mich zum Glück weniger hart traf als erwartet. Gewiss, in dem längere Zeit unbewohnten Haus in der Elsie Femi Pearce Street herrschte Unordnung, einige Räume mussten renoviert werden. Ansonsten war es jedoch großzügig ausgestattet, ermöglichte etwa die Bewirtung von einem Dutzend Gästen. Wie in Entwicklungsländern mit ihren niedrigen Personalkosten üblich, beschäftigte ich einen Koch und aus einem sozialen Reflex heraus auch seinen Neffen, der das Haus in Ordnung hielt und sich um den Garten kümmerte. Ferner leistete ich mir aus Sicherheitsgründen einen dritten Angestellten auf eigene Kosten: meinen Fahrer. Nicht, weil ich mir die Bewältigung des nigerianischen Straßenverkehrs nicht zugetraut hätte, sondern weil man als Ortsunkundiger zu schnell in einen Hinterhalt geriet.

Zur Botschaft in der Anifowoshe Street 7 brauchte ich nur fünf Autominuten. Der schmucklose, aber funktionelle Neubau lag umrahmt von der indonesischen und der norwegischen Vertretung im Diplomatenviertel, ebenfalls auf Victoria Island. Im Obergeschoss befanden sich Appartements für Sekretärinnen und Kanzleiangestellte. Marcel Stutz bewohnte zusammen mit seiner Frau ein kleines Einfamilienhaus auf dem Areal. Ein weiterer Nachbar war der päpstliche Nuntius, was sich als ausgesprochener Gewinn erwies. Kaum ein anderer ausländischer Vertreter wusste mehr über die Vorgänge im Land, selbst wenn sie sich in weit entfernten Provinzen abspielten. Trotz des vergleichsweise geringen Anteils von Katholiken an der Gesamtbevölkerung (zwölf Prozent gegenüber sechsundzwanzig Prozent Protestanten und fünfundvierzig Prozent Muslimen) unterhielt die katholische Kirche durch ihre Missionsstationen eine Art inoffiziellen Nachrichtendienst, was das Leben der Priester in Kriegsfällen ungemütlich machte, galten sie doch schnell als verdächtige Spione. Brauten sich irgendwo ethnische Konflikte oder Unruhen zusammen, konnte man jedoch sicher sein, dass der Nuntius als Erster davon erfuhr. Diese Regel galt damals wie heute nicht nur für Nigeria, sondern für ganz Afrika und weite Teile Südamerikas. Kritische Stimmen der Kirchenbasis, die dem »Luxus« kostspieliger römischer Diplomatie ablehnend gegenüberstehen, sollten wissen, dass ohne dieses feinmaschige Informationsnetz die Menschenrechtsorganisationen weitaus weniger wirkungsvoll arbeiten würden. In den Diktaturen der Dritten Welt ist der Nuntius oftmals eine zentrale Anlaufstelle für oppositionelle und demokratische Kräfte.

Unsere Botschaft in Lagos umfasste gut ein Dutzend Schweizer Mitarbeiter und etliche einheimische Angestellte, darunter auch Bewachungspersonal. Im Innenleben einer Auslandsvertretung kann man generell zwei Tätigkeitsfelder unterscheiden, die administrativen Aufgaben und den Bereich der Interessenwahrung. Administrative Aufgaben werden von Konsularbeamten erledigt, Interessen wahrende Obliegenheiten von Diplomaten. Für wiederkehrende Tätigkeiten wie das Ausstellen von

Einreisevisa oder die Verlängerung von Pässen der Auslands-
schweizer besitzt jede Botschaft eine Visa- und Konsularabtei-
lung. Dieser konsularische Dienst wird nicht mit Diplomaten
beschickt, aber er wählt sein Personal ebenfalls sehr sorgfältig
aus. Aufnahmeprüfung und Laufbahnen mit abwechselnden
Einsätzen im In- und Ausland ähneln denen des diplomatischen
Dienstes, nur die Eingangsbedingungen sind verschieden: Zum
Eintritt in den konsularischen Dienst genügt das Abitur, für
die diplomatische Laufbahn muss man einen akademischen
Abschluss vorweisen. Starke Nerven benötigen Angehörige beider Dienste. Der Alltag an einem schwierigen Posten wie Lagos
kann äußerst kräftezehrend ausfallen, allerdings vermag sich
ein Diplomat immer wieder in seinem Büro von der Außenwelt abzuschirmen, während sich die Beamten des konsularischen Dienstes beinahe täglich vor dieselben Herausforderungen gestellt sehen. In vielen Entwicklungsländern bilden sich
schon Stunden vor Öffnung der Botschaft lange Warteschlan-
gen. Dementsprechend aufgeladen ist die Stimmung, wenn ein
Antragsteller endlich vor dem Konsularbeamten steht und der
ihn womöglich wegen mangelhafter Unterlagen wieder nach
Hause schickt!

Da ich hin und wieder im konsularischen Dienst aushalf,
weiß ich die anstrengende Arbeit in den Visa-Abteilungen einzuschätzen. Dass in diesem *Front-Office* (fast bin ich geneigt
zu sagen: Frontabschnitt) sogar Frauen ihren Mann stehen,
erhöht meine Hochachtung noch. Wer jemals erlebte, wie ein
nigerianischer Betrüger mit einem sichtlich gefälschten Einla-
dungsschreiben das begehrte Schweizer Visum zu erschleichen
suchte und dabei weder vor Bestechungen noch vor Drohun-
gen zurückschreckte, macht sich keine Illusionen über die psy-
chischen Belastungen dieses Jobs. Nach drei, vier Jahren ist
fast jeder am Ende seiner Nerven angelangt und froh über die
anstehende Versetzung ins gemächliche Bern – oder wenigstens
auf einen Posten im westlichen Ausland.

Aber natürlich gibt es auch angenehme Konsularposten,
zumal sie in größerer Menge vorhanden sind, als es die Zahl

der Botschaften vermuten lässt. Wie das? Nun, wie die meisten Industriestaaten unterhält die Schweiz neben Hauptstadtvertretungen Konsulate oder Generalkonsulate in wichtigen Metropolen: San Francisco, São Paulo, Hongkong, Bordeaux, München und viele mehr. Gründe dafür können einerseits in einer gewachsenen Kolonie von Auslandsschweizern liegen, der die besondere Fürsorge der Heimat zuteil wird. Oder die Eidgenossenschaft hegt in einem Landesteil fern der Hauptstadt nachhaltige wirtschaftliche Interessen, und das Konsulat unterstützt Schweizer Geschäftsleute vor Ort. Daneben existieren hundertvierundfünfzig »Honorarvertretungen«, die in begrenztem Umfang ehrenamtlich tätig sind und dem EDA viel Geld einsparen. Im Schnitt erhält ein Honorarkonsul nicht mehr als sechstausend Franken jährlich als Aufwandsentschädigung.

Wer vertritt nun die Interessen der Schweiz? Der reinen Lehre nach soll das ein Generalkonsul oder Konsul ja gerade nicht tun, für Interessenwahrung (also die politische wie wirtschaftliche Lobbyarbeit) sind speziell geschulte Diplomaten zuständig. Im konkreten Einzelfall hat der Generalkonsul in Karachi/Pakistan auch weniger damit zu schaffen, Schweizer Wirtschaftsinteressen zu artikulieren als gestrandeten Rucksacktouristen zum Heimflug zu verhelfen und Berge von Visa-Anträgen abzuarbeiten. Der Generalkonsul in Osaka oder Stuttgart wird jedoch so gut wie nie ein Einreisevisum ausstellen und nur in Einzelfällen einen Schweizer Pass verlängern. Neunzig Prozent seiner Zeit arbeitet er als Wirtschaftslobbyist. Daraus ergibt sich in der Praxis eine Überschneidung der Tätigkeitsfelder, und daher ist die strenge Trennung zwischen Diplomaten und Konsularvertretern längst überholt. Sie dient vor allem der Ämterpatronage. Fähige Vertreter aus dem konsularischen Korps müssen zu Botschaftern aufsteigen können. Umgekehrt sollen junge Diplomaten wichtige Konsulposten übernehmen dürfen und so notwendige Erfahrungen gewinnen. Der Berner Vertreter in der »Stadt des Euro«, Frankfurt am Main, zum Beispiel hat ein exzellenter Fachmann für Geld- und Währungspolitik zu sein und nicht wie bisher ein erfahrener Generalkonsul. Durch die Tendenz des Schweizer Außenministers, die Zentrale mehr und mehr aufzublähen, kommen junge Diplomaten aber zu immer weniger Erfahrungen im Ausland. Sie müssen dann in der Zentrale Außenpolitik machen, ohne die Welt vor ihrer Tür überhaupt zu kennen. Wenn erfahrene Botschafter auf Außenposten ihre Instruktionen von derart unerfahrenen Jungdiplomaten erhalten, kann man sich lebhaft vorstellen, wie sie sich dabei fühlen. Zudem werden die Botschaften im Ausland ausgedünnt. Darunter leidet ganz offensichtlich die Qualität der Außenpolitik. Hier besteht erheblicher Reformbedarf.

Als Attaché war ich dem diplomatischen Dienst der Botschaft in Lagos zugeordnet. Neben Botschafter Anton Greber, dem obersten Vorgesetzten aller Mitarbeiter, existierte mit Marcel Stutz eine »Nummer zwei« (die verwirrenderweise »Erster Mitarbeiter« hieß) und mit mir eine »Nummer drei«; in kleineren Missionen wird diese Position oft eingespart. Üblicherweise nahm man als Stagiaire keinen offiziellen Rang ein, sondern lief ohne spezifische Aufgabenzuweisung im Alltagsbetrieb mit. Da ich aber einen abberufenen Volldiplomaten ersetzte, verhielt es sich bei mir glücklicherweise anders. Ich deckte den verwaisten Tätigkeitsbereich meines Vorgängers ab und beschäftigte mich vorrangig mit wirtschaftlichen Fragen. Meinen Neigungen kam das sehr entgegen. Schon die erste Begleitung eines Zürcher Geschäftsmanns ins nigerianische Außenhandelsministerium verlief jedoch gänzlich anders, als ich es mir vorgestellt hatte. Nachdem wir viel zu lange in einem dunklen Gang auf abgewetzten Stühlen gewartet hatten, wurden wir endlich zum zuständigen Beamten vorgelassen. Keine sonderlich hohe Charge, aber in der aufgeblähten Bürokratie Nigerias kam man nicht umhin, sich Stufe um Stufe zu den Verantwortlichen emporzuarbeiten. Nicht selten erfuhr man dann auf der allerletzten Stufe, dass ein gänzlich anderes Ministerium maßgebend sei, was in einem Satz wochenlange Arbeit zunichte machte.

Im Büro unseres Beamten fand sich buchstäblich kein Quadratzentimeter, auf dem nicht meterhohe Papier- und Aktenstapel lasteten. Das relativierte den Eindruck der Unordnung in Botschafter Grebers Büro sofort vollkommen. Zu den Mysterien der nigerianischen Bürokratie gehörte, dass sie riesige Mengen an beschriebenem Papier produzierte, wichtige Schriftstücke (Verträge, Vereinbarungen, *Letters of Understanding*) aber grundsätzlich verlegte. Ein eigentlich abgeschlossener Vorgang konnte so Wochen auf seine Erfüllung warten. Erstaunlicherweise gab es jedoch immer wieder nigerianische Beamte, die aus diesem Chaos mit traumwandlerischer Sicherheit den richtigen Aktenvorgang herausfischten. Diese Personen galt es zu kennen und zu pflegen.

Unser Ansprechpartner erhob sich hinter seinem Schutzwall aus Papier, jedoch nicht, um uns zu begrüßen, sondern um uns durch seine körperliche Massivität einzuschüchtern. Mit ausgestrecktem Zeigefinger deutete er auf meinen Begleiter und ließ grollend vernehmen: »It's been a long time ago that you gave me a present! A long, long time!«

Damit war meine Beteiligung beendet, denn der Geschäftsmann bat mich vor die Tür, wo ich an allen zehn Fingern abzählen konnte, welche Feilscherei nun im Büro losging. Eine unmissverständliche Einführung in die nigerianische Schmiergeldwirtschaft! Noch heute stuft die vom deutschen Weltbank-Manager Peter Eigen gegründete Organisation »Transparency International« Nigeria als das nach Bangladesh korrupteste Land der Welt ein. Was für westliche Wirtschaftsunternehmen einen zwar kontraproduktiven und moralisch verwerflichen, aber immerhin kalkulierbaren Kostenfaktor bedeutet, stellt normale Bürger vor große Schwierigkeiten. Sie können die Schmiergeldsummen nicht einfach unter dem Posten »unumgängliche Spesen« verbuchen. Sie werden vor allem in ihrer Lebensführung generell verunsichert, denn Korruption verstärkt die Unberechenbarkeit staatlichen Handelns. So denken sich die niedrig entlohnten Ordnungshüter ständig neue Schikanen aus, um ihr Einkommen zu erhöhen. Dass Diplomatenfahrzeuge grundsätzlich Immunität genossen, scherte die Verkehrspolizisten in Lagos beispielsweise wenig. Immer wieder verdienten sie sich ein paar Naira durch angedrohte, aber nach dem »dash« großzügig abgeblasene Kontrollen. Kurz vor meiner Ankunft war die Landeswährung Naira aus einem unrealistisch hohen Fixkurs entlassen und dabei stark abgewertet worden. Symptomatisch für die Fehleinschätzung der eigenen wirtschaftlichen Potenz, hatte man den Naira jahrelang an einen Korb der stärksten Weltwährungen gebunden: US-Dollar, Britisches Pfund, Deutsche Mark, Schweizer Franken, Yen, Gulden und Franc. Dadurch war Lagos zu einer der teuersten Städte der Welt geworden, ohne im Gegenzug auch nur einen Hauch von Luxus oder wenigstens sichere Wohnverhältnisse zu bieten. Einfamilienhäuser in einer akzeptablen Gegend kosteten Anfang der achtziger Jahre schon mal hundertzwanzigtausend US-Dollar Jahresmiete, während ein Streifenpolizist mit hundert oder hundertfünfzig Dollar im Monat nach Hause ging.

Das soll die Korruption keinesfalls beschönigen, aber die Motive der kleinen Schmiergeldempfänger lassen sich nachvollziehen. Richtig schlimm wird es da, wo die Justiz und die staatlich gelenkte Wirtschaft aus dem Ruder laufen. Generell hebelt Korruption die Gleichberechtigung zwischen unterschiedlichen Parteien aus. In einem Bieterverfahren kommt nicht mehr der qualitativ beste oder bei gleichen Qualitätsstandards günstigste Anbieter zum Zuge, sondern derjenige, der das meiste Bestechungsgeld zahlt. Der Markt als Regulativ wird außer Kraft gesetzt, der faire Wettbewerb bleibt auf der Strecke. Wettbewerb aber ist das Lebenselixier jeder prosperierenden Volkswirtschaft, und wo er gehemmt wird, läutet dem Volkswohl das Totenglöcklein.

Das Elend Afrikas findet seine Wurzeln unter anderem in der doppelten Wettbewerbs-Verhinderung: Entweder setzt man von vornherein auf untaugliche sozialistische Modelle oder unterläuft westliche Wettbewerbsstrukturen durch ungeheure Korruption, um sich dann lauthals zu beklagen, dass die Erblasten des Kolonialismus wirtschaftliche Erfolge verhindern. Gewiss gibt es solche Erblasten, etwa die einseitige wirtschaftliche Abhängigkeit von ehemaligen Kolonialherren oder deren willkürliche Grenzziehungen, die Völker in einem Staat vereinigen, obwohl sie in tiefem Gegensatz zueinander leben. Doch gerade das Beispiel Nigeria zeigt, wie ein an Bodenschätzen überreiches Ölförderland binnen zweier Jahrzehnte durch die eigene Elite an den Abgrund gewirtschaftet wurde. Hat sich Korruption erst einmal in einem System eingenistet, entsteht ein kaum zu durchbrechender Teufelskreis. Auch gutwillige Firmen können keine Qualitätsarbeit mehr anbieten, ohne Bankrott zu gehen. Denn der Sieger beim Bestechungswettbewerb muss ja die gezahlten Summen irgendwo wieder einsparen. So liefert er automatisch mindere Qualität ab. »Zwar spricht man gerne von Schmiergeld«, formuliert Hans-Olaf Henkel in seiner »Ethik des Erfolgs« zutreffend, »doch bringt die Korruption nur Sand ins Getriebe der Welt.«

»When in Rome, do as the Romans do«, lautet ein geflügeltes Wort. Ohne die ärgerlichen »Servicegebühren« kommt man im afrikanischen Alltag überhaupt nicht weiter. Wohl oder übel musste ich mitziehen. Unter Expatriates gilt im Gegenzug die Ehrenregel, sich niemals selbst »dashen« zu lassen. Eine Selbstverständlichkeit, möchte man meinen, aber beständig anders als seine Umgebung zu handeln, verlangt große moralische Stärke. Diese Standfestigkeit lohnte sich jedoch, denn gerade in einer korrupten Umgebung bedeutete Unbestechlichkeit das höchste Gut. Mit der stoischen Abwehr materieller Beeinflussungsversuche konnte man sich Achtung verschaffen. Paradoxerweise besaßen gerade die käuflichsten Beamten eine heimliche Sehnsucht danach, nicht korrupt zu sein, was sie freilich von ihren »dash«-Wünschen nicht abbrachte. In heiklen Angelegenheiten, in denen humanitäre Aspekte moralische Bedenken überwogen, nützten allerdings auch die großzügigsten Trinkgelder nichts. Dies war immer dort der Fall, wo die SSS ins Spiel kam.

Dieses in deutschen und schweizerischen Ohren höchst unangenehm klingende Kürzel meinte genau das, was wir damit assoziieren: den Inlandsgeheimdienst *State Security Service*. Er war 1986 durch die von Ibrahim Badamasi Babangida verfügte Zerschlagung der übermächtigen NSO entstanden (*Nigerian Security Organisation* – ein typisches Polizeistaatprodukt mit undurchschaubaren, weit reichenden Exekutivkompetenzen) und sollte eigentlich zu mehr Rechtsstaatlichkeit und weniger Polizeiwillkür führen. Wie in allen diktatorischen Systemen verhieß es trotzdem nichts Gutes, ins Visier der reformierten Geheimpolizei zu geraten. Zwei unglückseligen Monteuren aus Genf namens Stragiotti und Piguet war dies widerfahren, ohne dass sie im Einzelnen gewusst hätten, was man ihnen vorwarf. Am 31. Juli 1987 wurden sie festgenommen und in eines der entsetzlichen Gefängnisse der Stadt verfrachtet. Die ganze Botschaft arbeitete fast täglich an ihrer Freilassung und erreichte sie kurz vor Weihnachten. Buchstäblich in letzter Minute, am 23. Dezember 1987, konnte ich die beiden in eine *Swissair*-Maschine Richtung Heimat setzen und bin mir fast sicher, dass sie den afrikanischen Kontinent danach nie mehr freiwillig betreten haben. Fünf Monate Gefangenschaft machten aus den vierschrötigen Kerlen körperliche Wracks, denn in der Dritten Welt sind Gefängnisaufenthalte der sicherste Weg, seine Gesundheit zu ruinieren. Nicht nur physisch, auch psychisch waren sie derart zerrüttet, dass während der Übergabe durch den Generalstaatsanwalt einem der beiden ein Malheur unterlief. »Vor Angst die Hosen voll zu haben«, ist unter afrikanischen Bedingungen kein leicht hingeworfenes Sprichwort, sondern manchmal bittere Realität.

Weshalb hatte man die Männer überhaupt verhaftet? Traurig, aber wahr, in einem Akt staatlicher Willkür. Ihr Arbeitgeber befand sich wegen einer offen gelassenen Rechnung im Rechtsstreit mit Nigeria, und um an das Geld zu kommen, griffen die Behörden zum Druckmittel der Geiselnahme. Im Justizministerium wollte man das natürlich nicht zugeben, sodass es beim entscheidenden Termin zu einem langen, vorwurfsvollen Vortrag des Generalstaatsanwalts kam. Er gipfelte in den Worten: »Es bestand der dringende Verdacht, dass beide

Waffen nach Nigeria hineingeschmuggelt haben. Nigeria ist ein friedliebendes Land. Wir brauchen keine Waffen.«

Um ein Haar wäre ich in lautes Lachen ausgebrochen. Ein Blick aus dem Fenster hätte genügt, ihn der Lüge zu überführen; Raubüberfälle ereigneten sich in diesem »friedliebenden Land« am helllichten Tag. Aber natürlich gehörte es zu den diplomatischen Gepflogenheiten, in solchen Situationen seinem Gegenüber die heuchlerische Selbstrechtfertigung zu lassen. In huldvoller Geste versprach der Generalstaatsanwalt nach einer halbstündigen Suada die Freilassung der unschuldig inhaftierten Monteure, doch selbst das Wort dieses mächtigen Mannes genügte nicht. Weitere acht Tage gingen ins Land, bis die fehlende Unterschrift eines subalternen Beamten auf der Entlassungsurkunde stand. Er befand sich natürlich nicht in Lagos, sondern in der im Bau befindlichen neuen Hauptstadt Abuja, und war erst nach endlosen Telefonaten zur Rückkehr zu bewegen.

Mit dem *State Security Service* hatten wir vereinbart, dass uns am 23. Dezember ein Agent an der Botschaft abholen und zum Flughafen begleiten würde. Der Geheimdienst wollte sichergehen, dass die »Staatsfeinde« das Land auch wirklich verließen (als hätten beide auch nur eine Minute länger freiwillig in Nigeria verbracht). Bei der Botschaft meldete sich jedoch niemand, und da die Zeit drängte, sah ich Hilfe suchend aus dem Fenster: Tatsächlich, da stand ein unauffälliger Mann auf der anderen Straßenseite und beobachtete den Eingang! Ich ging hinunter und fragte ihn, ob er von der SSS sei? »Yes«, nickte er bestätigend. Also bestiegen wir den gepanzerten Botschafter-Mercedes, holten die beiden Genfer im Hotel ab und fuhren zum »Murtala Muhammed International Airport« hinaus. Die ersten drei Kontrollen passierten wir anstandslos, an der vierten ergab sich ein Problem: Durch die Inhaftierung waren natürlich die Visa von Stragiotti und Piguet abgelaufen, und im Justizministerium hatte sich niemand um die Ausreiseformalitäten gekümmert. Keine Panik, dachte ich, wozu begleitet uns ein SSS-Mann, dessen Hilfe ich nun einfordern kann? Am Zoll wollte ihn jedoch keiner kennen, und einen Ausweis besaß er auch nicht. Immer wieder beteuerte er, von der Geheimpolizei zu sein. Schließlich kam jedoch heraus, dass es sich um einen der Nachtwächter unserer Botschaft handelte! Er hatte sich den unerwarteten Rang zu Eigen gemacht, weil er vermutete, mit einer ablehnenden Haltung würde er mich verstimmen und sich in größere Schwierigkeiten bringen. Zu seinem und unserem Glück kreuzte der richtige SSS-Mann noch am Flughafen auf und half uns, die letzten Schranken zu überwinden.

Den Nachtwächter ließ ich zur Strafe allein in die Stadt zurücklaufen. Für meine Leichtgläubigkeit hätte ich mich freilich selbst ohrfeigen können, denn in Afrika sollte man Antworten auf gestellte Fragen erst dann glauben, wenn sie durch Beweise untermauert werden. Eine allgemeine Jasagertendenz lässt sich den Nigerianern nicht ganz absprechen. Frei nach dem Motto: Bevor ich jemanden vor den Kopf stoße, sage ich lieber das, was er hören will. Darin spiegelt sich das ambivalente Verhältnis zwischen Nigerianern und Europäern wider. Unterhalb der einheimischen Führungsschicht kam man mit einer Mischung aus leicht arrogantem und patriarchalisch-wohlwollendem Auftreten am besten durch, riskierte aber, durch gespielte Unterwürfigkeit an der Nase herumgeführt zu werden. Das alte Katz-und-Maus-Spiel zwischen den britischen Kolonialherren und ihren Untertanen sitzt wohl als unverrückbares Muster fest in den Köpfen.

Wenn ich zu Beginn des Kapitels von einer vergleichsweise erträglichen Militärherrschaft sprach, bedarf das einer Erläuterung. Mit Ibrahim Badamasi Babangida erlebte Nigeria einen Staatschef, der bei weitem nicht die diktatorische Effizienz und Grausamkeit seiner Vorgänger und Nachfolger besaß, geschweige denn die seiner afrikanischen Nachbarn. Unser Nachtwächter kam aus seiner Köpenickiade unbeschadet heraus; in repressiveren Systemen hätte er mit dem Leben gespielt. Die Desavouierung der Geheimpolizei gehört in Diktaturen zu den sichersten Methoden, im Gefängnis oder gar am Galgen zu landen. Im engeren Sinne war Nigeria 1987 ein oligarchisch-autoritäres Regime mit weit gehender Pressefreiheit. Gewiss, wenn die *Herald Tribune* einen kritischen Bericht über Babangida veröffentlichte, erhielt man die Zeitung auch in den westlichen Luxushotels ein paar Tage lang nicht, aber die zahllosen nigerianischen Tageszeitungen mit ihrem Hang zum drastischen Boulevard konnten sich politisch weit aus dem Fenster lehnen. Die Präsenz des Militärs im Straßenbild war zwar hoch, für ein Gefühl der Bedrohung sorgte sie aber ebenso wenig wie für mehr Sicherheit; die Nigerianer kümmerten sich einfach nicht sonderlich groß darum.

Wie all seine Vorgänger hatte Babangida vermutlich schnell erkannt, dass sein mit hundertzwanzig Millionen Einwohnern bevölkerungsreichstes Land des schwarzen Kontinents strukturell unregierbar war. Jeder fünfte Schwarzafrikaner lebte in Nigeria, aber kaum einer konnte sagen, wie sich seine Geburtsnation definierte. Ausdehnung und Grenzen des Landes gingen auf die britischen Kolonialherren zurück, die auf ethnische, sprachliche oder religiöse Eigenheiten keine Rücksicht genommen hatten. Fast vierhundert Ethnien versammeln sich auf einer Fläche von neunhundertzwanzigtausend Quadratkilometern (zum Vergleich: die Schweiz bringt es auf gerade mal einundvierzigtausend, Deutschland auf dreihundertsiebenundfünfzigtausend Quadratkilometer), und bei aller Überzeugung, dass für Territorien mit unterschiedlichen Völkerschaften und ohne gemeinsame Nationalsprache das helvetische Kantons-Modell mit seinem ausgeprägten Föderalismus empfehlenswert sei, muss man für ein Land wie Nigeria seine Tauglichkeit leider bezweifeln. Schon die Orientierung Nigerias am US-amerikanischen Bundesstaaten-Modell funktionierte in der Praxis mangelhaft. Zu disparat waren die gegensätzlichen Interessen, und während es in Militärjunta-Zeiten noch eine westliche Rechtsprechung im ganzen Land gab, breitete sich nach 1998 in den islamisch beherrschten Landesteilen wieder die mittelalterliche Scharia aus. Von so grausamen, allen Menschenrechtsvorstellungen spottenden Praktiken wie der Steinigung bei Ehebruch war das Land 1987 zum Glück noch weit entfernt. Zwar konnte man die moslemischen Haussa und Fulbe schon in Habitus, Kleidung und an der Statur von den christlichen Ibo unterscheiden, aber ein derartiger kultureller Bruch, der den föderalistischen Staatsgedanken nachgerade vergewaltigte, ließ sich jedoch noch nicht erkennen.

Schon einmal hatte es freilich von 1967 bis 1970 eine blutige Entladung der ethnischen Spannungen gegeben, als die christlichen Ibo im so genannten »Biafrakrieg« kurzzeitig eine eigene Republik ausriefen. Unter hohem Blutzoll wurde die staatliche Einheit wiederhergestellt. Wie in vielen Reißbrettstaaten Afrikas vermochte die Armee als einzige multi-ethnische Institution die eigenen Reihen weitgehend geschlossen zu halten: Ob Yoruba, Ibo, Haussa, Fulbe, Kanuri oder Nupe (um nur die zahlenmäßig stärksten Ethnien zu erwähnen) – wer als Offizier diente, verinnerlichte ein die eigene Stammesherkunft überragendes Staatsideal. Nicht unbedingt ein demokratisches Leitbild, aber zumindest eines, das nicht in Tausende von regionalen Identitäten zersplitterte. Dieser Integrationsvorteil gestaltet eine Militärjunta in solchen Ländern oft stabiler als Regierungsbildungsversuche politischer Parteien, bei denen sich nur die regionalen Konfliktlinien widerspiegeln.

Warum aber zerfiel der künstliche Riese nicht einfach in seine Bestandteile? Schließlich mussten wir selbst im gefestigten Europa erleben, dass scheinbar geglättete ethnische Gegensätze auf dem Balkan wieder jäh aufbrachen. Im Jahr 1958 erwies sich eine Probebohrung der amerikanischen Shell und der britischen BP im Nigerdelta als höchst folgenreich, denn man stieß auf eines der größten Erdölfelder des afrikanischen Kontinents. Damit wurde Nigeria zwar zu keinem homogeneren Gebilde als zuvor, gewann aber als Staat erheblich an Attraktivität. Die von den Erdölfeldern weit entfernten Völkerschaften im Norden des Landes verdankten der willkürlichen Grenzziehung plötzlich eine Teilhabe an diesem Reichtum des Südens und hielten das Land auch mit militärischen Mitteln zusammen.

Mein Schwerpunkt als »Nummer drei« der Botschaft lag in der Wirtschaftspolitik, also erstellte ich ein umfangreiches Dossier über die vom Ölboom geprägte nigerianische Wirtschaft. Ausländische Investoren, vor allem natürlich Schweizer Unternehmen, sollten wissen, worauf sie sich einließen. Auf der einen Seite fand sich das besonders von den Nigerianern gepflegte Bild des Landes als Gigant Afrikas, eines Staates mit weitgehend freier Marktwirtschaft und immensen Entwicklungsmöglichkeiten, mit einem riesigen Absatzmarkt, vielen billigen Arbeitskräften und reichlich Bodenschätzen. Mutige Geschäftsleute und Investoren waren vor allem in den siebziger Jahren innerhalb kurzer Zeit zu erheblichem Reichtum gelangt. Auf der anderen Seite zeigte sich das Bild eines Drittweltlandes mit großen Schulden, schwer erträglichen sozialen Unterschieden, einer unsicheren politischen und wirtschaftlichen Zukunft, in dem Korruption, Günstlingswirtschaft, Betrügereien und eine notorisch schlechte Zahlungsmoral die Oberhand behielten. In den Boomzeiten der erdölgetriebenen Megakonjunktur (mit entsprechend wachsenden Konsumbedürfnissen der Nigerianer) siedelten sich viele Weltkonzerne im Land an und errichteten wie VW und Peugeot am Rande von Lagos Montagefabriken. Die Basler Kaufhauskette UTC betrieb als schweizerisch-nigerianisches Joint Venture einheimische Supermärkte. Alle Waren der westlichen Welt ließen sich – entsprechende Bonität vorausgesetzt – somit auch in Lagos kaufen.

Die Kehrseite des Booms zeigte sich ab 1981. Der Ölpreis verfiel, und Nigeria wurde erst vom Krösus zum Normalverdiener, dann vom Normalverdiener zum Sozialfall. Neunzig Prozent der Exporterlöse, siebzig Prozent der Staatseinnahmen hingen vom Öl ab, selbst zuvor exportierte Waren des täglichen Bedarfs wie Palmöl, Erdnüsse oder Kakao mussten wegen der Vernachlässigung der eigenen Landwirtschaft auf dem Weltmarkt gekauft werden. Heute ist Nigeria völlig überschuldet, obwohl es nach wie vor auf reichen Erdölvorräten sitzt. Die meisten ausländischen Firmen haben sich frustriert verabschiedet, zumal es selbst in den goldenen Jahren erhebliche Investitionshindernisse gab. Neben der inländischen Steuerbelastung verteuerte die staatlich verordnete Personalpolitik jedes Engagement. So musste man pro ausländischem Spezialisten zwei weitgehend nutzlose einheimische »Stellvertreter« beschäftigen, die auch in Privatunternehmen für den landesüblichen bürokratischen Wasserkopf sorgten. Und schließlich nutzte es wenig, in der Gewinn- und Verlustrechnung auf schwarze Zahlen zu kommen, da man Gewinne nicht einfach ins Ausland transferieren durfte. (Ganz anders als die Korruptionsgelder der einheimischen Elite, die natürlich nicht – volkswirtschaftlich sinnvoll – im eigenen Land verbraucht wurden, sondern umgehend auf europäische und amerikanische Konten abflossen.) Die »Repatriierung« von Gewinnen wurde von der Regierung zwar auf dem Papier garantiert, erwies sich in der Praxis aber als zeitraubend und schwierig zu bewerkstelligen, da die entsprechenden Bewilligungen und Stempel kaum zu erhalten waren. Selbst mitgebrachtes Investitionskapital ließ sich bei einer gescheiterten Unternehmung nicht einfach wieder zurückbuchen, sondern fiel ebenfalls unter den »Repatriierungsvorbehalt«.

Hätte ich nicht bei der *Credit Suisse* die Befriedigung kennen gelernt, die funktionierende wirtschaftliche Transaktionen bei allen Beteiligten auslösen, wäre ich in Lagos vermutlich verzweifelt. Hier wurde *ex negativo* demonstriert, wie überlegen die freie westliche Marktwirtschaft im Vergleich zu überregulierten Märkten tatsächlich war. Zusammen mit der Korruption führten die Ausnahmeregelungen und Schutzmaßnahmen zum genauen Gegenteil dessen, was sie eigentlich bewirken sollten. Überflüssige einheimische »Stellvertreter« verstärkten die Bürokratie, statt die Produktivität zu erhöhen. Im Land verbliebene Devisen flossen als Korruptionsgelder heimlich zurück ins Ausland, ohne in Nigeria eine produktive Hebelwirkung zu entfalten. Kurzum: Der antiquierte Staatsprotektionismus war von vorn bis hinten zum Scheitern verurteilt, und wer sich an vorgegebene Regeln hielt, konnte ein noch so guter Unternehmer sein, sein Schicksal hing am seidenen Faden der Behördenwillkür.

Immerhin: Über einen Mangel an beruflicher Abwechslung konnte ich mich nicht beklagen. Mit der Freizeitgestaltung sah es schon problematischer aus. Zwei- bis dreimal die Woche spielte ich Tennis, an Wochenenden fuhr ich – manchmal begleitet von netten *Swissair*-Crews – an bewachte Badestrände vor den Toren der Stadt. Wenn der Harmattan zuschlug, war das keine reine Freude. Jener heiße, trockene Nordostwind trug häufig feinen Saharasand mit sich. Dann knirschte es zwischen den Zähnen, und der Aufenthalt im Freien fühlte sich wie in einem Sandstrahlgebläse an. Kulturelle Veranstaltungen erwiesen sich dagegen als Mangelware, bis auf den vierzehntägigen Filmabend in der amerikanischen Botschaft gab es keinerlei Abwechslung. Veranstaltet wurde er von den Marines, die rund um die Uhr die Botschaft bewachten, was sie übrigens auch in friedlichen Ländern wie der Schweiz tun. Manchmal ging man auf einen Drink in die umliegenden Luxushotels, und wenn man etwas ganz Verwegenes tun wollte, suchte man eine Bush-Bar am lokalen Beach von Victoria Island auf. Sie bestand aus ein paar zusammengezimmerten Holzbänken und einer Hütte aus Palmwedeln, und neben abenteuerlustigen Expatriates lungerte dort immer ein Haufen Prostituierter herum. Mich stieß dieses Milieu ab, und so konnte ich mir eine gewisse Schadenfreude nicht verkneifen, als die ganze Community über einen amerikanischen Soldaten lästerte, der sich im Garten eines Hotels hatte französisch bedienen lassen und dabei von der Prostituierten um seine Barschaft und Ausweise gebracht worden war. Wer für ein paar Dollar Erleichterung suchte, wurde eben manchmal um etwas mehr erleichtert.

Im Mai setzte die Regenzeit ein, was die meisten Freizeitaktivitäten zum Erliegen brachte. Wo die Straßen dreißig bis vierzig Zentimeter hoch überflutet waren, musste man wohl oder übel zu Hause bleiben – Ausflüge, Tennis und Strandbesuche waren passé. Zum Glück stand mein Jahresurlaub vor der Tür. Nach kurzem Zwischenstopp bei meinen Eltern in Oberwil flog ich nach New York, dann weiter nach Kalifornien und Hawaii. Dreieinhalb Wochen später hätte ich gestärkt meinen Dienst wieder antreten sollen, doch ich fühlte mich kraftlos und schlapp. Nach ein paar lustlos absolvierten Tagen in der Botschaft bekam ich hohes Fieber und konnte mich vor Gliederschmerzen kaum noch rühren. Marcel Stutz chauffierte mich kurzerhand zum einheimischen Vertrauensarzt. Der warf einen Blick auf mich und sagte: »Malaria!«

Eigentlich hätte mich ein derartiger Diagnose-Schnellschuss misstrauisch machen sollen, denn dieser Wunderdoktor ersparte sich den überflüssigen Luxus, meine Atemgeräusche abzuhören, obwohl meine Lungen rasselten, als ob ein Pulk Gespenster seine Ketten über einen Steinfußboden schleifte. Ich war aber schon so schwach, dass ich es gerade noch schaffte, auf eine Blutentnahme zu pochen. Malaria, das wusste selbst ein medizinischer Laie wie ich, ließ sich als Parasitenerkrankung relativ leicht unter dem Mikroskop erkennen. Unglücklicherweise schrieben wir Freitag, und das Ergebnis der Blutuntersuchung sollte erst nach dem Wochenende vorliegen. Bis dahin pumpte mich der nigerianische Medizinmann mit Malariamedikamenten voll, die meiner angeschlagenen Physis den Rest gaben. Zu seiner Ehrenrettung muss ich sagen, dass er nach der Blutuntersuchung den Fehler revidierte – allerdings nur, um ihn durch einen weiteren zu ersetzen! »Amöben«, lautete nun das Urteil, was einigermaßen erstaunte, denn auch Amöben konnte man problemlos erkennen, solange das Mikroskopokular nicht gerade verschmutzt war. In Wahrheit hatte ich mir in den USA eine bakterielle Lungenentzündung zugezogen. Der Arzt der amerikanischen Botschaft, Dr. Aldis, brauchte keine fünf Minuten, um dies festzustellen. »Dass ein junger Mensch wie Sie eine Lungenentzündung übersteht«, sagte er düster, »davon geht man ja noch aus. Aber dass Sie die Behandlung des nigerianischen Arztes überlebt haben, dafür können Sie Gott danken!«

Vor allem dankte ich dafür, dass sich nach meiner Genesung die Nigeria-Episode ihrem Ende näherte. Nach den afrikanischen Abenteuern erschien mir Bern als nicht mehr ganz so schrecklicher Aufenthaltsort, zumal noch vier Monate Genfer Stage anstanden (dass sie todlangweilig ausfallen würden, konnte ich nicht ahnen). Insgesamt fühlte ich mich um einige Dienstjahre »älter« als meine Volée-Kollegen, die in Paris oder Washington kaum etwas erlebt haben dürften. Eines wusste ich aber: Das Bundeshaus West würde nicht meine Endstation bleiben.

Im November 1988 brachte mich Marcel Stutz, mittlerweile ein guter Freund, zurück zum »Murtala Muhammed International Airport«. Kilometerlang tuckerten wir hinter einem zerbeulten Toyota-Jeep her. Er trug einen verschmutzten Aufkleber am Heck: *Love this country – or leave it!*

»Liebe kann man nicht erzwingen«, stimmte ich zu. »Und deshalb werde ich den Rat beherzigen.«

»Wer in Lagos überlebt«, prophezeite Marcel, »überlebt überall.«

Der unverbesserliche Optimist hatte wohl Recht.

5. Winds of Change

Politische Entscheidungen treffen aber heißt:
Schluss der Debatte, also Herrschaft ausüben.
Robert Spaemann

Ein Mensch kann aufbrausend und mürrisch sein oder sich in Sanftmütigkeit und Anpassungswillen üben, weil das in seinem Charakter festgeschrieben steht. Stößt ihm im Laufe des Lebens kein Unglück zu, wird sich dieses Fundament kaum auflösen, sondern sich allenfalls den ändernden Lebensbedingungen anpassen. Dennoch haben die meisten Menschen Angst vor einem jähen Charakterumschwung bei sich oder ihren Angehörigen. Als warnendes Beispiel ist der Fall des amerikanischen Eisenbahnarbeiters Phineas Gage in die Geschichte eingegangen. Im Herbst 1848 misslang ihm bei Gleisbauarbeiten im Bundesstaat Vermont eine geplante Sprengung, und statt ein Felsenstück aus dem Weg zu räumen, jagte er sich eine schwere Eisenstange quer durch den Schädel. Sie drang durch die linke Backe ein und verließ den Kopf an der rechten Schläfe wieder. Erstaunlich angesichts der damaligen medizinischen Versorgung, überlebte Gage den Unfall, doch seine Freunde erkannten ihn danach nicht wieder: Aus dem umgänglichen, humorvollen und sozial verträglichen Vorarbeiter war ein kontaktscheuer, an jeglichem Sozialleben desinteressierter und völlig emotionsloser Mensch geworden. Viele Befunde aus dem Ersten und Zweiten Weltkrieg stützten später die Erkenntnis,

98

dass eine Verletzung des vorderen Stirnlappens zwar die intellektuellen Fähigkeiten verschont, aber zu einer Verkümmerung des emotionalen Lebens führen kann. Warum erwähne ich das? Nun, auch Nationen haben eine Identität, und ihre Furcht vor identitätszerstörenden Veränderungen – noch dazu durch äußere Einwirkungen und nicht durch innere Entwicklungen – ist nicht minder ausgeprägt. Man könnte es das »Phineas-Gage-Syndrom« nennen: Gott bewahre uns vor herumfliegenden Eisenstangen, die uns zwar am Leben lassen, aber aus uns jemanden machen, der wir um keinen Preis sein wollen!

Zur unverrückbaren Identität der Schweiz gehört neben der direkten Demokratie, der Mehrsprachigkeit und dem ausgeprägten Föderalismus die Doktrin der Neutralität. Gemäß dem Historiker Edgar Bonjour stellt sie für den Schweizer »einen nationalen Mythos von fast religiöser Weihe« dar. Sie entwickelte sich nach einer Niederlage der Eidgenossen von 1515 in der Schlacht von Marignano um die Vorherrschaft in Oberitalien und wurde auf dem Wiener Kongress von 1815 international anerkannt. Die Neutralität ist im eidgenössischen Selbstbild so fest verwurzelt, dass sich viele Schweizer kaum vorstellen können, ihr Land gäbe diesen Status jemals auf. Von allen denkbaren Auslegungen des Neutralitätsbegriffs hat die Regierung oft die rigoroseste bevorzugt und sich deshalb auch die Teilnahme an supranationalen Unternehmungen wie UNO, EU oder NATO über Generationen hinweg untersagt. Man konnte ja nie wissen, in welche sicherheitspolitischen Verbindlichkeiten oder gar Abenteuer man durchs Hintertürchen von Gemeinschaftsentscheiden hineingezogen würde. Erst im September 2002 trat die Schweiz der UNO bei – Ergebnis eines langen Abwägungsprozesses und ein lang geschuldeter Tribut an die veränderte Weltlage.

Die militärische Neutralität in ihrer Minimalforderung – Nichtteilnahme an bewaffneten Konflikten anderer Staaten – war freilich angesichts seiner geopolitischen Lage eine kluge Leitlinie des Kleinstaats. Umringt von jahrhundertelang verfeindeten Großmächten und als »Hüterin der Alpenpässe«

besonderen Begehrlichkeiten ausgesetzt, konnte das Sieben-Millionen-Volk so eine Gleichgewichts- und Friedenspolitik zwischen den Mächten führen. Zusammen mit einer glaubwürdigen Landesverteidigung sicherte dies sein Überleben seit dem Mittelalter. Wie wichtig die autonome, starke Verteidigung für einen Neutralen ist, zeigt der Fall Belgiens im Ersten und Zweiten Weltkrieg. Es genügt ein Schlieffen-Plan, der die kaltblütige Verletzung fremder Neutralität als strategisches Überraschungsmoment einkalkuliert, schon gerät man mitten hinein in die Auseinandersetzungen zweier Großmächte. War aber Belgien daran schuld, dass die Deutschen im Ersten Weltkrieg binnen weniger Wochen bis ins Weichbild von Paris vordrangen? Natürlich nicht, niemand hat je solche Vorwürfe gegen das flämisch-wallonische Königreich erhoben. Gegen die Schweiz jedoch wurden sie im Zuge der Auseinandersetzungen über die eidgenössische Rolle im Zweiten Weltkrieg laut. Frei nach dem Verdikt von Dante Alighieri in der »Göttlichen Komödie«: »Der heißeste Platz der Hölle ist für jene bestimmt, die in Zeiten der Krise neutral bleiben.«

Bei allen Unwägbarkeiten historischer Prozesse (nur in der Rückschau folgt Geschichte scheinbar kausalen Regeln): Im Ersten wie im Zweiten Weltkrieg bedeutete die mit Hunger, Mangel und viel Anfeindung bezahlte bewaffnete Neutralität eine Lebensversicherung für die Eidgenossenschaft und die von ihr aufgenommenen Flüchtlinge. Auch während des Kalten Krieges sprachen viele gute Gründe dafür, die Doktrin beizubehalten. Die geopolitische Lage ließ eine neutrale Haltung nach wie vor als zweckdienlich erscheinen – bis sich im Herbst 1989 alles änderte. Der Fall der Berliner Mauer und die Auflösung des Sowjetimperiums waren ein ausgesprochener Glücksfall der Geschichte, den wir heute leider schon als Selbstverständlichkeit betrachten. Der helvetischen Identität bescherte die Überwindung des Kalten Krieges jedoch eine Art Phineas-Gage-Debakel. Macht Neutralität in einem friedlichen, vom Atlantik zum Ural vereinten Europa noch Sinn? Neutral wem gegenüber? Den befreundeten Deutschen und

Franzosen? Den Staaten Mittel- und Osteuropas, die Mitglied der NATO und der EU werden wollen oder schon geworden sind? Andererseits: Eine Schweiz ohne Neutralität? Undenkbar. Wer wären die Eidgenossen noch, wenn sie so wären wie all die anderen?

Als ich im März 1989 während der Genfer Stage erfuhr, dass es die nächsten vier Jahre nicht auf Auslandsposten ging, sondern zurück in die Völkerrechtsdirektion nach Bern, war ich einigermaßen gefasst. Das Neutralitätsdossier allerdings, das ich künftig übernehmen sollte, erschien mir als Strafe, lebendig unter alten Akten begraben zu werden. Seit fünfzig Jahren musste man die Texte seiner Vorgänger nur geringfügig ändern, um sie an aktuelle Problemlagen anzupassen, denn an den möglichen Antworten hatte sich nichts geändert. Ein verstaubteres Themenfeld mit weniger Aktivitätsmöglichkeiten ließ sich kaum denken. Wenn es hoch kam, fuhr man einmal im Jahr zur Tagung der Schweizerischen Offiziersgesellschaft nach Interlaken oder gab einen Kurs »Neutralität im Kriegsfall« in Genf. Ansonsten saß man allein im Büro und polierte die Schrifttafeln auf Hochglanz, auf denen die Schweizer Neutralität in Stein gemeißelt stand. Zum Glück war das auch in den Augen der EDA-Personalabteilung keine ausreichende Beschäftigung für einen teuer ausgebildeten »diplomatischen Mitarbeiter« (so lautete mein Rang nach der endgültigen Übernahme aus dem Vorbereitungsdienst), also kam ich als Allround-Rechtsberater zum Einsatz. In dieser Funktion wurde ich auch Mitglied eines Teams unter Botschafter Marino Baldi, das in aller Welt Investitionsschutzabkommen aushandelte. So kam ich ab 1990 doch noch in den Genuss vielfältiger Reisediplomatie und konnte auf einem ergiebigen Feld Verhandlungserfahrung gewinnen.

In Südamerika, den neu entstandenen GUS-Staaten und den ehemaligen Ländern des COMECON herrschte einiger Bedarf nach derartigen Abkommen. Freilich aus unterschiedlichen Gründen. Argentinien, Chile, Paraguay und Venezuela hatten teilweise nach Diktaturen zurück ins Lager der Demokratie gefunden und wollten ihre Handelsbeziehungen mit dem Westen stabilisieren. Diktatoren empfanden Investitionsschutzabkommen dagegen stets als Einmischung in innere Angelegenheiten, weil sie ungehindert darüber bestimmen wollten, ob sie einen Betrieb verstaatlichten oder nicht. Selbst ein ausdrückliches Dekret zum Eigentumsschutz, wie vom bolivianischen Präsidenten 1990 abgegeben, ersetzte ein Abkommen keineswegs. Warum? Die Antwort liefert der Schweizer Vordenker Beat Kappeler in seinem Buch »Wirtschaft für Mutige«: »Diese an sich erfreuliche Garantie muss abschrecken, denn wenn das Eigentum nur auf einem präsidialen Dekret beruht, kann es täglich auch mit einem Dekret widerrufen werden.«

Bei den mittel- und osteuropäischen Ländern und den neu entstandenen GUS-Staaten (Weißrussland, Usbekistan, Kasachstan) ging das Investitionsschutzabkommen dagegen Hand in Hand mit der Aufnahme diplomatischer Beziehungen. Diese Länder kannten kaum ein dringenderes Bedürfnis, als an Attraktivität für westliche Investoren zu gewinnen. Während wir in Südamerika manchmal lautstark an die Türen klopfen mussten, um grundlegende rechtsstaatliche Prinzipien für die Schweizer Wirtschaft durchsetzen zu können, ergriffen die neuen Staaten Osteuropas selbst die Initiative und empfingen uns freundlich. Nur die Begleitumstände der Reisen fielen abenteuerlich aus. So erinnere ich mich, dass der Pilot unserer Militärmaschine immer Zehntausende von US-Dollars bei sich trug, um das nötige Kerosin in bar und harten Devisen zu bezahlen (keinesfalls jedoch in der Landeswährung oder in sowjetischen Rubeln), sonst wären wir am Boden geblieben.

Als ich im Mai 1989 mein Berner Büro bezog, existierten die GUS-Staaten noch nicht einmal auf dem Papier, und trotz der sich immer deutlicher abzeichnenden wirtschaftlichen Katastrophe des Sowjetreichs schien Michael Gorbatschow fest im Sattel zu sitzen. Der Haupteffekt von Perestroika und Glasnost bestand darin, dass man über die maroden Zustände in Russland besser informiert war als je zuvor. Aber den drohenden Totalbankrott sah kaum jemand voraus. Seit der Antike wissen wir: Weltreiche bröckeln von ihren Satelliten her. Als die neue ungarische Regierung den Stacheldraht an der Grenze zu Österreich zerschnitt, erschien mir das Neutralitätsdossier auf einmal nicht mehr ganz so verschlafen. Ein kühner Gedanke ergriff mich: Was würde ein wiedervereinigtes Deutschland für die Schweiz bedeuten? Da nichts Dringendes anlag, verfasste ich im Sommer 1989 eine Denkschrift zu diesem Thema. Ich dachte mir, man könne sie auf der anstehenden Botschafterkonferenz besprechen. Dafür waren die Diplomaten in der Berner Zentrale meines Erachtens *auch* zuständig: nicht nur der Realpolitik hinterherzuhecheln, sondern im Fall veränderter Weltlagen halbwegs passable Handlungskonzepte in der Schublade liegen zu haben. Es war, als hätte ich in ein Wespennest gestochen. Während mein Chef, Botschafter Mathias-Charles Krafft, das Papier für gut befand, explodierte man im Umfeld des damaligen Außenministers René Felber: »Abstruses Zeug!«, musste ich mir anhören. »Das Papier gehört eingestampft, sonst blamieren wir uns weltweit.« Oder noch deutlicher: »Der Borer ist ein Spinner!«

Natürlich besaß ich keine prophetischen Gaben. Meine Überlegungen gingen von einem Zeitraum von einem Dutzend Jahren aus, in dem sich die beiden deutschen Staaten allmählich annäherten und am Ende vereinigten. Dass der aufgestaute Druck in der DDR-Bevölkerung diesen Prozess schließlich auf ein halbes Jahr verkürzen sollte und den Zusammenbruch des ganzen Ostblocks nach sich ziehen würde, erwarteten im Sommer 1989 ganz wenige Menschen. Der damalige Schweizer Botschafter in Prag schrieb noch im Frühwinter: »Die Tschechen haben genug zu essen und zu trinken. Die machen keine Revolution.« Wie so oft sahen Diplomaten und Geheimdienstleute fundamentale Umwälzungen nicht voraus. Daher waren auch keine neuen Überlegungen zur Schweizer Neutralität am Platz, so das Verdikt im EDA. Das alte Motto »Numme nit gesprängt« forderte wieder einmal seinen Tribut: Erst einmal abwarten, bloß nicht ins Blaue hineinspekulieren.

Wegen einiger Träumer, die sich vom Joch des Kommunismus im Osten befreien wollten, hinterfragte man keine bewährte Doktrin. Bern wurde daher von den Ereignissen des 9. November 1989 wie der Rest der Welt völlig überrascht.

Der brillante, hochintelligente Botschafter und Völkerrechtsprofessor Krafft ließ seinen jungen »Stürmi« im Stillen mögliche Szenarien weiterdenken und diskutierte mit ihm die helvetische Neutralität in einer sich fundamental wandelnden Welt. Der Anstoß zum plötzlichen Umdenken in diesem Bereich kam kurze Zeit später aus einer gänzlich anderen Richtung. Die Krise begann am 17. Juni 1990 mit dem lautstarken Vorwurf des Irak an seinen Nachbarn Kuwait, dieser überschreite die von der OPEC festgelegten Ölförderquoten drastisch und drücke damit die Weltmarktpreise, was den überschuldeten Irak noch tiefer in seine Wirtschaftskrise hineintreibe. In der Rückschau eine durchsichtige Beschuldigung, ebenso wie die aus der Mottenkiste hervorgeholten Territorialansprüche des Irak aus der Zeit des Osmanischen Reiches. Von der Weltöffentlichkeit wurde beides ignoriert. In Regionalkonflikte mischte man sich lieber nicht ein. Auch die Mobilisierung irakischer Truppen am 24. Juli schreckte den Westen nicht richtig auf – jedenfalls nicht so, dass sich seine Krisenstäbe auf kommendes Ungemach einzustellen begannen. Ja, die US-Botschafterin in Bagdad, April Glaspie, ermunterte ungewollt Saddam Hussein sogar noch zum Handeln: »Wir haben keine Meinung zu innerarabischen Konflikten wie Ihren Grenzstreitigkeiten mit Kuwait«, soll sie laut inzwischen veröffentlichten Akten im persönlichen Gespräch mit dem Diktator gesagt haben. Als der Irak am Donnerstag, dem 2. August 1990, die Grenzen zu Kuwait überschritt und das kleine Scheichtum binnen Stunden niederwarf, wurde man in Washington, London und Paris deswegen von der Entwicklung überrollt. Wie üblich befand sich die politische Elite der Schweiz im Juli/August in ausgedehnten Sommerferien. Die jungen Beamten, die in Bern das halb leere Bundeshaus hüteten, rieben sich angesichts der Entwicklungen die

Augen. Der Stellvertreter von Botschafter Krafft, der jetzige Staatssekretär Franz von Däniken, rief meinen Kollegen Paul Seger und mich in sein Büro, um die Situation zu diskutieren. Ohne es zu beabsichtigen, bildeten wir den zentralen *Think Tank* in der Krise.

Zunächst befanden wir einstimmig, dass die Schweiz die kuwaitische Exilregierung unterstützen müsse, wiewohl sie grundsätzlich nur Staaten, nicht aber staatenlose Regierungen völkerrechtlich anerkannte. Auch das Einfrieren kuwaitischer Konten bei Schweizer Banken wurde erwogen, um die Möglichkeiten für den Aggressor Hussein zu vereiteln, sich diese Gelder widerrechtlich anzueignen. (Allerdings warf das eher praktische als juristische Probleme auf, denn in einer Oligarchie wie dem überfallenen Scheichtum verlief die Trennung zwischen Staats- und Privatguthaben fließend.) Schließlich ließ sich in unserer vertraulichen Dreierrunde der neuralgische Punkt nicht länger umgehen: Wie sollte sich die Schweiz zu eventuellen UN-Sanktionen gegenüber dem Irak stellen? Bislang galt die strikte Regel – etwa gegenüber Südafrika, Rhodesien oder Argentinien –, sich niemals in fremde Angelegenheiten einzumischen und keine Wirtschaftssanktionen zu ergreifen. Lag hier die Sache anders? Für uns drei war dies offensichtlich.

Der Weltsicherheitsrat verabschiedete noch am selben Tag die »Resolution 660«, die den sofortigen und bedingungslosen Rückzug des Irak aus Kuwait verlangte. Diesen Text hätte die Schweiz, auch wenn sie damals schon UN-Mitglied gewesen wäre, bedenkenlos mittragen können. Probleme bereitete ihr hingegen der »Beschluss 661« vom Montag, dem 6. August 1990. Denn das darin festgeschriebene umfassende Wirtschafts-, Finanz- und Militärembargo gegen den Aggressor berührte die Schweizer Neutralität, wie sie bisher interpretiert wurde, empfindlich. Ganz ausdrücklich wurden unter Punkt 5 auch diejenigen Staaten in die Maßnahmen einbezogen, die zu diesem Zeitpunkt nicht zu den Vereinten Nationen gehörten. Sinnvoll und korrekt, denn ein Embargo funktioniert entweder ganz oder gar nicht. Jedes potenzielle Schlupfloch drohte die Sanktionen zur puren Farce werden zu lassen. Aus diesem Grund schien uns dreien eine Veränderung der Berner Neutralitätsdoktrin unabwendbar. »Zwischen einem Staat, der den Frieden bricht und die Völkerrechtsordnung schwer missachtet«, fasste ich ein Jahr später meine Erkenntnisse aus der Golfkrise in einem Bericht zusammen, »und der gesamten übrigen Staatengemeinschaft darf es eine neutrale Haltung nicht geben. Neutralität gegenüber einem von der Gemeinschaft der Völker mit Sanktionen belegten Rechtsbrecher liefe auf Begünstigung des Geächteten hinaus.«

Nichthandeln und Beiseitestehen bringt in manchen Fällen dieselben Ergebnisse hervor wie falsches Handeln. Aber war diese Position an jenem schicksalhaften Montag in der Schweiz mehrheitsfähig? Ja und nein – es kam auf die Entscheidergruppe an. In diesem Fall umfasste sie vier Mann, uns drei zum Paradigmenwechsel entschlossene Diplomaten und den anfangs noch zögerlichen EDA-Staatssekretär Klaus Jacobi. Wie Ostern 2002, als mich auf Mauritius die Presseverleumdungen aus heiterem Himmel trafen, befand sich der komplette Bundesrat samt seiner Spitzenbeamten in den Ferien. Chance oder Risiko? Angesichts des akuten Handlungsbedarfs stellte sich die Frage nicht. Schon am Montagmorgen, als erste Anzeichen aus New York auf einen Sanktionsbeschluss hindeuteten, begann Franz von Däniken mit seiner Lobby-Arbeit im Politikgetriebe. In der üblichen Routinesitzung um 9.00 Uhr versuchte er, den noch sehr zurückhaltenden Staatssekretär Jacobi zum Handeln zu bewegen. Jacobi ließ sich nicht aus der Ruhe bringen und regte – business as usual – die Gründung einer Arbeitsgruppe an. Aus der Völkerrechtsdirektion wurden Paul Seger und ich abgeordnet und trafen gegen 11.00 Uhr mit Vertretern der anderen Fachbereiche zusammen. Gegen 11.30 Uhr war die Sitzung schon wieder aufgelöst: Genau dreißig Minuten hatten Paul und ich gebraucht, um unseren Standpunkt mehrheitsfähig zu machen! Atemlos stürzten wir ins Büro von Franz von Däniken und riefen: »Die Sache steht! Wir sind beauftragt, eine Sanktionen-Verordnung vorzubereiten.«

Nun rollte die Lawine. Entgegen seiner Ankündigung, er wolle auf der Elf-Uhr-Pressekonferenz nur über die zurückliegende Südostasienreise reden, fand Staatssekretär Jacobi starke Worte *für* eine Beteiligung der Schweiz an UN-Sanktionen. Unsere Argumente hatten also gewirkt. Damit geriet der Zeitrahmen außer Rand und Band; der Bundesrat wollte den Text bereits am nächsten Tag diskutieren. Gesetzgebung im Rekordtempo! Paul Seger verfasste den Verordnungstext, während ich parallel dazu die völkerrechtliche Legitimation erarbeitete. Wir stützten uns dabei auf die Papiere, die ich mit Botschafter Krafft vertraulich vorbereitet hatte. Wer Juristen kennt, weiß: So etwas dauert gemeinhin Tage und Wochen. Schließlich schufen wir einen Präzedenzfall für künftige Konfliktlagen – da wollte jeder Einwand antizipiert, jede argumentative Schwachstelle ausgemerzt sein. Gegen 16.00 Uhr kam Pierre Combernous, persönlicher Mitarbeiter von Außenminister Felber, ins Büro und befahl uns, schneller zu machen. Wir versprachen das Unmögliche, und ohne dass wir das Papier noch einmal durchgelesen hätten, ging es kurz nach 17.00 Uhr per Fax an alle Beteiligten. Befriedigt, aber mit leisen Zweifeln im Herzen machten wir uns auf den Heimweg. Würde der Bundesrat seine Zustimmung doch noch verweigern? Schließlich besiegelte das Papier das Ende der bisherigen schweizerischen Neutralitätsdoktrin.

Am Dienstagfrüh schalteten sich die weiterhin an verschiedenen Urlaubsorten weilenden Regierungsmitglieder um 6.00 Uhr morgens zu einer Telefonkonferenz zusammen. Man wollte Bundesrat Felber ermöglichen, noch rechtzeitig zur Beerdigung Bruno Kreiskys nach Wien zu kommen. Nach kurzer Beratung stand fest: Ja, die Sanktionen der Schweiz treten unverzüglich in Kraft! Wer gegen sie verstieß, riskierte empfindliche Bußgelder. Durchaus keine Bagatelle, denn die Verordnung beeinträchtigte Teile der Schweizer Exportwirtschaft, und die Sanktionen dauerten weit über den Golfkrieg hinaus an. Der seltene Mut der Schweizer Regierung zahlte sich aus. Schon die Pressekonferenz um 11.00 Uhr verlief unspektakulär; die Medien begrüßten den Entscheid fast euphorisch, und der kluge Mann auf der Straße stand ebenfalls dahinter. Dass die Schweiz als einer der ersten Staaten überhaupt die UN-Resolution 661 in geltendes Recht verwandelt hatte, machte die Mehrheit der Kommentatoren stolz. Nur Paul Seger und ich wurden von jenen hohen Beamten gerügt, die mittlerweile ihren Urlaub unterbrochen hatten. Was uns einfalle, derart Wichtiges in einer Nacht- und Nebelaktion ohne umfassende Konsultationen durchzuboxen!

Konnten in der Schweiz große Würfe nur in der Sommerpause gelingen, wenn Minister nicht von Bedenkenträgern umringt sind? Es sah ganz danach aus. Als es im Dezember 1990 nämlich um die Frage ging, ob man der internationalen Allianz gegen Saddam Hussein Überflugrechte gewähren sollte, wurde die Entscheidung so lange zerredet, bis sie schließlich keine Mehrheit mehr im Bundesrat fand. Aus Neutralitätsgründen sperrte man für die Militärflugzeuge der Allianz den schweizerischen Luftraum.

Zu den besonderen Privilegien der Völkerrechtsdirektion zählte es, einmal jährlich einen Mann nach New York schicken zu dürfen. Die dortige Schweizer Beobachter-Mission bei den Vereinten Nationen war zahlenmäßig unterbesetzt und kam während der turnusmäßigen Vollversammlung mit der Arbeit kaum nach. Dann hieß es, in vielen Sälen gleichzeitig anwesend zu sein und das Treiben des »Weltparlaments« zu beobachten. Eines der Hauptargumente der Schweizer UNO-Gegner lag neben der Neutralität in der Leistung von so genannten »guten Diensten«, deren Wahrnehmung man im Rahmen der UNO als gefährdet ansah. Unter »guten Diensten« versteht man traditionell die Vermittlungsarbeit zwischen zerstrittenen Parteien, bis hin zur Übernahme der für beide Seiten verbindlichen Schiedsgerichtsbarkeit. Seit dem Mittelalter ist die Schweiz auf diesem Gebiet tätig, oft mit großem Erfolg. In unzähligen Konflikten ließen sich die »guten Dienste« in beachtliche Ergebnisse für die Menschen der betroffenen Regionen ummünzen. Dass die kleine Schweiz immer wieder als Schutzmacht auftrat – das heißt, fremde Interessen im Land eines anderen schützte –, zählt ebenfalls zu ihren außenpolitischen Erfolgen. Viele dieser Mandate dauern seit Jahrzehnten an. So übernahm die Schweiz bereits 1961 die Vertretung der US-amerikanischen Interessen in Kuba, nach dem Zerfall des Ostblocks seit April 1991 sogar die entgegengesetzten Interessen Kubas bei den Vereinigten Staaten, die während des Kalten Krieges von der CSSR wahrgenommen worden waren. Auch die diplomatische Vertretung der USA im Iran währt nun schon mehr als zwanzig Jahre. Für diese Mandate ist aber unsere Neutralität mittlerweile keine Bedingung mehr. Unerlässlich ist jedoch, das nötige Vertrauen auf beiden Seiten durch Professionalität und Abwesenheit latenter Eigeninteressen zu schaffen. Während die Schweiz vor allem im Zweiten Weltkrieg führender Anbieter von »guten Diensten« war, erodiert unsere Bedeutung auf diesem Sektor inzwischen spürbar. Mehr und mehr andere Staaten, vor allem aber die Vereinten Nationen selbst, übernehmen diese Funktion.

Es war reiner Zufall, dass ich mich bereits Anfang 1990 für den New York-Einsatz im September gemeldet hatte. Von der weltpolitischen Krise war damals nichts zu spüren gewesen, ja, im April hatten wir mit dem Investitionsschutzteam noch Kuwait besucht. Nun saß ich zwei Monate lang am Brennpunkt der Kuwait-Irak-Krise bei den Vereinten Nationen und durfte sogar Präsident George Bush die Hand schütteln. Eine so beeindruckende Front, wie sie UN-Generalsekretär Pérez de Cuéllar gegen den Aggressor auf die Beine gebracht hatte, war in der Geschichte der Weltorganisation noch nicht vorgekommen. An einem Wochenende trafen achtzig Staats- und Regierungschefs gleichzeitig in der brodelnden Metropole ein und bekräftigten damit den Anspruch der UNO als Forum der gesamten Welt. Man sprach euphorisch von einer neuen Weltordnung unter Führung der Vereinten Nationen.

Wir Schweizer Beobachter unter Leitung von Botschafter Dieter Chenaux-Repond saßen zwar etwas separiert zwischen

Nordkorea und dem Vatikan, aber keineswegs am Katzentisch. In vielen Ausschüssen wurde unsere beratende Stimme gehört, und die Welt hatte das Signal unserer schnellen Umsetzung des Sanktionsbeschlusses mit großem Wohlwollen zur Kenntnis genommen.

Ein besseres Feedback hätte ich mir für die einsame Arbeit im Berner Neutralitätsdossier nicht vorstellen können! In der Politik ist es ungleich schwieriger als in der Wirtschaft, eine Rückkopplung für seine Leistungen zu erhalten, und ohne Feedback kann man sich nur schlecht verbessern. In diesem Sinne trug der Aufenthalt bei der UN beinahe den Charakter einer Belohnung, zumal Chenaux-Repond eine äußerst beeindruckende Persönlichkeit war. Er war fähig, die Weltpolitik brillant zu analysieren, politische Visionen zu entwickeln und daneben seine Begabung für Literatur und Musik auszuleben. Dass ich kein Jahrzehnt später sein Nachfolger auf dem Posten des Schweizer Botschafters in Deutschland werden würde, hätte ich mir damals nicht träumen lassen. Seinen Ruhestand konnte Dieter Chenaux-Repond nicht lange auskosten, er starb am 18. Oktober 2000 überraschend im Alter von nur sechsundsechzig Jahren. Vor seinem Tode wurden allerdings größere finanzielle Unregelmäßigkeiten und weitere Fauxpas bei der Botschaftsführung ruchbar, die den Diplomaten in einem etwas anderen Licht erscheinen ließen. *De mortuis nihil nisi bene.* Immerhin ist festzustellen, dass es der EDA-Spitze durch geschickten Umgang mit den Medien gelang, die ganze Angelegenheit auf sehr kleiner Flamme zu kochen, obwohl angeblich sogar Straftatbestände erfüllt waren. Wenn sie wollen, konnten Joseph Deiss und Ruedi Christen das durchaus …

Zurück aus New York ging es mit den Investitionsschutzabkommen weiter. An bilateralen Verhandlungen hatte ich erstmals während der Nigeria-Zeit teilgenommen. Kurz vor Ende meines Aufenthalts war ich mit einer Schweizer Delegation unter Leitung des Afrika-Sektionschefs im damaligen »Bundesamt für Außenwirtschaft« nach Togo gereist, um mit der dortigen Regierung über ein Umschuldungsabkommen zu verhandeln. Die Veranstaltung erwies sich als mustergültiges Lehrstück: Beide Seiten torpedierten die eigenen Ziele durch Strategiefehler. Zunächst setzte sich die togolesische Abordnung selbst unter Druck, indem sie einen definitiven Zeitpunkt für den Abschluss der Verhandlungen forderte. Damit bescherte sie uns einen Timingvorteil, denn wir wussten nun, wie lange wir unsere Vorschläge zurückhalten mussten. Leider beantworteten wir dieses unfreiwillige Entgegenkommen mit einem fatalen Anfängerfehler. Die Schweizer Seite ließ sich auf die Sirenengesänge der Afrikaner ein, beide Seiten mögen doch mit offenen Karten spielen, und gab den untersten Zinssatz preis, zu dem wir das Umschuldungsabkommen unterzeichnen würden: fünfeinhalb Prozent. Die Delegation aus Togo dachte aber gar nicht daran, uns ihre Konditionen zu nennen. Stattdessen trieb sie den schwitzenden Schweizer Verhandlungsführer in die Defensive und ließ ihn bei seinem Vorgesetzten in Bern anrufen, um den Spielraum nach unten auszuloten. Gerechte Strafe für einen groben Fehler: Lege nie deine Karten auf den Tisch! Denn damit beraubst du dich deiner Möglichkeiten, ein überraschendes Entgegenkommen zu inszenieren oder dir angebliche Zugeständnisse abringen zu lassen, von denen ja niemand wissen muss, dass sie von vornherein so eingeplant waren. Dass es am Ende doch noch zu einem Abschluss auf Höhe des Zinsfußes von fünfeinhalb Prozent kam, lag einzig am Fehler der Togolesen, den Tag unbedingt mit einem Ergebnis abschließen zu wollen. Offensichtlich hatten sie von ihrer Regierung eine entsprechende Order erhalten und sich damit selbst die Hände gebunden.

Glück gehabt, denn man sollte niemals darauf spekulieren, dass eigene Fehler durch Ausrutscher der Gegenseite neutralisiert werden. Generell erweist sich Zeitdruck fast immer als kontraproduktiv, Fragen des Timings sind Machtfragen. In komplizierten Verhandlungen fährt der Delegationsleiter zuweilen eine ganz besondere Zeitstrategie. Nennen wir sie *aktive Übermüdung*. Als ich unlängst in einem Wissenschaftsreport des amerikanischen Schlafforschers Stanley Coren (»Die unausgeschlafene Gesellschaft«) darauf stieß, erinnerte ich mich diverser eigener Verhandlungserlebnisse. Ein aus gutem Grund anonymer Tarifschlichter verrät in Corens Buch seinen Trick, mehrere Nächte hindurch zu verhandeln. »Wenn die Leute richtig müde sind«, berichtet er, »können sie nicht einmal alle Bestandteile ihres eigenen Verhandlungspakets im Kopf behalten, geschweige denn das Paket, das die Gegenseite anbietet. Für sie verschwimmt alles. Sie wissen eigentlich nicht einmal, ob wir uns in bestimmten Punkten bereits geeinigt haben oder nicht.«

In diesem Stadium hat der ausgeschlafene Schlichter, der das gesamte Timing auf die eigenen Bedürfnisse zuschneidet und darauf achtet, seinen Schlafrhythmus nicht durch Koffein zu zerstören, ein leichtes Spiel. Er schiebt beiden Parteien ein Kompromisskonzept unter und präsentiert es am nächsten Morgen der Öffentlichkeit. Zwar mögen die Parteien zu diesem Zeitpunkt wieder frisch und streitlustig sein, aber sie können es kaum riskieren, das Paket wieder aufzuschnüren, ohne dabei ihr Gesicht zu verlieren. Schließlich haben sie ihm in der Nacht zugestimmt, und jedes Nachverhandeln wäre ein Eingeständnis nächtlicher Unzurechnungsfähigkeit. »Manchmal glaube ich«, resümiert der Schlichter in seinen Ausführungen, »dass es unmöglich ist, zwischen cleveren und hoch motivierten Menschen zu irgendeiner Abmachung zu gelangen. Deshalb funktionieren internationale Körperschaften wie die Vereinten Nationen nicht besonders gut. Aber wenn man ihnen so viel Schlaf rauben kann, dass sie dümmer, weniger detailversessen und weniger motiviert werden, ist eine Verhandlungslösung meiner Meinung nach immer möglich.«

Wenn also demnächst wieder in der Zeitung steht, die EU-Agrarminister hätten sich in einer Nachtsitzung auf einen Kompromiss geeinigt, kann man vermuten, dass der geschilderte Effekt dahinter steckt. Um ihn erfolgreich einsetzen zu können, benötigt man freilich eine ausgezeichnete physische und psychische Konstitution, denn natürlich werden nicht nur die anderen dümmer, unmotivierter und weniger detailversessen, sondern auch man selbst. Daher trete ich zu wichtigen Verhandlungen immer ausgeschlafen an. Ich habe überdies den Vorteil, dass ich wenig Schlaf brauche, sehr lange wach bleiben und – wenn nötig – bis tief in die Nacht hinein meinen Mann stehen kann. Wenn die Müdigkeit dann zu groß wird, muss man eben den Mut haben abzubrechen. Hilfreich war für mich daneben ein Ratschlag des ehemaligen Botschafters Rudolf Bindschedler, einem erfahrenen Völkerrechtler: »Wenn du einen Verhandlungsvorschlag der Gegenseite nicht verstehst, musst du immer mit ›Nein!‹ antworten. Später kannst du ja darauf zurückkommen.« Als Ultima Ratio sollte man sich die Möglichkeit des Scheiterns stets offen lassen. Wer darauf aus falschem Stolz verzichtet, beraubt sich seiner letzten Bastion. Denn wenn man gar keine Trümpfe mehr in der Hand hält – nicht mal den des Verhandlungsabbruchs –, sondern die oktroyierten Bedingungen der Gegenseite entgegennehmen muss, kann man sich Zeit und Mühen sparen. Dann hat man schon im Vorfeld zu viele Fehler gemacht und ist erpressbar geworden.

Egal, ob uns in den GUS-Staaten alerte Newcomer gegenübersaßen oder mit allen Wassern gewaschene Ex-Funktionäre des Sowjetreichs: Mit keiner der beiden Gruppen hatten wir Probleme. Da unsere Delegation unter Botschafter Baldi an einem Strang zog und gut eingespielt war, konnten wir weitgehend standardisierte Vertragstexte verwenden und mussten nicht lange nachverhandeln. In Südamerika war das weitaus komplizierter. Gegen manche Formulierungen gab es offenkundige Widerstände, ohne dass ein Grund dafür erkennbar gewesen wäre. Hier bewährte sich die alte Regel, zwischen *Positionen* und *Motiven* zu trennen. Einwände gegen eine bestimmte Wortwahl verwiesen auf die Position der Gegenseite – aber was stand als Motiv dahinter? Im Laufe der Zeit entwickelten wir ein Gespür für die eigentlichen Beweggründe, und ich kam mit sieben, acht vorbereiteten Änderungsformulierungen gut über die Runden. Die Südamerikaner hatten meist Angst, das Abkommen schränke ihre nationale Souveränität zu sehr ein. Dagegen verstanden sie nicht, dass wir unmöglich Formulierungen zulassen konnten, die eine konfiskatorische Besteuerung erlaubten (indem etwa achtzig Prozent der Gewinne dem Staat zufielen). Für die meisten Menschen außerhalb der Schweiz ist das leider ein derart gewohnter Begleitumstand des Lebens, dass sie es gar nicht mehr explizit bemerken. Einem Schweizer bedeutet eine solche Steuerlast jedoch eine höchst undemokratische Praxis. Nicht wir Bürger sind die Melkkühe des Staates und seiner Bürokratie, sondern der Staat ist ein von uns geschaffenes Produkt zu unserem Nutzen und Frommen!

Von allen Reisen zu jener Zeit ist mir am nachdrücklichsten die nach Albanien in Erinnerung geblieben. Dieses neben Nordkorea letzte stalinistisch beherrschte Land der Welt lag um mehrere Generationen zurück, als wir 1990 dort eintrafen: Eine gleichermaßen verarmte wie unaufgeklärte Bevölkerung bestellte ihre Felder wie vor hundert Jahren. Während sich in Afrika oder Asien zwischen allem Elend Errungenschaften der westlichen Zivilisation finden ließen – hier ein Radio, da ein Satellitentelefon –, fehlten den Albanern durch die totale Isolation ihres Landes sämtliche Insignien der westlichen Kultur. Zwar gab es einen »internationalen« Flughafen in Tirana, aber damit war auch schon Schluss. Die betagte schwarze Mercedeslimousine, mit der wir durchs Land gefahren wurden, hatte augenscheinlich der früheren Regierung gehört und fand auf den Straßen keinerlei Konkurrenz vor. Nur abgewrackte Lastwagen, Eselskarren und völlig ausgezehrte Pferde begegneten uns. Alle fünfhundert Meter stand ein verlassener Bunker – der Steinzeit-Kommunist Enver Hodscha hatte niemandem getraut und sich seinem Verfolgungswahn ergeben –, die jedoch bereits als Ziegen- und Schafställe herhalten mussten. Ein pittoreskes Bild, das freilich auf wenig erfreuliche Unterkünfte schließen ließ. Hotels westlichen Standards waren unbekannt, ein halbwegs bequemes Bett und fließend kaltes Wasser erschienen uns schon als Luxus. Das Essen war von derart jämmerlicher Qualität, dass ich über zwei Schweizer Grundnahrungsmittel in meinem Diplomatenkoffer glücklich war: Schokolade und Bündnerfleisch. Schokolade kennt jeder, aber wer noch nie Bündnerfleisch probiert hat, sollte es unbedingt nachholen! Die hauchdünn geschnittenen Scheiben mild gesalzenen Rindfleischs dürfen nur in den Tälern Graubündens hergestellt werden (pro Jahr nicht mehr als eintausendachthundert Tonnen, was den hohen Preis erklärt), weil es sich wie italienischer Parmaschinken um eine Spezialität regionaler Herkunft handelt. In Graubünden herrschen besondere klimatische Bedingungen, die eine Trocknung des Fleisches an der Luft ohne Räucherung erlauben. Das Endprodukt ist äußerst nahrhaft und bewahrte mich zusammen mit dem mitgeführten Knäckebrot davor, wie meine Kollegen während der Verhandlungen ständig auf die Toilette rennen zu müssen. Wer sich auf solchen Missionen zu sehr auf die einheimische Küche verlässt, riskiert, seine Verhandlungsposition durch Verdauungsprobleme zu schwächen. Bündnerfleisch gehört deshalb in jeden Diplomatenkoffer!

Der Wechsel zwischen den Auslandsabenteuern und dem Dienst in der Zentrale bescherte mir jedes Mal einen Kulturschock. Natürlich forderten die Reisen nach »Helvetistan« (wie die zentralasiatischen Staaten später bei uns scherzhaft hießen, weil sie zusammen mit Polen und der Türkei unsere Gruppe bei der Weltbank bildeten) den ganzen Mann, boten aber viel Abwechslung vom drögen Bern. Dort war vor allem mein Mentor, Mathias-Charles Krafft, intellektuell und menschlich eine Bereicherung. Zwar musste ich viele komplizierte Rechtsgutachten für ihn schreiben, diente ihm aber zugleich als »Mann für schwierige Fälle«. Vor allem, wenn Zivilcourage den Unterschied machte. Bei solchen Sonderaufträgen lernte ich auch, dass Diplomatie immer bedeutete, konkret Menschen zu helfen. Eines Nachmittags erhielt Krafft einen Anruf aus dem Justizministerium, man benötige dringend diplomatische Unterstützung bei einem Sorgerechtsfall am Flughafen Zürich. Er schickte mich nach Kloten, dort sah ich mich mit einem traurigen Zwist von Eheleuten konfrontiert. Ein libyscher Vater war mit seinen zwei kleinen Kindern, von Dublin kommend, in Zürich zwischengelandet und wartete nun im Transferbereich auf den Weiterflug nach Tripolis. Inzwischen hatte die irische Mutter Wind davon bekommen und versuchte, via Gerichtsbeschluss den Mann in der Schweiz festzuhalten, um ihre Kinder zurückzubekommen. Das wiederum hatte den libyschen Botschafter auf den Plan gerufen, der umgehend beim eidgenössischen Justizministerium intervenierte. Auf Kosten unschuldiger Kinder bahnte sich eine Staatsaffäre an.

Rechtlich war wenig zu machen. Zusammen mit der Mutter besaß der Vater die elterliche Gewalt, und da sich die Kinder gerade in seiner Obhut befanden, konnte ihn keine Schweizer Behörde an der Weiterreise hindern. Wir spielten in der Flughafenwache auf Zeit und versuchten, den Vater zu überzeugen, dass weinende Kleinkinder von drei, vier Jahren besser bei der Mutter aufgehoben wären. Ganz Orientale, blieb er stur bei seinem patriarchalen Vorrecht. Durch die Verzögerung war es der Mutter jedoch gelungen, mit einer Privatmaschine nach Zürich zu kommen (eine gemeinnützige Organisation unterstützte sie, sie stammte aus bescheidenen Verhältnissen), sodass sich nach einigen zermürbenden Stunden mit Vater, Mutter und den Kindern eine interessante Situation ergab. Als der Libyer nämlich auf die Toilette verschwand, änderte sich die juristische Lage für wenige Minuten: Nun hatte die Mutter die Obhut inne, ohne das Recht mit ihrem Mann teilen zu müssen.

»Wenn Sie jetzt mit Ihren Kindern weggehen«, sagte ich leise, »könnte ich Sie nicht aufhalten. Zurzeit sind Sie die glückliche Besitzerin der Kinder.«

Sie sah mich prüfend an: »Sie stoppen mich nicht?«

»Wie könnte ich? Gegen Sie liegt nichts vor. Schöne Reise!«

Blitzschnell raffte sie ihre Sachen zusammen, packte die Kinder und rannte mit ihnen aus den Büroräumen hinaus Richtung Rollfeld. Obwohl alle Anwesenden auf ihrer Seite gewesen waren, breitete sich unter den Polizisten und Juristen im

Raum lähmendes Entsetzen aus. Durften wir dies? War das keine Rechtsbeugung? Dabei hatte ich nichts weiter getan, als die Dame auf die veränderte Situation hinzuweisen und dabei meinen Interpretationsspielraum zu nutzen. Natürlich tobte der Libyer und drohte mit schlimmsten Folgen für die Schweiz. Der Kollege aus dem Justizministerium sah schon eine Protestnote von Muammar al-Gaddafi auf seinen Schreibtisch flattern (befestigt an einem Marschflugkörper) und knickte ein: »Wenn das rauskommt«, jammerte er, »kriegen wir die allergrößten Probleme mit der arabischen Welt!«

So ist eben *brinkmanship*: Beherztes Handeln in einer Situation auf des Messers Schneide, ein gutes Maß an Risikobereitschaft, und weil dieser Sachverhalt in Europa so selten ist, gibt es dafür nicht einmal ein geeignetes Wort. Die Amerikaner nennen es *brinkmanship* – durchaus nicht abwertend gemeint, sondern voller Respekt. Mir wurde ziemlich viel davon in die Wiege gelegt. Um den ängstlichen Kollegen zu beruhigen, ging ich jedoch noch einmal hinaus zum wartenden Privatflugzeug, das wie in einem guten Kriminalfilm von Polizeifahrzeugen blockiert war. Dort beschwor ich die glückliche Mutter, niemandem von meiner »Schweizer Intervention« zu erzählen. Sie dankte mir, umarmte mich und hielt Wort. In den irischen Zeitungen wurde die Kooperation der helvetischen Behörden gelobt, aber man ging nicht auf Einzelheiten ein. So konnte meine diplomatische Karriere ihren Fortgang nehmen. Viel wichtiger: Zwei kleine Kinder blieben bei ihrer Mutter! Meine Kollegen in der Völkerrechtsdirektion hänselten mich allerdings nach Kräften und verliehen mir den Titel: *Thomas, Protector of Widows and Children*.

Zivilcourage ist im EDA Mangelware. Viele haben ein freches, lautes Maul, aber nur hinter dem Rücken der Vorgesetzten und Kollegen. Das zeigte sich deutlich, als der in der Irakkrise mutig seine Meinung ändernde Staatssekretär Jacobi öffentlich unter Beschuss geriet. In einem Zeitungsinterview kritisierte er später die herrschende Neutralitätsdoktrin als »heilige Kuh« der Schweiz und bewies mit dem losbrechenden

Sturm der Entrüstung, wie richtig er mit seiner Wortwahl lag. Nur wer Nationalheiligtümer antastete, musste mit solch überzogenen Reaktionen rechnen. Statt dem klugen Mann den Rücken zu stärken, kanzelte ihn der EDA-Vorsteher öffentlich ab. Mir platzte der Kragen, und zusammen mit Claude Altermatt und David Vogelsanger verfasste ich eine kritische Stellungnahme zugunsten des Staatssekretärs und bat Kollegen, den Brief mit zu unterzeichnen. Aus Angst vor unabsehbaren Folgen – nicht weil man mit dem Inhalt nicht einverstanden war – unterschrieb kaum jemand diesen Brief an Bundesrat Felber. Dessen Reaktion sprach allerdings für ihn: Er lobte uns als loyale Beamte, weil wir den Mut zur rein internen Kritik hatten, statt uns anonym in der Presse zu äußern. Und stockte deswegen unsere Karriere? Mitnichten: Im Mai 1993 durfte ich mich in Richtung Washington verabschieden (endlich der Traumjob!) und fand in meiner Dankesrede auf dem Abschiedscocktail vor versammelten Kollegen klare Worte: »Ich wünsche Ihnen und mir, dass uns immer ein ›junger Wolf‹ zur Seite steht, der sich die Worte von Pater Friedrich von Spee zum Leitmotiv gemacht hat: ›Ich will Dir zeigen, was den großen Herren mangelt und was denen fehlt, die alles besitzen: Einer, der die Wahrheit spricht!‹«

Der Applaus fiel lau und höflich aus.

6. American Dream

Wir haben von unserem Botschafter in Paris seit zwei Jahren
nichts mehr gehört. Wenn wir von ihm bis Ende dieses
Jahres nichts hören, lasst uns einen Brief schreiben.
Thomas Jefferson

Washington D.C., Oktober 1993. Die kilometerlange Penn-
sylvania Avenue, an der sich Ministerien und Bürogebäude
links und rechts des Weißen Hauses wie Perlen an einer Kette
aufreihen, kannte ich inzwischen wie meine Westentasche.
Unzählige Male war ich von der Schweizer Botschaft im Nordwesten der Hauptstadt hinein ins Zentrum gefahren, ohne die
geringste Besorgnis zu verspüren. Jeden Morgen begegnete mir
das Antlitz der wunderbar gepflegten, von historischen Gebäu-
den geprägten und durch viele Parkanlagen großzügig aufge-
lockerten Kapitale Amerikas. Das von Armut und Verfall
gezeichnete Gesicht schwarzer Slums blieb mir im Alltagsleben
weitgehend verborgen. Aber nicht wegen des statistisch
begründeten Rufs als »Mordhauptstadt Amerikas« fühlte ich
mich an diesem sonnigen Herbsttag unbehaglich, als ich auf
dem Parkplatz des US-Justizministeriums in meinen Toyota
Lexus stieg, sondern aufgrund meines eigenen Verhaltens. Ich
machte mich nämlich verdächtig, blickte allzu auffällig hinter
mich und spähte nach mutmaßlichen Verfolgern aus. Warum?
Nun, nie zuvor in meinem Leben hätte sich ein Überfall auf
mich derart gelohnt: Ich war ein Zwanzig-Millionen-Dollar-

Mann. Allerdings trug ich diese Summe nicht in bar mit mir herum, weswegen sich mein Unbehagen kaum rechtfertigen ließ – einlösen konnte den vom Justizministerium ausgestellten Scheck ausschließlich eine einzige Person: *Mr. Thomas Borer, Switzerland.*

Man müsste ein Heiliger sein, um in einem solchen Moment nicht daran zu denken, wie man alle Karrierepläne sausen lassen und sich dem Londoner Posträuber Biggs gleich nach Südamerika absetzen könnte. Mit zwanzig Millionen US-Dollar in der Tasche ließ sich ein Leben in Saus und Braus finanzieren, selbst für ein neues Gesicht hätte es gereicht. Als Diplomat hätte ich hundert Jahre lang in eidgenössischen Diensten verbringen müssen, um diese Summe zu verdienen. »Wie stehen deine Chancen?«, fragte ich mich. »Wartet in Bern jemand auf das Geld?«, Nein, denn über die Höhe und den Zahlungszeitpunkt war außer mir niemand informiert. Bis sich jemand ernstlich Sorgen machte, würden zwei bis drei Wochen verstrichen sein, Zeit genug, das Geld in geheimen Kanälen karibischer Banken versickern zu lassen.

Vermutlich hätten die meisten Menschen den eskapistischen Gedanken länger ausgekostet. Bei mir flackerte er nur ein paar Sekunden auf, dann tat ich meine Pflicht und lenkte den Lexus in Richtung Schweizer Botschaft. Dort rief ich Mitarbeiter und Kollegen zusammen und präsentierte ihnen den neuesten Fang. Obwohl sie sich schon daran gewöhnt hatten, dass ich mehr Geld einbrachte, als mein Gehalt ausmachte, staunten sie diesmal nicht schlecht: Einen so hohen Scheck hatte niemand von uns je gesehen. Wir ließen die Champagnerkorken knallen und legten das gute Stück in den Safe. Von dort aus wanderte es via diplomatischem Kurier nach Bern, wo es im Haushalt des Bundes und des beteiligten Kantons verschwand. Hielt man sich den Gesamtetat des schweizerischen Außenministeriums (ohne Entwicklungshilfe) mit zweihundertsechzig Millionen Franken vor Augen, hatte ich zum damaligen Umrechnungskurs rund fünfzehn Prozent der EDA-Jahreskosten wieder eingespielt. Keine schlechte Rendite für einen Vormittag –

und eigentlich ein ausgezeichneter Grund, mich lebenslang auf Posten zu halten!

Allerdings war es auch nicht mein persönliches Verdienst. Als Botschaftssekretär für juristische Fragen betreute ich schweizerisch-amerikanische Rechtshilfeverfahren. Dazu zählten unter anderem Drogenhandels- oder Geldwäschereidelikte. Wurde ein solcher Täter vor einem US-Gericht verurteilt, konnte sein Vermögen vom amerikanischen Staat eingezogen werden. In manchen Fällen, die von den konkreten Umständen abhingen, erhielt die Eidgenossenschaft aufgrund bilateraler Vereinbarungen einen Teil der konfiszierten Summe als Gegenleistung dafür, dass sie den USA mit ihrer effizienten Rechtshilfe den Zugriff auf kriminelle Gelder in der Schweiz ermöglichte. Nach einem festgelegten Schlüssel verteilte Bern dann den Erlös an den Bund und die Kantone, die ihn häufig zweckgebunden einsetzten, etwa um damit Projekte der Opferhilfe zu subventionieren.

Und das wasserdichte Schweizer Bankgeheimnis? In dieser Form ein Mythos, der vor allem in Deutschland fröhliche Urstände feiert – wahrscheinlich weil die Deutschen selbst so schlecht vor ihrem Staat geschützt sind. Seit seiner Einführung hat das Bankgeheimnis noch nie vor dem *strafprozessualen Zugriff* geschützt. Wo käme die Schweiz damit auch hin? Sie ist kein Piratenversteck für schmutzige Gelder, sondern eine penible Sachwalterin rechtsstaatlicher Prinzipien. Gerade internationale Banden unterliegen dem weit verbreiteten Irrtum, dass kriminelle, nach Basel, Zürich oder Genf transferierte Gelder vor dem Zugriff der Justiz geschützt seien. Weit gefehlt! Kommt es innerhalb der Eidgenossenschaft – oder in Staaten, mit denen ein Rechtshilfeabkommen besteht – zur Anklageerhebung, verlangt unsere Rechtsordnung, dass das Bankgeheimnis gegenüber den Ermittlungs- und Aufklärungsinteressen zurücktreten muss. Das fälschliche Bild der Schweiz als Hort von Fluchtgeldern aus aller Welt geht lediglich auf *ein* Faktum zurück: Das helvetische Rechtsverständnis bezieht sich nicht auf rein fiskalische Delikte. Einfache Steuerverkürzung und Steuerhinterziehung gehören nicht in den Katalog der Auslieferungs- und Rechtshilfetatbestände. Zwar werden in der Schweiz Steuersünder genauso wie in Deutschland bestraft, aber wir behandeln sie nicht als Schwerverbrecher. Steuerhinterziehung gilt gemeinhin nicht als Straftat, sondern wird ähnlich wie Verkehrsdelikte nur verwaltungsrechtlich mit Geldbußen geahndet.

Wenn jemand des Steuer- oder Abgaben*betrugs* beschuldigt wird und die örtliche Staatsanwaltschaft hinreichende Indizien gesammelt hat, erlaubt das Bundesgericht die Rechtshilfe jedoch schon seit langem. Wo »Steuerverkürzung« aufhört und »Steuerbetrug« anfängt, ist freilich zwischen deutschen und helvetischen Ermittlungsbehörden oft umstritten. Nach herrschender Meinung in der Schweiz gehört zum Abgabenbetrug die Urkundenfälschung zwingend dazu. Ein Freiberufler, den sein Staat – wie der deutsche – nicht zur kaufmännischen Buchführung verpflichtet, macht sich keines Abgabenbetrugs schuldig, wenn er eine unrichtige oder unvollständige Einnahmen-Überschussrechnung abgibt. Der Schweizer Justiz gilt diese nicht als Urkunde im juristischen Sinne, sondern als bloßes Hilfsmittel zur Dokumentation von Geldbewegungen. Anders verhält es sich beim Bilanzieren: Wer hier falsche Zahlen einträgt, riskiert eine Anklage wegen Abgabenbetrugs. Selbst wenn er der kaufmännischen Buchhaltung freiwillig nachgekommen ist und dazu nicht per Gesetz verpflichtet war. Juristisch gesehen, sind Bilanzen Urkunden und genießen als solche absolute Glaubwürdigkeit.

Der Schutz von Ausländern bei einfachen Steuervergehen hat in den letzten Jahrzehnten allerdings immer mehr abgenommen. Und während ich diese Zeilen schreibe, setzt die EU der Schweiz mit ihren Forderungen nach faktischer Aufhebung des Bankgeheimnisses heftig zu. Brüssel will den Grundsatz der »doppelten Strafbarkeit« partout nicht akzeptieren, obwohl das schon die Rechtshygiene gebietet: Nur was im Ursprungsland *und* in der Schweiz unter Strafe steht, darf zu einem Rechtshilfe- und Auslieferungsfall führen! »Einverstanden«, sagt die

EU, »dann müssen die Schweizer ihre Steuergesetze ändern.«
So weit käme es noch! Man kann nicht einerseits seinen Bürgern so vertrauen, dass man ihnen Gewehre und Munition nach Hause mitgibt, ihnen andererseits aber bei der Steuererklärung grundsätzlich üble Motive unterstellen. Die *Neue Zürcher Zeitung* brachte die liberale helvetische Grundhaltung in einem Kommentar zum Nationalfeiertag 2002 auf den Punkt: »Unsere autonome Verantwortung als Bürger gegenüber dem Staat erstreckt sich auch aufs Steuerzahlen. Sie verträgt sich nicht mit Entmündigung und Degradierung zum Objekt eines alles überwachenden Informationsaustausches zwischen Dritten im Stil von Orwells »1984«. Was wir für uns selbst nicht akzeptieren, soll auch Ausländern nicht zugemutet werden.«

Übrigens ist die Steuerhinterziehung in der Schweiz viel seltener als in anderen Ländern. Weshalb wohl? Weil die Steuern erheblich tiefer liegen. Daher ein Ratschlag, der allerdings vom deutschen Finanzminister sicherlich nicht befolgt werden wird: Man senke die Steuern auf ein adäquates Maß, und die Steuerhinterziehung wird massiv nachlassen. Wir Schweizer glauben einfach nicht an den Obrigkeitsstaat, der uns nach Belieben schröpfen darf, dafür haben wir den Geßlerhut nicht in den Staub getreten. Leider versucht die EU in laufenden Verhandlungen, den so genannten »Bilateralen II«, diese freizügige Haltung durch tödliche Umarmungen zu ersticken. Der damalige deutsche Wirtschaftsminister Werner Müller brachte es in einem Anflug von Galgenhumor bei seinem Besuch in Bern im März 2002 auf die einfache Formel: Die Schweiz werde mit der EU so viele bilaterale Verträge abschließen, bis sie der EU angehöre, ohne es zu merken. In der Tat ist die Eidgenossenschaft der EU mit den »Bilateralen I«, einem Bündel gegenseitiger Vereinbarungen, das im Sommer 2002 in Kraft trat, schon sehr weit entgegengekommen und hat sich vielen EU-Regelungen gegenüber weit geöffnet. Unter anderem wird es innerhalb der nächsten Jahre eine vollkommene Niederlassungsfreiheit für EU-Bürger in der Schweiz geben und *vice versa*. Ich begrüße diese Offenheit, aber wie es in Shawnes Garderobe einen definitiven Unterschied zwischen Offenheit und Nacktheit gibt, kann man aus dem eidgenössischen Entgegenkommen nicht ableiten, die Schweiz würde sich gegenüber der EU bis auf die Unterwäsche entblößen. Wir Schweizer haben auch unseren Stolz und unsere Würde.

Unsere Botschaft in Washington lag in einer noblen Vorstadtgegend und strahlte morbiden Glanz aus. Das 1926 errichtete Gebäude stand unter Denkmalschutz. Ziemlich morsch hingegen waren die Knochen der anliegenden Residenz des Botschafters; 1999 beschloss der Bundesrat wegen der instabilen Fundamente daher einen Neubau am selben Ort. Er soll im Jahr 2005 eröffnet werden. Auf instabilen Fundamenten standen die schweizerisch-amerikanischen Beziehungen zu meiner Zeit glücklicherweise noch nicht, die Erschütterungen und Risse kamen erst später. Von den oberen Stockwerken der Botschaft konnte man den hohen Obelisken des *Washington Monument* in der Ferne schimmern sehen und wusste, dass in seiner unmittelbaren Nähe der mächtigste Mann der Welt residierte. Im Januar 1993 war William Jefferson Clinton als zweiundvierzigster Präsident ins Weiße Haus eingezogen und hatte nach einer zwölfjährigen Regierungszeit der Republikaner für mächtigen Aufruhr im administrativen Apparat gesorgt. Im Gegensatz zu europäischen Gepflogenheiten gab es in Amerika auf höherer Beamtenebene nur sehr wenige fest angestellte Staatsdiener, dafür aber extrem viele politische Mitarbeiter auf Zeit, die vom jeweiligen Präsidenten beziehungsweise Fachminister neu berufen wurden. In der Anfangszeit einer Ära sorgte das stets für Wirbel und Unzulänglichkeiten. Aber im Grundsatz wünschte ich mir, europäische Länder würden dieses nützliche Rotationsprinzip übernehmen. Es beugt auf jeden Fall starrer Beamtenmentalität vor und fördert den so nötigen Austausch zwischen Staatsdienern und Wirtschaftsleuten.

Mein amerikanischer Diplomatenfreund Steve Nugent war allerdings nicht wegen des Regierungswechsels, sondern ganz turnusgemäß wenige Monate vor mir nach Washington zurückversetzt worden. Nun holte er mich mit seiner Ehefrau Dominique am »Dulles International Airport« ab. Kennen gelernt hatte Steve sie durch mich in der Diskothek im »Schweizerhof« in Bern, wo wir uns manchmal abends die Zeit vertrieben. Das war im Jahr 1991, als ich mit Steve zusammen im FC EDA kickte, ich als Stürmer, er im Mittelfeld. Bei unserer Betriebsmannschaft im Außenministerium taten wir es erfolgreichen Profivereinen nach und ließen talentierte Ausländer mitspielen. Breites Fußballwissen gehört zu den Kernkompetenzen erfolgreicher Diplomatie, mehr dazu später. Als Junggeselle bekam Steve sofort weiche Knie, als er Dominique zum ersten Mal sah. »No problem«, sagte ich, »ich werde sie mit dir bekannt machen.« Bern war ein Nest, vor meiner Nigeria-Reise hatte mich die dunkelhaarige Schönheit im Restaurant Lorenzini angesprochen – seltenes Phänomen in der Schweiz. Gewöhnlich warten Frauen ab, bis die Männer ihnen Aufmerksamkeit schenken. Steve und Dominique wurden jedenfalls ein Paar, heirateten und bekamen zwei Kinder. In meinen ersten Washingtoner Wochen sorgten sie sich rührend um mich, bis ich eine eigene Wohnung im Stadtteil Kalorama Heights gefunden hatte.

Beinahe zeitgleich waren zwei weitere »junge Wölfe« aus meiner Volée nach Washington geschickt worden: David Vogelsanger und Walter Haffner. Vogelsanger hing einer für Schweizer ungewöhnlichen, für Amerikaner jedoch außerordentlich sympathischen Leidenschaft an: Als Südstaatenromantiker beschäftigte er sich mit der Geschichte des amerikanischen Bürgerkriegs. Und nicht so, wie man sich das als Europäer vorstellte, Bücher lesend und Memorabilien sammelnd. Nein, sein Enthusiasmus für die Sache der Verlierer ging so weit, dass er sich selbst auf ihrer Seite ins Schlachtengetümmel stürzte! Als ausgezeichneter Reiter kämpfte er bei allen sich bietenden historischen Schlachtspektakeln mit. Diese »re-enactments« fanden an Originalschauplätzen in Virginia statt, und einmal habe ich ihn zu solch einem Event begleitet. Dort war ich nicht schlecht erstaunt, mit welcher Akribie die Teilnehmer jedes

Detail rekonstruierten. Dazu schreckten sie auch vor Unbequemlichkeiten nicht zurück, kampierten wie vor zweihundert Jahren im Morast und ließen ihre modernen Brillen zu Hause. Ein Wunder, dass nicht mancher Schuss daneben ging.

Aus den Händen David Vogelsangers empfing ich bei meinem Abschied aus Washington die Lithografie eines würdigen uniformierten Vollbartträgers, die seither immer mein jeweiliges Büro schmückt. Sie zeigt den Südstaatengeneral Thomas Jackson, dem ich nicht nur wegen des gleichen Vornamens den Ehrentitel »Stonewall Jackson« verdanke. Der brillante Soldat, ein Gegner der Sklaverei, doch entschiedener Verfechter der Südstaaten-Unabhängigkeit, bescherte 1861 dem Süden einen wichtigen Sieg in der Schlacht von Bull Run/Manassas. »There is Jackson standing like a stone wall«, schrie ein Kommandant der Südstaaten und rief die fliehenden Konföderierten auf, sich hinter Jacksons Truppen zu sammeln; damit war die Wende zum Sieg eingeleitet und Jackson hatte seinen Ehrentitel »Stonewall« weg. Ähnlich bedrängt fühlte ich mich später als Chef der Task-Force »Zweiter Weltkrieg« während der Hearings im Repräsentantenhaus und im Senat, als mich – stellvertretend für die gesamte Schweiz – eine Meute wahlkämpfender US-Politiker zur Strecke bringen wollte. Mit dem Dickschädel eines Solothurner Schwarzbuben und »Stonewall Jackson« vor Augen blieb ich stur bei meiner Linie. Zur Beruhigung: Das historische Vorbild war alles andere als ein Haudegen gewesen, sondern ein gebildeter Stratege, der unter anderem Deutschland und die Schweiz bereist hatte. Das von ihm in der Schlacht von Chancellorsville praktizierte linke Umgehungsmanöver wird seither als klassische Taktik von allen Militärakademien der Welt gelehrt und zählte zum Repertoire von Feldmarschall Rommel in Nordafrika wie von General Schwarzkopf im Golfkrieg. Als »Stonewall Jackson« nach dem Verlust des linken Armes durch versehentlichen Beschuss durch eigene Soldaten verstarb, soll sein Oberbefehlshaber Robert E. Lee verbittert bemerkt haben: »Er hat seinen linken Arm verloren, aber ich verlor meine rechte Hand!«

Solche Anekdoten konnte man von David Vogelsanger zuhauf hören, und bei den Amerikanern machte er sich damit viele Freunde. Ihr ansteckend fröhlicher Patriotismus ließ sie über jeden Mitstreiter bei den »re-enactments« glücklich sein. Wie man überhaupt als Gast in den USA überall überschwänglich empfangen wurde, von schweizerischer Reserviertheit oder norddeutscher Kühle keine Spur. Die Berliner, muss ich bei der Gelegenheit anfügen, empfingen mich 1999 ähnlich offenen Herzens, sie sind die amerikanischsten Deutschen. Ohnehin ein kontaktfreudiger Mensch, kam mir diese lockere Art sehr entgegen, denn sie öffnete nicht nur im Privatleben Tür und Tor, sondern machte auch den Umgang mit politischen Würdenträgern einfacher. Mit Bill Clinton war im Weißen Haus allerdings ein besonders ungezwungener und nicht mit der stärksten Selbstkontrolle ausgestatteter Präsident eingezogen. Entgegen der Mythen trug er nicht als erster Machthaber Jeans im Oval Office – das hatte schon Jimmy Carter gewagt –, doch er verkörperte einen besonders legeren Politikertypus. Ohne Zweifel besaß er ein starkes Charisma, auch wenn mir anfänglich sein linkes Programm nicht sonderlich zusagte. Im Laufe der Regierungszeit wandelte sich Clinton jedoch zu einem pragmatischen Mitte-Rechts-Politiker, wie fast alle Nachfolger des Demokraten Franklin D. Roosevelt. Das Amt forderte seinen Tribut, der mächtigste Mann der Welt ließ sozialutopische Ideen angesichts machtpolitischer Notwendigkeiten sehr schnell fallen – wobei man im Fall Clinton durchaus annehmen kann, dass das »Comeback Kid« diese Ideen nie ganz verinnerlicht hatte. Im Gegensatz zu seiner Frau Hillary, die mit ihrem klassenkämpferischen Impetus für jede europäische Linkspartei kandidieren könnte.

Um alle Hoffnungen auf Klatsch zu enttäuschen: Clinton ist mir in meiner Washingtoner Zeit nur bei öffentlichen Anlässen mit Hunderten von anderen Menschen begegnet. Für einen Mitarbeiter der Schweizer Botschaft lag der amerikanische Präsident genauso außerhalb jeder Reichweite wie für einen normalen Amerikaner auch. Zu den Widersprüchen der helvetischen Diplomatenexistenz gehörte das Bewusstsein, als wirtschaftlicher Riese – Platz sechzehn in der Weltwirtschaft – ein politischer Zwerg zu sein. Gern gesehener Ausrichter internationaler Konferenzen oder Verhandlungsdienstleister in Konflikten, aber für weltpolitische Konsultationen völlig bedeutungslos. Nicht zuletzt hängt das damit zusammen, dass wir Schweizer uns seit Jahrhunderten einreden, wir seien ein Kleinstaat. Als noch geografische Größe und die Zahl der Soldaten den Maßstab für Macht bildeten, traf das auch zu. Heute kommt die Macht nicht mehr nur aus den Kanonenrohren. Die Stellung eines Staates bestimmt sich in der modernen Welt durch seine wirtschaftliche Leistungsfähigkeit und Finanzkraft, durch die Kreativität und Innovationsfähigkeit seiner Gesellschaft, durch die Qualität des Bildungssystems, die kulturelle Ausstrahlung und vieles mehr. Legen wir diese Messlatte an die Schweiz an, schneidet sie – in aller Bescheidenheit – gut ab. Leider gelingt es unserer Regierung und Diplomatie nicht, dieses Potenzial in politischen Einfluss umzusetzen. Viele wollen das auch nicht, da es neue Konzepte und Anstrengungen nötig machen würde. So kam mein Botschafter Carlo Jagmetti kaum in den Genuss, beim US-Präsidenten vorstellig zu werden, wiewohl er diese Ehre verdient gehabt hätte. Bis in die letzte Körperfaser hinein ein Gentleman, besaß Jagmetti perfekte Umgangsformen, war sprachgewandt, hochintelligent und breit gebildet. Sein distinguierter diplomatischer Stil wirkte im burschikosen Amerika jedoch etwas förmlich und schloss schnelle Verbrüderungen aus. Leider nahm seine erfolgreiche Mission ein verfrühtes Ende, als er während der Zweiter-Weltkriegs-Krise Anfang 1997 über ein vertrauliches Papier stolperte, das in die Presse gelangte (mehr dazu in Kapitel neun). Als höchster Ansprechpartner für Jagmetti rangierte der US-Außenminister, zunächst Warren Christopher, dann Madeleine Albright. Die Alltagsgeschäfte spielten sich jedoch auf Höhe von Fachbeamten und allenfalls Staatssekretären ab.

Madeleine Albright lernte ich später als Leiter der Task-Force kennen. Dagegen kam ich schon 1993 mit Al Gore in Kontakt. Das hatte private Gründe. Seine Nichte Eva begegnete mir buchstäblich nebenan, als mein Wohnungsnachbar ein Abendessen veranstaltete, uns beide einlud und nebeneinander platzierte. Ohne zu wissen, wer ihr berühmter Onkel war, freundete ich mich mit ihr an und kam so ein paarmal in den engeren Kreis um den Vizepräsidenten. Dieser Posten gilt traditionell als bedeutungslos. Gore aber war überdurchschnittlich einflussreich und beriet Präsident Clinton in vielen Dingen. Keine Selbstverständlichkeit, denn schon Benjamin Franklin hatte vor zweihundert Jahren gespottet, man müsse den Vizepräsidenten als »Eure überflüssige Existenz« anreden. Politische Macht verlieh das Amt nicht; nur bei einem Abstimmungspatt im Senat (fünfzig zu fünfzig) gibt die Stimme des Vizepräsidenten den Ausschlag. Diese Konstellation war überaus selten, so konnte Gore nur durch öffentliche Auftritte an Statur gewinnen. Genau die fielen ihm aber schwer. Er galt als hölzern und humorlos, neben einem Charismatiker wie Clinton musste er nachgerade wie eine bleierne Ente wirken. Überraschenderweise erwies er sich im privaten Umgang als amüsanter Unterhalter und erzählte am liebsten Witze, in denen seine eigene Langeweile aufs Korn genommen wurde. Wer ihn so erlebte, konnte kaum glauben, dass es sich um denselben Al Gore handelte, den man eben noch unbeholfen auf dem Bildschirm gesehen hatte.

Aber Gores Handikap war von exemplarischer Bedeutung und machte ihm während seines Wahlkampfes 2000 immer wieder zu schaffen: Er beherrschte die Medien nicht – allen voran das Fernsehen –, sondern sie beherrschten ihn. Vor der Kamera verlor er jede Spontaneität, und selbst wenn er wie im privaten Kreis über seine Langeweile gewitzelt hätte, wäre das Desaster vorprogrammiert gewesen. Auf dem Bildschirm nahm man ihm weder Selbstironie noch Schlagfertigkeit ab, und alle Medienberater und Kameratrainer nutzten ihm wenig – ähnlich wie bei Edmund Stoiber im deutschen Bundestagswahlkampf 2002. Zwischen »Medienkompetenz« und »Medienpräsenz« liegt eine kleine, für manche Menschen unüberschreitbare Schwelle.

Wahrscheinlich handelt es sich um eine persönliche Gabe, die sich nicht trainieren lässt. Gewiss, die Scheu vor der Kamera und Lampenfieber kann man therapieren, indem man Situationen im Rampenlicht immer wieder einübt und ihnen den Schrecken nimmt – aber wie man Kameras und Mikrofone lieben lernt, wenn man sich von ihnen nicht per se angezogen fühlt, bleibt ein Geheimnis. Auch teure Imageberater können aus einem Mauerblümchen keinen Fernsehstar machen.

In Amerika wurde für mich offensichtlich, dass auch die Diplomatie nicht unberührt von der Mediatisierung der Welt bleiben konnte und tief greifende Wandlungen durchmachen würde. Politische Willensbildung basiert auf der *Wahrnehmung* des politischen Willens, und den müssen alle Akteure über Medien nach außen tragen, ob es ihnen angenehm ist oder nicht. Vertrauliche Erläuterungen an einen erlesenen Verteilerkreis zu schicken, greift in die Mechanik des Staatsapparats im Allgemeinen nicht effektiv genug ein. Jeder Handelnde im politischen Raum – ob Präsident, Vizepräsident, Abgeordneter, Senator, Lobbyist oder Vertreter ausländischer Staaten – steht im permanenten Wettbewerb um öffentliche Aufmerksamkeit. Nur wer sie im genügenden Maße zu sammeln vermag, kann seine Positionen durchsetzen. Ist es für einen europäischen Diplomaten alten Schlags undenkbar, sich zur Wahrung nationaler Interessen an die Presse des Gastlandes zu wenden, haben die Amerikaner längst einen Begriff für diese moderne Form der Diplomatie gefunden: *Public Diplomacy*.

Der maßgebliche Unterschied zwischen Alt und Neu besteht in einem entscheidenden Punkt: Während die traditionelle Diplomatie versucht, nur auf die Regierung und die Spitzen der Verwaltung Einfluss zu nehmen, strebt eine moderne Außenpolitik mit dem Mittel der öffentlichen Diplomatie an, die Öffentlichkeit eines Landes als Ganzes zu beeinflussen. Zielgruppen sind das politische, wirtschaftliche und kulturelle Establishment: Parlament, Verbände, Lobbys, Nichtregierungsorganisationen (NGOs) wie Amnesty International, Meinungsmacher, die Medien und ihre Konsumenten, letztlich der

Mann und die Frau auf der Straße. Durch die Mobilisierung der öffentlichen Meinung können Wohlwollen und Interesse von Entscheidungsträgern (besonders natürlich von Politikern und Beamten) oft wirksamer gewonnen werden als durch diskretes Einwirken im stillen Kämmerlein. Gerade Politiker in westlichen Industrienationen haben stets ihr Ohr am Volk und an den Medien. Hunderte von Demoskopen messen die politische Temperatur im Land und schlagen Alarm, sobald sich nur das leiseste Fieber abzeichnet. Meist kommt die Regierung den Stimmungskurven des Wahlvolks entgegen und hofft damit, ihrer Abwahl zu entgehen. Clinton war ein wahrer Meister dieser Kunst, Bundeskanzler Schröder ist sein gelehriger Schüler. Auch fürs diplomatische Korps muss aktive Einflussnahme auf die Politik meiner Meinung nach heißen, sich bei Bedarf via Medien direkt an die Bevölkerung zu wenden. Geschickt eingesetzt und strategisch betrieben ist *Public Diplomacy* äußerst wirkungsvoll. Diese neue Form der Diplomatie ersetzt die alte nicht, sondern ergänzt sie ideal!

Ein weiterer Aspekt kommt hinzu: Moderner Wettbewerb findet heute im Produkt- *und* im Meinungsmarkt statt. Im Produktmarkt konkurrieren die Waren und Dienstleistungen miteinander. Es herrscht ein Kampf um Absatz und Umsatz. Im Meinungsmarkt wetteifern Ansichten und Überzeugungen miteinander. Will ein Unternehmen langfristig Zukunftssicherung betreiben, muss es auf beiden Märkten Erfolg haben. Dies gilt *mutatis mutandis* auch für Staaten. Ein guter Ruf oder die internationale Glaubwürdigkeit des Landes sind wichtige Werte. Sie entscheiden wesentlich darüber, ob ein Staat seine Interessen und Ziele durchsetzen kann. Unbestreitbar muss jeder an seinem Erscheinungsbild in der Welt arbeiten, die Deutschen wie die Schweizer, die Briten wie die Franzosen. Zwangsläufig wird Landeswerbung somit immer mehr zu einem eigenständigen Bereich innerhalb der Außenpolitik. Auf dem Gebiet internationaler Beziehungen verstärkt sich seit Jahren der Wettbewerb der Staaten um öffentliche Einflussnahme und Aufmerksamkeit – ein wichtiges Aufgabengebiet für die *Public*

Diplomacy. Das Vertretungsnetz im Ausland, die Botschaften und Konsulate, sollten sich dieser neuen Aufgabe mit Lust und Schwung annehmen! In der Realität orientiert sich ein Großteil des diplomatischen Korps, vor allem in Deutschland und der Schweiz, jedoch immer noch an jenem traditionellen Stil, dem es sich aus historischen Gründen verpflichtet fühlt, den es gelernt hat und der vor allem weniger Anstrengung kostet.

Dabei ist die öffentliche Diplomatie im »Wiener Übereinkommen über diplomatische Beziehungen« von 1961 letztlich bereits enthalten. Damals legten alle beteiligten Staaten die Aufgabenfelder für ihre Gesandten fest und hoben drei Aspekte hervor: die Beobachtungs- und Informationsfunktion, die Repräsentationsfunktion und die Verhandlungsfunktion. Die Repräsentationsfunktion – ursprünglich dem höfischen Zeremoniell entlehnt – entspricht richtig verstanden der *Public Diplomacy.* Ob ein Botschafter auf einem Opernball eine gute Figur abgibt, ist weniger wichtig als die Frage, ob er in einer einflussreichen Fernsehsendung sein Land interessant und weltoffen darzustellen vermag – und ob er überhaupt zu dieser Sendung eingeladen wird. Das bedeutet Lernbedarf für die Botschafter wie für ihre Außenminister. Letztere müssen darauf vertrauen lernen, dass die Diplomaten vor Ort einzuschätzen wissen, welche Öffentlichkeitsarbeit in welchen Ländern notwendig ist. Allgemeine Lösungen gibt es nicht, und die Diplomaten dürfen nicht mit einem starren Regelwerk im Kopf anreisen. In Paris, Tokio, Berlin und Washington bedeutet »Repräsentation« beziehungsweise *Public Diplomacy* jeweils etwas gänzlich anderes. Die öffentliche Diplomatie steckt allerdings noch in den Kinderschuhen. Sie muss weiterentwickelt, professionalisiert und mit großzügigen personellen und finanziellen Ressourcen ausgestattet werden. Im heutigen Wettbewerb um Beachtung genügt ein nettes Faltblatt über deutsche Kultur oder schweizerischen Raclettkäse nicht mehr. Es bedarf innovativer, ausgefallener Ideen, um ein Land adäquat zu präsentieren. In Kapitel elf werde ich einige Beispiele aus der Praxis schildern.

Weil die amerikanische Art meinem Lebensgefühl entsprach, hatte ich mir immer einen Posten in den USA gewünscht. Der *American Way of Life* war mir vertraut und behagte mir. Viele Europäer glauben indes, die USA schon zu verstehen, wenn sie gut Englisch sprechen. Weit gefehlt! Der Kulturunterschied zu Europa ist immens und führt immer wieder zu Unstimmigkeiten und Missverständnissen. Auch das deutsch-amerikanische Verhältnis steckt voller Tücken dieser Art. In vielerlei Hinsicht funktionieren die politischen Systeme diesseits und jenseits des Atlantik unterschiedlich. Überspitzt gesagt, riefen in Europa Kontakte zwischen Wirtschaft und Politik lange Zeit den Staatsanwalt auf den Plan, während sie in Amerika von beiden Seiten gefördert und gefordert wurden. Das Wort *Lobbying* bedeutete in beiden Kulturen semantisch dasselbe, in der Bewertung klaffte jedoch eine dramatische Lücke.

Mit Vorliebe gaben viele US-Lobbyisten, die in Washington meine Freunde wurden, folgende Anekdote zum Besten: In der Bar des Willard Hotels unweit des Weißen Hauses hielt sich Ulysses S. Grant, achtzehnter Präsident der USA, in den siebziger Jahren des 19. Jahrhunderts häufig nach Arbeitsschluss auf. Bald hatte sich herumgesprochen, dass man den siegreichen Feldherrn des amerikanischen Bürgerkriegs im Willard besser gelaunt antreffen konnte als im Oval Office. So warteten im Vorraum des Hotels, der so genannten Lobby, allabendlich Personen mit dringenden Anliegen. Sie suchten das ungezwungene Gespräch, und Grant bezeichnete sie liebevoll als »Lobbyisten« – ein Neologismus, den man sinngemäß mit »Stubenhocker« übersetzen könnte. Doch die angenehme Atmosphäre und gute Kommunikation zwischen Politik und Wirtschaft brachten Ergebnisse zum Wohle des Landes hervor, entsprechend bürgerte sich das Lobbying als wichtige Säule im amerikanischen System von *checks and balances* ein. Übrigens ist nicht bekannt, dass ein Lobbyist dem Präsidentengeneral noble Anzüge spendiert oder ihm einen günstigen Kredit verschafft hätte. Wer glaubt, dies seien geeignete Mittel der Kommunikation zwischen Politik und Wirtschaft, der versteht weder etwas von Politik noch von seriöser Lobby-Arbeit. Ganz anders in Europa, wo ein Kontakt auf Augenhöhe zwischen Politik und Wirtschaft in Zeiten der Monarchien unbekannt gewesen war. Zwar gab es auch dort eine Vorzimmerpolitik, doch traf man in den Warteräumen der Macht nicht den mächtigsten Mann des Staates an, sondern subalterne Hofschranzen, auf deren Einflussnahme man angewiesen war. Das führte zu unterwürfigem Kommunikationsverhalten und dem Versuch, durch Schmeichelei und kleine Gaben zum Ziel zu kommen. Noch der aktuelle Eintrag in der deutschen Brockhaus-Enzyklopädie zum Stichwort »Lobbyismus« spiegelt das tiefe Misstrauen gegen diese Praktiken wider. Laut Brockhaus bedeutet Lobbyismus die »Beeinflussung von Politikern (Abgeordneten) durch Interessenvertreter«. Das tönt ganz anders als eine lockere Begegnung in einer Hotelbar, riecht nach Druck und Bestechung und lässt keinen Zweifel aufkommen, dass hier etwas zutiefst Anrüchiges passiert.

Am besten, so der weitverbreitete Tenor in der europäischen Öffentlichkeit, isoliere man Politiker von Wirtschaftsleuten! Was ist aber dann mit Abgeordneten, die auf dem Gewerkschaftsticket ins Parlament gekommen sind? Haben Gewerkschaften als »gemeinnützige Organisationen« nur das Volkswohl im Auge, insbesondere das Schicksal der Arbeitslosen? Natürlich nicht, sie vertreten Partikularinteressen wie große Konzerne oder Industrieverbände auch und handeln selten altruistisch. Wer Gewerkschaftsfunktionäre ins Parlament wählt, schickt lupenreine Lobbyisten an die Hebel der Macht. Weshalb dann ein Aufschrei, wenn die Wirtschaft Ähnliches tut? Sie muss sich genauso wie die Gewerkschaften im Vorfeld mit denjenigen auseinander setzen, die Regelungen treffen, und nicht im Nachhinein über unverrückbare Entscheidungen lamentieren. Dies ist umso wichtiger, als es in vielen europäischen Regierungen und Parlamenten kaum noch Frauen und Männer aus der Wirtschaft gibt. Zu den Hauptaufgaben politischer Kommunikation gehört daher, in Parlament und Verwaltung Verständnis für wirtschaftliche Zusammenhänge und

Notwendigkeiten zu wecken, während man zugleich die Überlegungen von Gesetzgeber und Exekutive an Unternehmen und
Verbände heranträgt. Lobbys und Lobbyisten existieren, seit
sich Individuen zu Gruppen zusammenschließen, seit Regeln
und Verordnungen die Menschheit regieren. Man nennt sich
heute vielleicht nicht Lobbyist, sondern neudeutsch »Public-
Affairs-Berater« oder ganz einfach Kommunikationsberater.
Die Mittel, mit denen Lobbyisten arbeiten, sind vielfältig.
Sie reichen von Telefonaten, Gesprächen, Briefings und schrift-
lichen Stellungnahmen über den Workshop bis hin zum par-
lamentarischen Abend. Ebenso gehört dazu, das richtige Expo-
sé zur rechten Zeit auf dem richtigen Schreibtisch zu platzieren.
Das tönt simpel, doch bedarf es dazu großer Kenntnisse und
bester Kontakte, um im Kompetenzgeflecht der Europäischen
Union oder in den Bürokratien von Washington und Berlin die
punktgenaue Landung hinzukriegen. In der Fachsprache
spricht man von der »Theorie des dritten Mannes«: Häufig ist
eben nicht der Minister, EU-Kommissar oder Staatssekretär
von entscheidender Bedeutung, sondern ein niederrangiger
Beamter seines Apparats. Jener Sachbearbeiter nämlich, der
sich monatelang mit der Materie auseinander gesetzt hat und
den »Referentenentwurf« formuliert. Man sollte ihn nicht
unterschätzen, bloß weil er keinen Ehrfurcht gebietenden Titel
trägt! Dabei gilt eine zeitliche Priorität. Im Spätstadium eines
Gesetzentwurfs Textänderungen durchsetzen zu wollen, erweist sich als weitaus schwieriger, als durch präzise Informationen Einfluss auf das noch fließende Frühstadium zu nehmen. Gut formuliert ist halb gewonnen! Das beachten auch
PR-Profis, die genau wissen, dass eine Pressemitteilung umso
eher Verwendung findet, je klarer und eindeutiger sie aufs jeweilige Medium zugeschnitten ist und den Journalisten Redi-
gierungsaufwand erspart.
Die berühmte »Türöffnerfunktion« – für den Auftraggeber
Kontakte zu politischen und administrativen Entscheidungsträgern herzustellen – ist ein weiterer zentraler Teil der Lob-
bying-Arbeit. Jeder erfolgreiche *Networker* kann auf ein

umfassendes Beziehungsnetzwerk blicken, denn Interessenvertretung funktioniert nur bei enger Tuchfühlung zu den Entscheidungsträgern. Schon bald lernte ich in Washington die Bedeutung praller Adressbücher kennen. Kein Mittagessen (»power lunch«), keine Abendveranstaltung, bei der man nicht in offener Runde mit »movers« und »shakers« zusammensaß, Menschen, die in der Politik etwas bewegen oder gar für Erschütterungen sorgen konnten. Und ich erkannte rasch, dass es sich bei den Lobbyisten gleichsam um Diplomaten im Dienste der Wirtschaft handelte. Zwei originäre Lobbying-Felder (Beobachtung und Einflussnahme) glichen den Aufgaben eines Botschafters, und was die Repräsentation anging, verfügten die meisten Lobbyisten über einen viel höheren Etat als wir, um Möglichkeiten der zwanglosen Kommunikation herzustellen: Cocktails, Abendessen, Kulturveranstaltungen, Golfturniere. Gerade im Punkte »Beobachtung« stimmte das Einbahnstraßenbild aus dem Brockhaus überhaupt nicht: Lobbying bedeutet eben keine Befehlskette von außen (Wirtschaft) nach innen (Regierung), sondern befiehlt hinzuhören, wahrzunehmen, Stimmungen zu ermitteln. Wie ein Seismograf erspürt der Lobbyist bevorstehende Änderungen in den politischen Rahmenbedingungen und gibt sie an seinen Auftraggeber weiter – die unter Lobbyisten sprichwörtlich verbreitete »Manie zu antizipieren«. Nun liegt es am Unternehmer, am Verbandspräsidenten, im Vorfeld der Gesetzgebung seinen Standpunkt deutlich zu machen.

Entgegen allen Klischees schätzen auch in Europa die allermeisten Abgeordneten diese Arbeit. Warum? Weil präzises Lobbying den Druck auf sie verringert, statt ihn zu erhöhen: Je mehr sinnvolle Information einem Abgeordneten zugeht, desto leichter vermag er zu erkennen, wo eine vertretbare Position für ihn liegt. Umgekehrt kann mangelndes Wissen zum Ursprung politischer Fehlentscheidungen werden. Der der Wirtschaftsnähe unverdächtige Schweizer Sozialdemokrat Moritz Leuenberger (»Superminister« für Umwelt, Verkehr, Energie und Kommunikation) gab im Sommer 2002 gegenüber der *Weltwoche* zu, dass Politik viel weniger vorbestimmt verlaufe, als er sich das vor der Übernahme eines Regierungsamts vorgestellt habe: »Es gibt Leute«, sagte er, »die glauben, wir spielen Schach und denken zwanzig Züge voraus. In Wirklichkeit sind es zum Teil emotionale und zufällige Entscheide, die von einer Tagesform oder von der Besetzung eines Gremiums oder von einem überhöhten oder einem überhörten Argument stammen.«

Wenn das aber so ist, dann muss jede Interessengruppe dafür sorgen, dass ihre Argumente nicht überhört oder die der Gegenseite überhöht werden. Daran ist nichts Undemokratisches, solange man die zentrale Regel einhält, dass vertretene Partikularinteressen jene Grundsätze nicht verletzen dürfen, auf denen die gesamte Gemeinschaft beruht – für professionelle Lobbyisten eine Selbstverständlichkeit. Je abhängiger eine Branche andererseits von Entscheiden des Gesetzgebers ist, weil sie sich auf Feldern mit hoher Regelungsdichte bewegt, desto nachdrücklicher muss sie ihre Interessen verteidigen. Luftverkehrsgesellschaften zum Beispiel unterliegen Tausenden von staatlichen Vorschriften, nicht nur aus Sicherheitsgründen, sondern weil Regierungen vielerorts selbst wirtschaftliche Interessen an Staatsfluglinien hegen. Auch deshalb unterhielten die großen Airlines in Washington besonders gut bestückte Lobbying-Büros. Für *Delta Airlines* arbeitete John Maloney, den ich übers lokale *Swissair*-Management kennen lernte. Die Schweizer Fluglinie, die mit *Delta* ein Codesharing betrieb, kämpfte 1994 mit einem nachgerade komfortablen Problem (jedenfalls verglichen mit ihren späteren Malaisen): Sie wollte mehr Landerechte in den USA. Hätten alle Airlines der Welt auf allen Flughäfen die gleichen Landerechte, verschwänden viele durch ihre lokale Monopolstellung gestützten Fluggesellschaften von der Anzeigetafel. Im deregulierten Amerika war dies die erklärte Politik, die im Umgang mit ausländischen Gesellschaften aber nur zum Zuge kam, wenn die Gegenseite auch einen »offenen Himmel« garantierte. Mit der Europäischen Union hätte man liebend gern ein solches *Open-Sky-*

Abkommen geschlossen, doch nationale Interessen von Ländern wie Großbritannien, Deutschland, Italien und Frankreich verhinderten dies.

Was tun? Da es um Rechtsfragen ging, fiel die Angelegenheit in mein Ressort. Nüchtern betrachtet, hätte die Ausgangslage nicht ungünstiger sein können: Mehr als die Flughäfen in Basel, Zürich und Genf konnte die kleine Schweiz nicht zur Verfügung stellen (Bern war für den transkontinentalen Verkehr ungeeignet), und die dortigen Landerechte besaßen die Amerikaner längst. Wir hatten eigentlich nichts zu bieten. An dieser Stelle kam John Maloney ins Spiel. Bei einem Lunch machte er seinem Ruf als gewiefter Stratege alle Ehre.

»Die US-Regierung«, führte er kauend aus, »strebt ein *Open-Sky*-Abkommen mit Europa an. Richtig? Innerhalb der EU wird ihr der Abschluss aber nie gelingen, solange die Franzosen die *Air France* subventionieren, die *Alitalia* dem italienischen Finanzminister auf der Tasche liegt und die *British Airways* ihre Landerechte in Heathrow monopolisiert. Wie wäre es, wenn die Schweiz eine Miniunion von *Open-Sky*-Befürwortern bildete? Mit Luxemburg, Island, Schweden und wie ihr da drüben alle heißt.«

»Was soll das bringen?«, wandte ich ein. »Weder wir noch Luxemburg noch Island können auch nur einen Flughafen mehr anbieten. Ihr habt ja bereits alle Landerechte.«

»Schon, aber euer neues Produkt hieße Einheit. Ein ziemlich rares Gut in Europa, scheint mir. Selbst wenn durch den Zusammenschluss kein einziges Landerecht mehr für die US-Linien abfällt, können sie in den Verhandlungen mit der EU doch auf das funktionierende Abkommen mit euch hinweisen. Das hat starke symbolische Kraft, und wenn ein Damm erst Risse bekommt, bricht er auch irgendwann.«

Maloney behielt Recht. Zwar dauerte es zweieinhalb Jahre, bis wir zusammen mit Mike Eggenschwiler von der *Swissair* die illustre Runde europäischer Luftfahrtzwerge an einen Tisch gebracht hatte, aber dann trat unser bescheidenes *Open-Sky*-Abkommen in Kraft und erlaubte den Teilnehmerländern –

inklusive der Schweiz –, mit ihren Fluggesellschaften überall in den USA zu landen. Man solle stets »Vorschläge so ausarbeiten, dass sie den Alliierten gefallen, die Neutralen positiv Partei ergreifen lassen und die Gegner isolieren«, lautet ein Vorschlag des ehemaligen Brüsseler Beamten Jean-Claude Soum. Genau diese Regel hatte John Maloney befolgt, und seine Spekulation ging auf. Deutschland und andere größere europäische Staaten schlossen unter dem entstandenen Druck ähnlich geartete Einzelverträge mit der US-Regierung. Bis Herbst 2002 funktionierte das Geflecht aus bilateralen Vereinbarungen und bescherte den Konsumenten bessere Verbindungen zu günstigeren Kosten. Doch die von den Mitgliedstaaten übergangene EU-Kommission sah ihre Kompetenzen beschnitten. Zwar begrüßte sie generell ein *Open-Sky*-Abkommen mit den USA, jedoch nicht auf Basis diverser Einzelverträge. Unterhalb der obersten Gemeinschaftsebene sollte überhaupt niemand Luftfahrtpolitik machen dürfen! Der Europäische Gerichtshof gab der Kommission schließlich Recht, die *Open-Sky*-Abkommen wurden als Verstoß gegen geltende EU-Verträge gewertet.

Eine lose Randbemerkung von vorhin verlangt nach Aufklärung: Was hat Diplomatie mit Fußball zu tun? Nun, für die Schweiz war 1994 diesbezüglich ein großes Jahr. Nach einer quälend langen Durststrecke hatten wir nicht nur die WM-Qualifikation geschafft, unsere Mannschaft spielte auch mit dem Gastgeberland USA zusammen in einer Gruppe und bestritt das Eröffnungsspiel in Detroit. Die überwiegende Zahl der Fans war der Meinung, dass eine helvetische Nationalmannschaft mit Stars wie Sforza, Sutter, Chapuisat die im Fußball tölpelhaften Amerikaner wegputzen würde. Ein 2:0 oder 3:0 sollte es schon werden! Niemand nahm die US-Boys so richtig ernst, und so schien es dem fußballverrückten neuen EDA-Chef Flavio Cotti auch wenig riskant, diesem Spiel beizuwohnen. Eine der wenigen Dienstreisen, bei denen das Protokoll echte Begünstigungen abwarf, denn er erhielt hervorragende Karten für die VIP-Tribüne im Detroiter Superdome. Für Botschafter Jagmetti warf der hohe Besuch freilich Probleme auf, er hatte wenig Bezug zu sportlichen Ereignissen. Aber der Tessiner Cotti war ein echter »Tifosi«, da durfte er sich nicht durch Unwissenheit blamieren! Besser also, er stellte einen »Fachmann« zur Betreuung des Außenministers ab. Irgendwoher hatte er gehört, dass ich in Bern EDA-Mittelstürmer gewesen war, so erhielt ich kurzerhand ein neues Aufgabenfeld: »Für die Dauer der WM sind Sie Sportattaché, Herr Borer. Kümmern Sie sich um Bundesrat Cotti und organisieren Sie seine Reise nach Detroit.«

Das ließ ich mir nicht zweimal sagen! Zusammen mit Yvana Enzler von der Kulturabteilung entwarf ich ein Programm für Cotti und seinen Begleiter Walter Fust, Chef der schweizerischen Entwicklungszusammenarbeit. (Dass er die Dienstreise mit dem Status der USA als fußballerisches Entwicklungsland gerechtfertigt hatte, war ein ausgesprochen böses Gerücht.) Indes kam es ganz anders als erwartet: Die lockeren US-Boys ließen sich nicht von uns Schweizern vorführen, sondern erkämpften ein wackeres 1:1-Unentschieden. Am Ende der Gruppenspiele hatten die USA und wir je vier Punkte und kamen beide ins Achtelfinale. Dort wurden wir von den Spaniern ohne viel Federlesens aus dem Turnier geworfen (0:3), während es die Amerikaner dem späteren Weltmeister Brasilien schwer machten. Nach neunzig Minuten schieden sie mit einem ganz und gar nicht ehrlosen 0:1 aus. Am Rande erinnert: Deutschland scheiterte im Viertelfinale an Bulgarien mit 1:2.

Diese Fußball-Weltmeisterschaft war überhaupt reich an Merkwürdigkeiten: Zum einen ging der Kameruner Roger Milla mit zweiundvierzig Jahren als ältester Torschütze in die WM-Geschichte ein und ergötzte das Publikum ein letztes Mal mit seinem Makossa-Tänzchen an der Eckfahne. Vier Jahre zuvor hatte er – damals schon achtunddreißig – die Kameruner in einem legendären Spiel gegen die Kolumbianer ins Halbfinale geschossen. Diese Kolumbianer kamen auch 1994 nicht sehr weit, weil sie ein Eigentor des Abwehrspielers Andres Escobar ins Aus beförderte. Das erzürnte die heimische Wettmafia derart, dass sie den armen Mann hinterrücks ermorden ließ. Schließlich fiel die Titelentscheidung zwischen Italien und Brasilien in einem nervenaufreibenden Elfmeterschießen, nachdem sich zuvor beide Mannschaften hundertzwanzig Minuten lang defensiv – und damit torlos – über die Zeit gerettet hatten. Roberto Baggio verschoss den dritten Elfmeter für die Italiener und machte die Brasilianer zum Rekord-Weltmeister.

Für ein Land wie Amerika, das unter »Soccer« eine europäische Krankheit verstand, eine wahrlich ereignisreiche Fußball-Entjungferung. Und weil mein eigener Lebensweg kurz danach eine entscheidende Wendung erfuhr, blieb die Weltmeisterschaft auch mir gut in Erinnerung. Diese Wendung ließ sich nämlich auf die Begegnung mit meinem Außenminister zurückführen, jedoch nicht in der Art einer häufig zitierten Anekdote. Weil sie aber so schön ist, erzähle ich sie gerne noch einmal. Flavio Cotti hatte sich insgeheim erhofft, in Detroit seinen amerikanischen Amtskollegen Warren Christopher zu treffen. Zwar verlief das diplomatische Leben zwischen den USA und der Schweiz völlig konfliktfrei, doch solch informelle Begegnungen schafften eine persönliche Basis, auf die man später eventuell zurückgreifen konnte. Christopher interessierte sich jedoch überhaupt nicht für »Soccer«, das Eröffnungsspiel seiner US-Boys fand keinen Platz auf seiner Agenda. Botschafter Jagmetti wurde schon etwas unruhig, als wir im VIP-Bereich des Detroiter Superdome gar keine politisch bedeutsame Persönlichkeit entdecken konnten. Seiner Meinung nach zeigte das deutlich, wie gering die amerikanische Politikwelt die Schweiz und ihren Lieblingssport Fußball schätze. Da fiel mir eine ausnehmend attraktive Blondine auf, an deren Seite sich ein etwas weniger attraktiver, dafür jedoch hochberühmter Mann befand: Henry Kissinger. Wie mein Bundesrat wirkte er in der Menge ein bisschen verloren, und so kam mir die Idee, beide würden das Match zusammen mehr genießen als alleine. Wochen zuvor war ich Kissinger bei einem Vortrag vorgestellt worden, was freilich nur zu einem Sekunden-

Smalltalk geführt hatte. Dennoch – Frechheit siegt! – begrüßte ich den Helden meiner Jugend wie einen alten Bekannten, und unkonventionell, wie Amerikaner sind, ging er sofort darauf ein: »Hey Thomas, how are you?« Das gab mir den Mut zu einer kleinen Provokation: »Mein Außenminister Cotti freut sich sehr, einen so berühmten Fan der Schweizer Mannschaft zu sehen.«

Dass der im fränkischen Fürth geborene Kissinger europäischen Fußball liebte, hatte ich zwar leise gehofft, aber keineswegs gewusst. Ein Glückstreffer, denn er lag mit Flavio Cotti auf einer Wellenlänge. Nach wenigen Minuten wechselten beide ins deutsche Idiom über und fachsimpelten über Stürmerstärken und die Weltpolitik. Obwohl der bedeutende Diplomat und Friedensnobelpreisträger Kissinger schon seit sechsundfünfzig Jahren in den USA lebte, trug er seinen deutschen Akzent wie eine Auszeichnung vor sich her und las, um die Muttersprache nicht zu verlernen, noch täglich die *FAZ*. Nach dem salomonisch ausgegangenen Match verabschiedeten sich beide herzlich voneinander. Gut gelaunt wandte sich mein Bundesrat mir zu und fragte, wieso ich ihm nicht verraten hätte, dass ich mit Kissinger auf vertrautem Fuße stünde? »Um ehrlich zu sein«, gab ich zu, »kenne ich ihn kaum. Aber ich hatte das Gefühl, dass Sie sich etwas zu sagen hätten.«

Niemand macht wegen solcher Chuzpe schneller Karriere als andere. Wohl aber zahlt sich à la longue Zivilcourage aus. Der wahre Grund, warum ich unter Cotti avancierte, lag an einem anderen Sachverhalt. Gemäß den Worten Friedrich von Spees, mit denen ich mich aus Bern verabschiedet hatte, nutzte ich die drei Tage mit dem Außenminister, um ihm meine Ansichten übers EDA nahe zu bringen.

Obwohl er als ein unduldsamer Vorgesetzter galt, hörte er mir aufmerksam zu. Schließlich wurde es Botschafter Jagmetti zu bunt. Mahnend sprach er: »Ihre Kritik in allen Ehren, lieber Herr Borer, aber ich würde jetzt langsam Ruhe geben. Wenn Sie so weitermachen, verpfuschen Sie sich noch die ganze Karriere.«

Ich konnte keine Ruhe geben! Flavio Cotti wollte das EDA reformieren, dafür war er bekannt. Wie hätte ich dazu schweigen können? Auch innerhalb großer, verkrusteter Behörden war ein Lobbying erforderlich, denn was im Kern der Bürokratie schief lief, konnte der Mann an der Spitze nur erfahren, wenn ihn seine Untergebenen informierten. Im Gegensatz zu seinem Nachfolger handelte es sich bei Cotti um ein politisches Schwergewicht. Bevor er 1994 das EDA übernahm, hatte er sechs Jahre lang das Innenministerium geführt. Wirklich *geführt*, nicht vor sich hin treiben lassen. Aus dieser Zeit hing ihm der Ruf des ausgesprochenen Cholerikers an. Viele Menschen fürchteten ihn. Ich nicht. Und so schwang ich meine Brandreden wider den Schlendrian im EDA, ohne dabei zu gewärtigen, dass sich die konstruktive Kritik wie eine Bewerbung anhören könnte. Nichts lag mir ferner! Zum ersten Mal im Leben fühlte ich mich auf einem Posten so glücklich, dass ich der turnusgemäßen Versetzung unwillig entgegensah. Zu meinem Vorbild war der leider zu früh verstorbene, geistvolle und brillante David de Pury geworden, der in den achtziger Jahren entgegen der üblichen vier Jahre die doppelte Zeit in Amerika verbracht hatte und bis zum stellvertretenden Missionschef aufgestiegen war. Genau das nahm ich mir auch vor.

Zwei Monate später befand ich mich auf einem Kurzurlaub in Florida, als Franz Egle, der damalige Informationschef des EDA, in meinem Motel anrief und mir befahl, den Außenminister zu kontaktieren. Nichts ahnend leistete ich Folge. »Wir organisieren das EDA von Grund auf neu«, tönte es aus dem Hörer. »Dazu brauche ich einen fähigen Mann auf dem Posten des Stellvertretenden Generalsekretärs und Leiters der Abteilung Ressourcen. Die Position ist direkt mir unterstellt. Ich hatte an Sie gedacht. Bewerben Sie sich!«

Nach weniger als drei Jahren zurück ins langweilige Bern? Das erwischte mich kalt und ließ mir eine ausgesprochene Patzigkeit entfahren: »Wieso sollte ich mich bewerben? Ich unterliege der Versetzungsdisziplin, Herr Bundesrat! Wenn Sie mich haben wollen, können Sie mich berufen. Dagegen ist kein Widerspruch möglich.«

Welche Vermessenheit! Die Stelle lag Welten über meinem bisherigen Status, war mit deutlich höheren Bezügen verbunden und verlieh mir den Gestaltungsspielraum, den ich immer angestrebt hatte. Von einem Tag auf den anderen erhielt ich Botschafterrang (der eigentliche Titel folgte freilich erst später als Leiter der Task-Force »Zweiter Weltkrieg«). Nur ein Mensch ohne jegliche Ambitionen konnte so etwas ablehnen. Zum Glück ließ Cotti meine Provokation ins Leere laufen und gewährte mir vierundzwanzig Stunden Bedenkzeit. »Dass ein derart engagierter Reformprediger wie Sie«, spottete er, »so lange braucht, um von seinem amerikanischen Traum Abschied zu nehmen, hätte ich freilich nicht erwartet.«

In der Tat: Wer große Worte im Munde führte, musste für sie geradestehen. Zumindest bestand nicht die Gefahr, dass ich an bernischer Geruhsamkeit zugrunde ginge. Denn an der heiß umkämpften Reformfront warteten die Stillstandsbewahrer nur darauf, von einem achtunddreißigjährigen Greenhorn belehrt zu werden. Meine Berufung verletzte das Anciennitätsprinzip ganz offenkundig; ich konnte mir die langen Gesichter der älteren Kollegen lebhaft vorstellen. Vielleicht hätte ich mir bei meiner Abschiedsrede den Witz verkneifen sollen, dass ein Botschafter jemand war, der drei Stunden Mittagspause machen konnte, ohne vermisst zu werden. Denn nun musste *ich* diesen Sand aus dem Getriebe des EDA entfernen, Trägheit, Bürokratie, falsches Organisationsmanagement beseitigen, ohne dabei jemandem zu offensichtlich zu Leibe zu rücken. »Denken ist leicht«, kam mir eine Goethe-Maxime meines Deutschlehrers in den Sinn, »Handeln schwierig, und Gedanken in die Tat umzusetzen, ist das Schwierigste der Welt.«

Ob der alte Geheimrat wohl Recht behielt?

7. Mission Impossible

Der Status des Beamten ist mit einer Demokratie im eigentlichen
Sinne nicht vereinbar, weil es keine Handhabe gegen ihn
gibt, wenn er erst einmal mit seinem Sessel verwachsen ist.

Aus einem Leserbrief

Im Bundeshaus West hatte sich in meiner Abwesenheit wenig
getan. Neue Volées von Nachwuchsdiplomaten saßen wie einst
wir »jungen Wölfe« auf den alten Plätzen im »Aquarium«, und
die erfahreneren Kollegen versuchten immer noch, sie nach
Kräften zu verunsichern. Ich war nun acht Jahre dabei und
wunderte mich über gar nichts mehr. »Der Kapitalismus«, sagt
ein alter Witz aus dem Ostblock, »beruht auf dem Prinzip von
Einnahme und Ausgabe. Das geht gut, weil der Mensch rechnen kann. Der Sozialismus beruht auf dem Prinzip von Eingabe und Ausnahme. Das geht schief, weil der Mensch auf
nichts mehr rechnen kann.« Und der Bürokratismus vereint
beides zum Prinzip von Eingabe und Ausgabe. Oben in der
Hierarchie wird ein Auftrag formuliert, weiter unten führt man
ihn ohne Rücksicht auf entstehende Kosten durch. Effektivität,
Ressourcenschonung und sinnvoll aufeinander abgestimmte
Abläufe sind innerhalb dieses Systems Fremdworte. Dem Staat
genügt es, ein bestimmtes Leistungsspektrum durch seinen
Apparat abgedeckt zu wissen, dafür stellt er finanzielle Mittel
bereit; wenn sie nicht reichen, wird üppig nachgeliefert. So
erhält ein Amt einen bestimmten Personalschlüssel zugebilligt,

und niemand hinterfragt später, ob die einmal willkürlich festgelegte Zahl an Beamten und Angestellten wirklich erforderlich ist. Notfalls beschäftigen sich die überzähligen Kostgänger schon von allein, verteilen die Arbeit auf mehreren Schultern und ziehen eine bürokratische Warteschleife in jeden Arbeitsvorgang ein. Diese *Input*-Steuerung ist typisch für alle Bürokratien der Welt, Kosten-Nutzen-Rechnungen verfangen darin wenig. Argumentiert wird stets, dass Verwaltungen nicht anders könnten, weil es ihnen an internen Abrechnungssystemen fehle. Sie würden sich eben fundamental von Wirtschaftsunternehmen unterscheiden und ließen sich auch nicht so führen. Aber das ist nur die halbe Wahrheit. Entscheidend bleibt, von welcher Seite her man das Problem anpackt. Stellt ein Konsulat zum Beispiel ein einziges Einreisevisum pro Jahr aus, müsste es nach klassischem *Input*-Verständnis ganzjährig einen Visabeamten beschäftigen, damit das staatliche Aufgabenfeld nicht verödet. Dass dieser Beamte an dreihundertvierundsechzig Tagen des Jahres nichts zu tun hätte, spielte keine Rolle. Ganz anders jedoch, wenn der Staat auf *Output*-Steuerung umstellte: Dann nämlich fragte er sich, wie das Ergebnis – die potenzielle Visum-Ausstellung an jedem Tag des Jahres – auf möglichst günstige Weise zu erreichen sei. Bei einem selten frequentierten Standort am Ende der Welt böte sich der Umbau zu einem Honorarkonsulat an. Hat das Konsulat anderweitig viel zu tun, nur eben nicht in der Visa-Abteilung, wird die Aufgabe einem anderen dort arbeitenden Beamten oder einem in der Nähe liegenden Konsulat zugewiesen.

Klingt nach gesundem Menschenverstand, doch gerade einfache Sachverhalte erweisen sich in »reifen Bürokratien« als besonders veränderungsresistent. Die Wissenschaft bezeichnet dies als »Aufgabenrigidität«: Einmal von der Verwaltung okkupierte Felder können nur sehr schwer wieder aus ihrem Klammergriff befreit werden. Die Angestellten halten nicht nur verzweifelt daran fest, sie erweisen sich sogar als »invers produktiv«. Obwohl eine Verwaltung stets auf Kosten fremder Bereiche lebt, beispielsweise die Produktivitätszuwächse eines Wirtschaftsunternehmens auffrisst, bringt sie selbst auch Produkte hervor: Verwaltungsakte, Personaldossiers, Vorschriftenkataloge. Wie jeder Unternehmenszweig strebt sie nach Zuwächsen und wehrt sich gegen »Betriebsschließungen«. Schließlich hängen Arbeitsplätze daran! Dass ihr eigentliches Ziel darin liegen müsste, sich selbst so entbehrlich wie möglich zu machen, ist schwierig zu vermitteln. Dazu bedürfte es einer übergeordneten Systemperspektive, die selbst Führungskräfte selten aufbringen, wenn es um ihre eigene nackte wirtschaftliche Existenz geht. Niemand rationalisiert sich gerne selbst weg. Man muss daher einen Mentalitätswandel bewirken. Wer zum Beispiel sein Arbeitsfeld so umorganisiert, dass er darin selbst verzichtbar wird oder erhebliche Einsparungen bewirkt, den muss man belohnen.

Bei klarer Trennung zwischen unproduktiver Verwaltung und wertschöpferischer Arbeit lässt sich ein bürokratischer Wasserkopf leicht lokalisieren (wenn auch weniger leicht therapieren). Industriebetriebe erlauben diese Unterscheidung, aber ein Außenministerium? Es produziert eine so diffizile Ware, dass seine Angestellten kaum sagen können, ob ihr massiver Papierkram dem bürokratischen Leerlauf geschuldet ist oder doch dem eigentlichen Betriebszweck zugute kommt. Da Diplomatie zunächst eine interne Dienstleistung des Staatsapparats darstellt, derer sich die Regierung, andere Ministerien oder die Parlamente bedienen, erweist sich die Effektivitätskontrolle als besonders kompliziert. Natürlich müssen unendlich viele Berichte geschrieben und Tausende von Bundesordnern gefüllt werden, denn sie sind ein Teil der »Produktionspalette«. Ist der vierhundertneunundneunzigste Bericht noch notwendig, der fünfhundertste aber schon überflüssig? Schwer zu sagen, der Einzelfall entscheidet. Wie steht es beispielsweise mit den konkreten Beratungsleistungen, die eine Botschaft für die Wirtschaft erbringt? Theoretisch ließen sie sich direkt in Rechnung stellen. Aber erstens hat die Wirtschaft schon einmal durch ihre Steuern dafür bezahlt, und zweitens ergäbe sich ein gefährlicher

(Fehl-)Steuerungseffekt: Müsste eine Schweizer Firma für die Unterstützung ihrer Auslandsaktivitäten durch Botschaften und Konsulate marktkonforme Gebühren abführen, würden kleine und mittlere Unternehmen sofort darauf verzichten. Die daraus resultierenden Pannen summierten sich unterm Strich zu einem volkswirtschaftlichen Schaden weit oberhalb der staatlichen Ausgaben fürs diplomatische und konsularische Korps. Als Agent der Gesellschaft soll der Staat auch keine Gewinne erzielen und das primär auch nicht anstreben. Aber er muss die Rangfolge beachten, wer wem zu dienen hat, und das ist in den letzten Jahrzehnten weidlich in Vergessenheit geraten: Der Staat dient dem Bürger, nicht umgekehrt! Gerade auf Ämtern mit hohen Besucherzahlen herrscht meistens das Gegenteil vor. »Dies zeigt sich dort«, fasst der Wirtschaftswissenschaftler Beat Kappeler seine Beobachtungen zusammen, »wo die Verwaltung zur Bürokratie wird: *wenn deren innere Organisationsgrundsätze den benutzenden Bürgern als Verhaltensregeln vorgeschrieben werden*«.

Damit lokalisiert Beat Kappeler das Lähmungsgift der Bürokratie: Nicht mehr die Aufgaben bestimmen die Vorgehensweise, sondern die selbst referenziellen Regeln der Verwaltung entscheiden darüber, welche Aufgaben überhaupt noch angenommen werden. Alles, was den Ablauf stört (zum Beispiel ergebnisorientiertes Handeln), wird eliminiert, jedes Ansinnen muss auf die Bedürfnisse des Bürokraten hinter seinem Schreibtisch zugeschnitten sein. Folgerichtig werden Staaten, die immer mehr Vorgänge an sich ziehen und damit den Staatsapparat aufblähen, irgendwann von den Kosten erstickt. Im Verein mit den überbordenden Sozialausgaben reift der Leistungsstaat zur vollen Blüte. Viele Menschen können sich gar nicht mehr vorstellen, dass Demokratie ursprünglich alles andere bedeutete als ein paternalistisches Rundum-Versicherungsunternehmen, in dem die Bürger zwar vor jeder Unbill des Lebens geschützt sind, von einer übermächtigen Bürokratie aber völlig entmündigt werden. Im Extremfall besteht zwischen Staatsbürger und Staatsdiener dann nur noch ein marginaler Unterschied, und man kehrt wieder zum vormundschaftlichen Staat zurück, dem man mit dem demokratischen Modell eigentlich entrinnen wollte. Von solchen Regierungen wie dem preußischen Königtum hatten liberale Vordenker des 19. Jahrhunderts die Nase voll. Sie sahen den schlanken Ordnungsstaat als Idealformel an, manche sogar den »Nachtwächterstaat«, der nur noch die allerwichtigsten Schutzgarantien für mündige Individuen abgab: äußere und innere Sicherheit, geregelte Rechts- und Vertragsverhältnisse. Über kurz oder lang werden wir lernen, dass staatliche Lenkung auf allen Lebensgebieten nicht ein Paradies auf Erden schafft; und wir werden den überbordenden Sozialstaat – aus purer ökonomischer Notwendigkeit – wiederum reduzieren.

Ganz vorne bei den Menschheitsbeglückern marschierte lange Zeit die ehemalige britische Kronkolonie Neuseeland. Sie stützte ihre Landwirte durch immense Subventionen, schützte die heimische Industrie durch Importzölle und sicherte die Einwohner gegen alle Eventualitäten des Lebens ab. So viel Produktivität, wie vom neuseeländischen Staat aufgesogen und umverteilt wurde, konnte nicht einmal das emsigste Volk erzeugen, man lief unweigerlich in eine Verschuldungsfalle hinein. Dummerweise nimmt individuelle Emsigkeit proportional zur staatlichen Versorgung ab: Je mehr man gratis bekommt, desto weniger ist man zu leisten bereit, zumal einem der größte Zuwachs sofort wieder vom Lohn abgezogen wird. Während der Staat also immer mehr Geld brauchte, schafften die Bürger immer weniger heran. Mitte der achtziger Jahre war Neuseeland so gut wie pleite. Bittere Ironie (oder ausgleichende Gerechtigkeit?): Ausgerechnet eine sozialdemokratische Regierung musste damit beginnen, das Gestrüpp aus Bürokratie und Verschwendungssucht auszulichten. Unter dem Begriff *New Public Management* fand ihr Maßnahmenbündel überall auf der Welt Nachahmer. Die Senkung bürokratischer Kosten bei gleichzeitiger Steigerung staatlicher Effektivität bezeichnet jedoch kein einheitliches Vorgehen, sondern eine individuelle Mixtur verschiedener Strategien. Obwohl es der Schweiz längst nicht so schlecht geht wie Neuseeland in den Achtzigern, hat das *New Public Management* inzwischen die helvetischen Amtsstuben bis hinein in die Kantone und Gemeinden erreicht. Zu Recht, denn wir Schweizer laufen Gefahr, in eine ähnliche Richtung wie Deutschland mit seiner beängstigend verschwenderischen Sozial- und Subventionspolitik abzugleiten. Im Verlauf der neunziger Jahre wies die Eidgenossenschaft im internationalen Vergleich der OECD-Staaten nach Japan mit Abstand die höchste Erhöhung der Staatsquote auf. Und die »Zahl der Bundesangestellten in der Region Bern hat in den letzten sechs Jahren um jährlich 2,4 Prozent zugenommen«, schrieb die *Neue Zürcher Zeitung* am 6. Oktober 2002. Dadurch stiegen in den letzten fünf Jahren die Personalkosten von 3,5 auf 4,5 Milliarden Franken jährlich an. Wenn nur die Schweizer Wirtschaft ähnlich boomen würde! Das tut sie leider nicht, weswegen diese verheerenden Entwicklungen gestoppt werden müssen.

Als ich Anfang 1995 ins EDA nach Bern zurückkehrte, hatte sich zwar äußerlich noch wenig getan, intern aber schon sehr viel. Unter Flavio Cotti war das komplizierte Geflecht der verschiedenen Direktionen und nebeneinanderher arbeitenden Abteilungen entwirrt und neu strukturiert worden. Ausgerechnet die von allen Karrierediplomaten verspottete Direktion für Verwaltungsangelegenheiten, die wir Stagiaires »Friedhof begrabener Hoffnungen« getauft hatten, wurde zum Motor der Erneuerung. Als »Abteilung Ressourcen« gehörte sie direkt zum Generalsekretariat und war durch weit reichende Kompetenzen gestärkt worden. Dazu zählten sämtliche Personalfragen, was automatisch zu mehr Macht verhalf. Nicht, dass ich diese Stellung je missbraucht und einen unliebsamen Kollegen auf einen ungemütlichen Außenposten abgeschoben hätte, allein die potenzielle Möglichkeit wirkte abschreckend genug und führte bei einigen zu beinahe unterwürfigem Verhalten. Was mir an Dienstalter fehlte, wurde so durch die Hierarchie ausgeglichen. Einige Diplomaten der alten

Schule blieben allerdings weiterhin dünkelhaft. Kein Botschafter von Format wollte *unter* mir arbeiten, obwohl seine Erfahrung dem Projekt durchaus genützt hätte. Dass es auch ein *mit* mir gab, schied durch die weitverbreitete Fixierung auf Rangfragen wohl aus. So kam ich nicht umhin, mir ein junges Team zusammenzustellen, was unser innovatorisches Potenzial noch verstärkte. Zu meinen wichtigsten Mitstreitern wurden einige Generationsgenossen aus der Berner Riege, die ich zuvor nicht näher kannte: André Schaller, André Regli und Thomas Litscher. Als Vierte im Bunde holte ich mir Yvana Enzler aus Washington, die den wichtigen Aus- und Fortbildungsbereich übernahm. Acht Jahre nach meinem eigenen Zulassungswettbewerb war ich nämlich auch für den Nachwuchs zuständig geworden und konnte schneller als gedacht die Missstände bei der diplomatischen Stage angehen.

Wie das Leben so spielt, bescherten mir meine männlichen Protegés sehr unterschiedliche menschliche Erfahrungen. Der eine, André Schaller, begleitete treu meine Wege über die »Task-Force« bis hin nach Berlin, wo er eigentlich ab Mitte 2002 mein Wirtschaftsattaché werden sollte. Dazu kam es nicht mehr. Der andere, Thomas Litscher, war in der *Grüezi*-Krise als Generalsekretär überfordert. Schon als mein unmittelbarer Nachfolger auf dem Posten des Stellvertretenden Generalsekretärs zeichnete er maßgeblich dafür verantwortlich, dass die angestoßenen Reformprozesse erlahmten. Gänzlich abseits stand die ältere Generation aber nicht. Wir beteiligten sie in verschiedenen Arbeitsgruppen an den Reformplänen. Zum Glück hatte mir der aktive, zupackende, in seiner Ungeduld bisweilen unbeherrschte Bundesrat Cotti am Telefon nicht zu viel versprochen: Ich berichtete unmittelbar an ihn. Dieser direkte Zugang war Gold wert, brachte allerdings einen Abstrich an Lebensqualität mit sich. Für ein gemächliches Gleiten in den Arbeitstag hinein, wie es etwa in der Washingtoner Botschaft praktiziert wurde – dort fing man selten vor halb neun an –, war Flavio Cotti nicht zu haben! Als extremer Frühaufsteher erwartete er um 6.30 Uhr den ersten Rapport, was meiner Nachtruhe oft kurz nach fünf ein vorzeitiges Ende bereitete. In diesen Morning-Meetings (manchmal auch *Mourning*-Meetings) klärten wir den Ist-Wert des laufenden Reformprozesses mit dem Sollwert ab und näherten uns Schritt um Schritt den entwickelten Vorgaben an.

Cotti ging es vor allem um Kostensenkung. Indem er die Effektivität des Eidgenössischen Departments für Auswärtige Angelegenheiten zu erhöhen gedachte, wollte er ein entsprechendes Einsparungspotenzial freisetzen – *New Public Management* in Reinkultur. Für die EDA-Verwaltung revolutionär, sollten die Ressourcen nicht mehr breit gestreut werden, sondern dem Grundsatz »structure follows strategy« entsprechen. Im Einzelnen bedeutete dies vor allem die Reorganisation der Berner Zentrale, die Verkleinerung des Vertretungsnetzes und die Umstellung der Verwaltungsführung von einer Input- zu einer Outputsteuerung mit Zielvereinbarungen und Budgetautonomie. Die Verkleinerung des Vertretungsnetzes musste man allerdings relativ sehen, denn durch den Zusammenbruch des Ostblocks waren nach 1989 mehr als zwei Dutzend Botschaften und Konsulate neu hinzugekommen; verglichen mit dem Stand von 1985, war das Netz 1995 auch nach Schließungen (zum Beispiel von Luanda und Panama) immer noch umfangreicher als je zuvor.

Ein vierter Punkt lag mir besonders am Herzen, denn ohne ihn waren die ersten drei Anliegen kaum durchsetzbar: Veränderung der Personalpolitik entsprechend moderner Grundsätze. Weg vom starren Anciennitätsprinzip, hin zur Beförderung nach Eignung und Leistung, ergänzt durch umfangreiche Schulungsangebote und ein attraktives Anreizsystem. Im Grunde glich das EDA einem internationalen Konzern mit unzähligen Auslandstöchtern, also kamen bei uns weit mehr Angestellte als in anderen Ministerien in den Genuss von Führungsaufgaben. Unverständlich, dass die dafür geforderten Qualitäten bislang weder überprüft noch geschult worden waren. Selbst der auf Dezenz verpflichtete Informationschef Franz Egle nahm gegenüber der *Sonntagszeitung* im Februar

1996 kein Blatt mehr vor den Mund: »Es gibt heute alles«, gestand er, »unerträgliches Führungsgehabe ebenso wie extreme Illoyalitäten.«

Während meiner Tätigkeit wurde ich manchmal geradezu mit der Nase auf die Schwächen des Berufungssystems gestoßen, denn auf meinem Schreibtisch landeten sämtliche Hilferufe aus den Vertretungen. In einem Fall wurde eine Sekretärin in Kinshasa – ohnehin ein absoluter Härteposten, nicht nur für Frauen! – von ihrem Vorgesetzten systematisch gemobbt, in einem anderen ließ der Botschafter in Portugal regelmäßig seine schlechte Laune an den Untergebenen aus. Beide Fälle wurden unterschiedlich geregelt: Die gemobbte Sekretärin konnte durch eine Versetzung nach Bern geschützt werden, während ich auf den Botschafter in Lissabon in einem vertraulichen Gespräch einwirkte.

Aber natürlich war ich als direkter Dienstherr von zweihundertzwanzig Mitarbeitern selbst gefordert, und es zahlte sich aus, dass ich beim Militär große Gruppen kommandiert hatte. Im Zivilleben hieß das Motto jedoch nicht »Alles hört auf mein Kommando«, sondern »Herausfinden, mit wem man arbeiten kann«. Natürlich war Zeit ein rares Gut, aber warum sollte ich bestimmte Optimierungsstrategien nicht auch auf mich anwenden? So lud ich regelmäßig Untergebene zu meiner Kaffeepause ein und schlug zwei Fliegen mit einer Klappe: kurze Entspannung von der Arbeit und Begegnung mit den Mitarbeitern. »Rang und Namen sind mir Tand«, lautet der Refrain eines Operettenschlagers von Franz Lehár – genauso hielt ich es auch: Jeder sollte mit mir reden können, vom Botschafter bis hin zum Laufburschen. Das brachte mir viel Wohlwollen ein und stärkte die Loyalität meiner Mitarbeiter. Auf sie war ich in diesem schwierigen Veränderungsprozess besonders angewiesen. Überdies verschafften mir diese Gespräche unverzichtbare Erkenntnisse. Angehörige unterer Ränge reden mitunter viel ungenierter über Missstände im Haus als hohe Chargen und legen ihre Finger arglos in offene Wunden. Dass es eine offizielle und eine inoffizielle Hierarchie in jeder

Firma gibt, ist ein Gemeinplatz, aber wo die Bruchkante zwischen beiden verläuft – wer mächtiger ist, als er scheint, und wer ohnmächtiger, als es sein Titel vorspiegelt –, bleibt der Leitungsebene oft verborgen. Diese Machtverwerfungen zehren einen Großteil der innerbetrieblichen Effizienz auf, und unmittelbar Betroffene können am besten darüber Auskunft geben.

Den Verantwortlichen für die »Human Ressources« stehen viele wissenschaftlich fundierte und in der Praxis evaluierte Instrumente zur Verfügung. Eines der ältesten ist das kurz nach dem Zweiten Weltkrieg entwickelte Assessment Center (AC). In der Privatwirtschaft kennt es jeder, der eine höhere Laufbahn als die des Raumpflegers einschlagen will. Auch ich durchlief bei meiner *Credit-Suisse*-Bewerbung in Genf ein solches Programm. Gruppendiskussionen, Rollenspiele und individuelle Entscheidungsdilemmata decken schonungslos das Gesamtpotenzial eines Job Suchenden auf. Verhaltensleistungen (und natürlich auch Verhaltensdefizite) lassen sich unter standardisierten Bedingungen eher beurteilen als in einem reinen Bewerbungsgespräch. Auch bei späteren Karriereentscheidungen taugt das Instrument. In Behörden kommt es ebenfalls darauf an, den richtigen Mann am richtigen Platz zu wissen; daher gebietet die Vernunft den Einsatz von Assessment Centern. Staatsdienern mit ihren vorhersehbaren Laufbahnen bedeutet dieses Ansinnen allerdings der reine Horror. Auch im EDA bestätigte sich die Regel, dass die Teilnehmer umso unkomplizierter mit dem Test umgingen, je jünger sie waren, während ältere Kollegen die Verballhornung »Assassination Center« (»Hinrichtungs-Center«) in Umlauf brachten und sich am liebsten davor gedrückt hätten. Meine Nachfolger haben leider das Instrument der AC weitgehend entwertet. Dabei wäre es für alle Außenministerien dieser Welt ein äußerst scharfes Schwert.

»Verlierer« vermochten in der Tat nur schwer ihr Gesicht zu wahren, da sich der Verlauf eines gruppenorientierten Testverfahrens nicht geheim halten ließ. Wer im Einzelgespräch versagte, konnte auf die Schweigsamkeit des Personalchefs vertrauen. Im Assessment Center agierte er gleichsam unter den Augen der gesamten Betriebsöffentlichkeit. Je höher einer in der Hierarchie stand, desto mehr fürchtete er den nachteiligen sozialen Befund. Damit rächte sich die Tatsache, dass man im EDA so lange auf psychologische Aspekte im Auswahlprozess verzichtet hatte. Stagiaires, die bereits bei der Eingangsprüfung ein AC durchlaufen müssen, brauchen spätere Wiederholungen nicht zu fürchten, sie haben ihre Grundeignung ja bereits bewiesen; insofern erledigt sich das Angstproblem irgendwann von selbst. Zu den Mutigen, die am ersten Assessment Center im EDA teilnahmen, gehörte selbstredend ein »junger Wolf«. »Sie sezieren uns geistig«, gab Stephan Husy, wie ich 1987 ins EDA eingetreten, hinterher dem Nachrichtenmagazin *Facts* zu Protokoll, »und ich lernte einige unbekannte Nuancen meines Wesens kennen.«

So sollte es auch sein, und geschadet hat es ihm gewiss nicht. Allerdings konnten nicht alle ungeschoren davonkommen. Ein Ausleseinstrument muss Selektion betreiben, sonst taugt es nichts. So standen für Herbst 1996 erstmals rund zwei Dutzend Diplomaten und Konsulare auf einer schwarzen Liste. Sie wurden von Flavio Cotti nur »unter Vorbehalt« auf ihren Posten bestätigt (die beamtenrechtlich vorgeschriebene Formulierung kaschierte, dass es sich dabei mehr oder minder ums Karriereende handelte). Dafür trug nicht allein die ungünstige psychologische Beurteilung die Verantwortung, sondern vor allem eine schlechte Amtsführung. Im eidgenössischen Außenministerium wurde diese Selbstverständlichkeit als »Putsch von oben« empfunden, obwohl es zu echten Abberufungen, wie ich sie vorgeschlagen hatte, gar nicht kam. Bereits 1974 hatte sich eine Arbeitsgruppe mit dem viel sagenden Namen »Florian« konstituiert – dreimal darf man raten, woher der Name kam! Nicht mangelnde Erkenntnis blockierte die Modernisierungsbestrebungen, sondern das bekannte »Sankt-Florians-Prinzip«. In abgewandelter Form für Verwaltungen lautete es: *Oh, hei-*

liger Sankt Florian, verschon' mein' Stuhl, säg' andere an! Folgerichtig mussten zwanzig Jahre verstreichen, bis endlich jemand den Schritt von der Theorie zur Praxis wagte. »Wir sollen, stellen Sie sich das mal vor, Dienst am Kunden leisten!«, empörte sich Pierre-Yves Simonin, Botschafter in Belgien, vor der Presse.

Schlimmer noch: Jeder Botschafter hatte damit zu rechnen, dass ihm eine Überprüfungskommission in die Residenz rückte, seine Bücher durchsah und den Mitarbeitern unangenehme Fragen stellte. Zu keinem anderen Zweck als diesem richtete das EDA unter der Ägide Cottis das »diplomatische Inspektorat« ein. Mit nur zwei Controllern leider zu schwach bestückt, um wirklich effektiv zu sein, konnte sich jeder Botschafter und jeder Konsulatschef ausrechnen, alle acht Jahre besucht zu werden. Da er aber nur vier Jahre auf einem Posten blieb, wies das Netz allzu große Löcher auf. Wer beim Hopping zwischen den Vertretungen Glück hatte, begegnete dem Botschafts-Inspektor Kurt Wyss kein einziges Mal. Wyss, selbst ein erfahrener Diplomat, war auf eine für Bundesrat Cotti typische Weise zu seinem neuen Job gekommen. Auf der Botschafterkonferenz in Bern hatte er dem EDA-Vorsteher vehement widersprochen, als dieser für die vermehrte Berufung von Quereinsteigern plädierte. Dieses Kontra gefiel Cotti einerseits, da er Kriecher und Schmeichler nicht leiden konnte. Andererseits missfiel es ihm auch, weil er zwar Kritik herausforderte, sie vor einem öffentlichen Auditorium aber nur schlecht vertrug. So machte er von seiner Versetzungsgewalt Gebrauch, um den Widersacher auf einen Schleudersitz zu befördern. Lob und subtile Strafe zugleich. Leider übte Wyss sein Amt zu milde aus und versuchte, seinen Botschafterkollegen möglichst nicht wehzutun.

In der Sache teilte ich die Skepsis von Wyss bezüglich der »Blutauffrischung« des EDA außerhalb des Zulassungswettbewerbs durch Quereinsteiger. Natürlich wären Fachleute aus der Wirtschaft eine Verstärkung für die Diplomatie – aber welcher verdiente Manager ist bereit, für zweihundertzwanzigtausend

Franken brutto einen Botschafterposten zu übernehmen? Solche Gehaltsangebote verlocken höchstens drittklassige Abteilungsleiter. Uli Sigg, der ehemalige Botschafter der Schweiz in China, war eine große Ausnahme und ein seltener Glücksfall. Öffnet man die Schleusen erst einmal für Quereinsteiger, wird etwas ganz anderes passieren: Nicht Wirtschaftsleute strömen in Scharen ins EDA, sondern abgehalfterte Politiker. Wie andere staatliche Bereiche auch, verwandelte sich der diplomatische Dienst damit zum Versorgungsinstrument für abservierte Parteifunktionäre. Deutsche Regierungen sind in dieser Hinsicht nicht zimperlich. Philipp Jenninger (CDU), der sich mit seiner Gedenkrede zur »Reichskristallnacht« in die Nesseln gesetzt hatte, wurde von Kanzler Kohl als Botschafter erst nach Wien, dann zum Vatikan abgeschoben; beide Male konnte er wenigstens kein Unheil anrichten. Rudolf Dreßler (SPD) hingegen bekam von Kanzler Schröder sogar die heikle Tel Aviver Mission anvertraut, die auch an Berufsdiplomaten höchste Anforderungen stellt. Prompt handelte sich der Ex-Parlamentarier durch gewisse undiplomatische Äußerungen Ärger ein – Politik und Diplomatie sind eben zwei Paar Schuhe. In diesem Zusammenhang geäußerte Verweise aufs amerikanische System, in dem die Profis von rund einem Drittel »political appointees« bedrängt werden, sollte man mit Vorsicht genießen! Die einzige verbliebene Supermacht der Welt könnte in vielen Staaten auch Strohpuppen akkreditieren, ohne ernsthafte diplomatische Verwicklungen zu riskieren. Viel mehr als Botschafterattrappen sind manche der sich über Wahlkampfspenden einkaufenden Politamateure ohnehin nicht. Die wirkliche Arbeit vor Ort wird von ihren ausgezeichneten Mitarbeitern erledigt.

Nach meinem Abgang in Berlin wurde vielfach geschrieben, ich hätte mir in meiner Zeit als Stellvertretender Generalsekretär jene Feinde gemacht, die schlussendlich erfolgreich an meinem Stuhl als Botschafter sägen konnten. Der unerbittliche Spesenkontrolleur Borer, der den honorigen Eminenzen die

Bewirtungsrechnungen zusammenstreicht, passt trefflich ins Bild der Boulevardpresse, ist aber – wie sooft – ziemlicher Unfug. Meine Aufgabe war strategischer, nicht buchhalterischer Natur. Statt konkrete Rechnungen zu überprüfen, bemühte ich mich, den Motor EDA durch Feintuning leistungsfähiger und verbrauchsgünstiger zu machen. Überhaupt, die Presse! Bei der Reform des Eidgenössischen Departments für Auswärtige Angelegenheiten bekam ich einen ersten Vorgeschmack darauf, was ein Leben als öffentliche Person bedeutete. Einige EDA-Beamte hatten im seltsamen Verständnis von *Public Diplomacy* ihren Unmut an die Medien weitergereicht. Mit Verve stürzte sich die Journalistenschar auf das Thema, weil sie darin einen beispielhaften Vorgang fürs ansonsten so träge dahinschlingernde Staatsschiff sah. Schlecht für mich, der ich als Bösewicht den verdienten Diplomaten das Leben schwer machte? Im Gegenteil. Wie später in Task-Force-Zeiten wurde ich eher als unerschrockener Ritter gegen eine vielköpfige Hydra beschrieben, profitierte mithin sogar von *Grüezi*- und *Adieu*-Artikeln. Freilich gab das ein verzerrtes Bild wieder. Die Bekämpfung negativer Auswüchse war *ein* Teil meiner Arbeit, die Schaffung positiver Anreize jedoch ein viel wichtigerer. Ihn nahm die Öffentlichkeit kaum zur Kenntnis. Unsere in vielen Mitarbeitergesprächen gefundenen Zielvereinbarungen etwa erwiesen sich als unspektakuläres, aber wirkungsvolles Steuerungsinstrument. Als Botschafter in Berlin kam es mir sehr zupass, weil es mich zwang, klare Vorstellungen zu meiner vierjährigen Amtszeit zu formulieren. Auch die in meiner Zeit eingeführten Globalbudgets für Botschaften und Konsulate waren ein unbestreitbarer Fortschritt, der schon nach kurzer Zeit von niemandem mehr in Frage gestellt wurde.

Auf einem Feld »negativer Auswüchse« geriet ich mit Bundesrat Cotti allerdings in heftigen Streit. Bei näherer Betrachtung handelte es sich um eine Auslegungsfrage: War das Zulagenwesen des EDA eine katastrophale Fehlentwicklung (Cottis Ansicht) oder ein unverzichtbares Anreizsystem (meine Meinung)? Viele in der Behörde fürchteten die cholerischen Wutausbrüche des Tessiners, von denen auch engste Mitarbeiter nicht verschont blieben. Jetzt traf Cottis Zorn erstmals mich. Starrsinnig beharrte er darauf, dass man die vielfältigen, inhaltlich differenzierten Gehalts- und Repräsentationszulagen drastisch reduzieren müsse. Sparsamkeit, nicht Dossierkenntnis diktierte ihm die Worte. Denn diese Zulagen – im Sonderfall bis zu fünfunddreißig Prozent zum Grundgehalt – machten auf »hardship posting« unbestreitbar ihren Sinn. Schickte man in der Privatwirtschaft jemanden nach Lagos, verdoppelte man sein Grundgehalt ohne große Nachfrage: Geld für eine angemessene Wohnung, fürs Internat der Kinder, für Dienstwagen und Personal. Ohne Anreize dieser Art fände sich kaum jemand bereit, nach Afrika zu gehen – sowie an der Börse Bonds von Entwicklungsländern gewaltige Risikoaufschläge enthalten.

Flavio Cotti stellte sich jedoch auf den Standpunkt, man habe die Versetzungsdisziplin exakt deshalb eingeführt, um sich nicht das Wohlwollen der Diplomaten erkaufen zu müssen. Theoretisch richtig, praktisch aber falsch. Auch für einen Diplomaten sind ökonomische Anreize ein Motivationselement. Solange ich die Effektivität steigerte, ließ Cotti mir freie Hand, denn wirtschaftlich dachte er äußerst innovativ. Für die inneren Grundsätze moderner Personalführung hatte er indes nur beschränktes Gespür. Und diesmal biss ich auf Granit. Er ließ es sich nicht ausreden, mit dem Rasenmäher durch die Ausgaben zu fahren, ohne dabei die versteckten Folgen seiner rabiaten Streichungen zu reflektieren. Eine effektive Auslandsvertretung lässt sich ohne Repräsentation nicht bewerkstelligen, und jeder gute Marketingchef weiß, dass man sogar in wirtschaftlich klammen Zeiten den Werbeetat nicht kürzen darf. Allerdings findet auch er häufig kein Gehör bei seinem Finanzvorstand.

Verglichen mit dem infolgedessen zu erwartenden Aufstand, waren die Unruhen ums Assessment Center das reinste Kinderspiel gewesen. Wohl oder übel griff ich zu einer Bürokratenlist: Ich setzte eine Arbeitsgruppe ein. Sie recherchierte ausgiebig, tagte ergebnislos, gab neue Studien in Auftrag, tagte wieder ergebnislos, holte frische Informationen ein, tagte ergebnislos ... Bis zu meiner Berufung zum Chef der Task-Force »Zweiter Weltkrieg« blieben der Vorgang in der Schublade und die Zulagen ungekürzt. Leider erwies sich Nachfolger Litscher in dieser Sache als schwach und hielt die Widerstandslinie nicht lange durch. Flavio Cotti realisierte die Kürzungspläne und schoss damit das entscheidende Eigentor, das sein sonst positives Bild für die Diplomatennachwelt verdunkelte. Erstmals fand eine Unterschriftenaktion im EDA mehr als fünf Unterzeichner, und die Lobby der Unzufriedenen errang damit die Medienhoheit. Eine solche Sensation ließ sich die Presse nicht entgehen, selbst die sonst so zurückhaltende *Neue Zürcher Zeitung* schlug sich auf die Seite der Entrechteten: »Die Verhältnisse im EDA entsprechen eher denen eines orientalischen Hofes als republikanischer Gesprächskultur.«

Cotti hatte den Bogen eindeutig überspannt, das beeinträchtigte den ganzen Reformprozess, der sich unter seinem Nachfolger Joseph Deiss dann auch stark verlangsamte. Niccolò Machiavelli, dem die Geschichte wenig schmeichelhafte Charakterzüge nachsagt, obwohl er ein formidabler Diplomat war, hatte wohl schon vor fünfhundert Jahren Recht mit seiner Erkenntnis: »Der Neuordner hat alle die zu Feinden, die sich in der alten Ordnung wohl befinden, und laue Mitstreiter in denen, welche bei der Neuordnung zu gewinnen hoffen.« Letztere darf man sich nicht auch noch zu Feinden machen, dann ist man verloren.

Obwohl ich eine schöne Wohnung in einer denkmalgeschützten Atelier-5-Siedlung besaß (von Kennern wird diese Architektur der späten fünfziger Jahre als Klassiker der Moderne angesehen), war ich selten zu Hause. Nicht nur die EDA-Zentrale verlangte meinen ganzen Einsatz, auch auf den Außenposten waren persönliche Bemühungen gefragt. Natürlich konnte man Erläuterungstexte und Fließdiagramme zum *New Public Management* mit der Post verschicken, als wirklich einprägsam erwiesen sich aber nur persönliche Auftritte. So organisierte ich etliche Konsularkonferenzen, um dem Personal im Ausland die Neuerungen an Haupt und Gliedern schmackhaft zu machen. Auf einer dieser Roadshows lernte ich im August 1995 in Washington den Schweizer Honorarkonsul in Dallas/Texas kennen: Gabriel Barbier-Mueller. Er fiel mir auf, weil er sich über meinen Vortrag prächtig amüsierte. Für ihn als erfolgreichen Geschäftsmann waren die »neuen Managementmethoden« kalter Kaffee, und er fand die kleinmütigen Einwände seiner hauptberuflichen Konsularkollegen äußerst komisch. Diese relaxte Haltung entsprach meinem eigenen Empfinden, und so freundeten wir uns an. Gabriels Mutter kam aus einer Solothurner Industriellenfamilie, sein Vater war Genfer, und was Gabriel über die Golfplätze rund um die texanische Metropole erzählte, erschien mir so verlockend, dass ich ihm einen Besuch versprach.

Er war für April 1996 vorgesehen, und ich freute mich schon darauf. Während ich mich bereits in Vorurlaubsstimmung befand, traf mich unversehens ein heikler Auftrag von Bundesrat Cotti: Für sechsunddreißig Stunden sollte ich nach Bukarest fliegen, um die dortige Botschaft zu examinieren. Hätte ich prophetische Gaben besessen, wäre mir die Mission vermutlich sauer aufgestoßen, denn nicht das EDA hatte Indizien für Unregelmäßigkeiten entdeckt, sondern das Boulevardblatt *Grüezi*. Am 10. März 1996 konnte man darin von einem »komfortablen Liebesnest« lesen, das von unserem ersten Mann vor Ort angemietet und ausstaffiert worden sei. Gemeinsam mit seiner dreiundzwanzigjährigen rumänischen Geliebten benutze der Schweizer Botschafter die Wohnung für lauschige Schäferstündchen. Über eine Veröffentlichung in der rumänischen Postille *Academia Catavencu* wurde die Sache ruchbar. Für uns war die Angelegenheit nur deshalb relevant, weil die Geliebte angeblich eng mit dem rumänischen Geheimdienst zusammenarbeitete. Da die Indizien auf einen hohen Wahrheitsgehalt hinwiesen, stellten wir Nachforschungen an, und Bundesrat Cotti schickte mich und César Dubler, den Leiter unseres juristischen Dienstes, zur Untersuchung nach Rumänien.

Wir kamen am Spätnachmittag eines launischen Frühlingstages an und fuhren unverzüglich zur Botschaft. Die Mitarbeiter bestätigten, was wir in groben Zügen schon wussten: Der Schweizer Botschafter praktizierte sein außereheliches Liebesleben weitgehend offen, vernachlässigte dabei seine Arbeit und gefährdete die Sicherheitslage der Schweiz. Denn seine Geliebte arbeitete für den rumänischen Geheimdienst SRI, den Nachfolger der berüchtigten *Securitate.* Auch nach dem Sturz Nicolae Ceauşescus im Jahr 1989 bediente sich die demokratisch gewählte Regierung Rumäniens geheimdienstlicher Methoden, unter anderem um die ungeliebte Opposition zu überwachen. Besonderer Dorn im Auge waren ihr die »revanchistischen Kräfte« um Ex-König Michael I., der in Versoix bei Genf im Exil lebte. Unser Botschafter wurde als interessantes Zielobjekt eingestuft, von dem man sich Auskünfte über die Gemeinde der Exilrumänen in der Schweiz versprach.

Ob es sich um gegenseitige Liebe oder nur um einseitige Ausbeutung sexueller Abhängigkeit handelte, die Sache hatte staatspolitische Züge angenommen, und nur deswegen griffen wir ein. Die Eheprobleme des Botschafters interessierten uns genauso wenig wie die Frage, was er in seiner Freizeit noch so tat. Allerdings war ihm die Trennung von Arbeit und Freizeit etwas aus den Fugen geraten. Seine Mitarbeiter berichteten, er telefoniere stundenlang mit der Geliebten und sei selbst in dringenden Angelegenheiten nicht zu sprechen. Auch bliebe er der Botschaft tageweise fern. Nachdem wir die Protokolle gesammelt hatten – César Dubler tippte sie in sein Notebook, druckte sie aus und ließ sie sofort unterschreiben –, wandten wir uns dem Botschafter zu. Anfangs noch heftig leugnend, verzagte er zusehends. Weit nach Mitternacht gab er in Anbetracht erdrückender Zeugenaussagen klein bei. In der Folge stimmte er seiner Abberufung zu. Er verlor vorübergehend den Botschaftertitel, arbeitete in dieser Zeit jedoch in der Strategieabteilung des EDA weiter. Im August

2000 wurde er wieder als Schweizer Vertreter mit Botschaftertitel ins Ausland geschickt. Übel meinende Zeitgenossen mögen Parallelen zwischen dem »Fall Rumänien« und dem »Fall Borer« konstruieren. Hat mich im Jahr 2002 nicht mein Handeln von 1996 eingeholt, diesmal als Verdächtigter statt als Ermittler? Gehen wir die einzelnen Punkte nüchtern durch: Unser Botschafter in Bukarest hatte eine Affäre – ich nicht. Er vernachlässigte seine Aufgaben – ich nicht. Und schließlich kollidierte bei ihm die Angelegenheit mit staatlichen Schutzinteressen – bei mir nicht. Allenfalls ähnlich ist, dass ein Zeitungsartikel den Auftakt zur Untersuchung machte. Doch welche Untersuchung? Bei unserem Botschafter in Rumänien gab es eine juristisch korrekte Anhörung, bei mir begann stattdessen ein öffentliches Kesseltreiben, dem mein Arbeitgeber keinen Einhalt gebot. Statt wie gebannt auf weitere »Enthüllungen« der Boulevardpresse zu warten, reagierte Flavio Cotti 1996 richtig, indem er die Angelegenheit vor Ort recherchieren ließ, bevor sie zum medialen Selbstläufer werden konnte. Unser rasches und entschiedenes Handeln verschaffte dem Betroffenen eine Chance auf spätere geräuschlose Rehabilitierung, obwohl er sich eines echten Dienstvergehens schuldig gemacht hatte. Alles Dinge, die auf meinen »Fall« leider nicht zutreffen, weil die Weichen im EDA bereits im Vorfeld falsch gestellt wurden. Ich hätte erleichtert aufgeatmet, wäre ein Stellvertretender Generalsekretär Borer auf Mauritius zur »Einvernahme« erschienen oder hätte diese telefonisch vorgenommen – und das, obwohl ich weiß, wie scharf der Borer verhören kann!

Nach diesem unfreiwilligen Trip konnte ich endlich meine Golfsachen zusammenpacken und in den Urlaub entschwinden. Zusammen mit meinem besten Freund Bruno Müller bestieg ich in Zürich gut gelaunt eine *Swissair*-Maschine nach Amerika. Wie es der Zufall wollte, hatte Bruno in diesen Apriltagen 1996 beruflich in Dallas zu tun. Nachdem er dreizehn Jahre zuvor in einem extrem starken Bewerberjahrgang vom

EDA abgelehnt worden war – das Beste, was ihm in seinem Berufsleben passieren konnte –, reiste er nun als Marketingmanager für die *Roche* mit größerer Verantwortung in der Welt herum, als es ihm der diplomatische Dienst je erlaubt hätte. Während des Fluges tauschten wir Erinnerungen an unsere Basler Studienzeit aus und schmiedeten Pläne für die nächsten Tage. Natürlich wollte Bruno nach den Geschäften entspannen, Golf spielen und interessante Leute kennen lernen. Die Vorzeichen dafür standen gut, denn über Gabriel Barbier-Muellers umtriebige Gattin Ann erhielten wir Zugang zur besseren Gesellschaft von Dallas. Als enthusiastische Kunstsammlerin organisierte sie zu dieser Zeit gerade einen Wohltätigkeitsball fürs »Dallas Museum of Art«. Gabriel hatte mir am Telefon von einer Benefiz-Auktion erzählt, also brachte ich als Gastgeschenk eine Zwei-Personen-Reise in die Schweiz mit, gestiftet von der *Swissair* und Schweizer Hoteliers. Der Balltermin war für Freitag angesetzt, am Mittwoch davor konnte man das Versteigerungsgut im Museum besichtigen.

»Gib deine Spende doch persönlich ab«, schlug Ann Barbier-Mueller vor, »und lerne dabei ein paar nette Leute kennen. Deinen Freund kannst du ja mitnehmen.« Unsere Mienen mussten wenig Begeisterung ausgestrahlt haben, denn sie fuhr fort: »Keine Bange! Wohltätigkeitsveranstaltungen sind in Texas etwas anderes als in der Schweiz! Da laufen nicht nur steinalte Witwen herum, sondern jede Menge hübscher Frauen im heiratsfähigen Alter!«

Bruno und ich waren eingefleischte Junggesellen, aber natürlich traf Ann damit ins Schwarze. Man musste ja nicht gleich heiraten! Entgegen den Versprechungen waren die meisten anwesenden Damen jedoch weit jenseits der Fünfzig. Die Auktionsgegenstände – Kunst, Vasen, Möbel, Schmuck – interessierten uns nicht wirklich, und nach einigen Minuten höflicher Betrachtung sahen wir uns suchend nach dem Weg ins Museumscafé um. Da stieß mich Bruno an. In der Mitte des Raumes stand eine schlanke, blonde Frau, die den Altersdurchschnitt sofort um zwei Jahrzehnte senkte. Sie trug eine schlichte schwarze Hose und eine elegante Versace-Bluse. Mehr konnte ich nicht sehen, denn sie wurde von zwei Männern mit ihren breiten Rücken verdeckt. »Schau dir die mal an!«, raunte Bruno. »Ganz deine Kragenweite!«

In diesem Moment schüttelte die Frau ihre blonde Mähne und drehte sich in meine Richtung. Unsere Blicke begegneten sich, und mich überrollten zwei Güterzüge auf einmal. Die Unbekannte musste meine Irritationen bemerkt haben, denn sie lächelte und deutete flüchtig einen Kussmund an – jedenfalls kam es mir so vor! Meine Knie wurden weich. »Würde es dir etwas ausmachen«, sprach ich mit belegter Stimme zu Bruno, »mir einen Whiskey zu besorgen?«

Er sah mich prüfend an. Dann grinste er bis über beide Ohren: »Schon gut, ich verzieh mich und gehe ins Café.«

Ich war bereits mit Haut und Haaren verloren. Ein Begleiter der geheimnisvollen Schönen kam auf mich zu und fragte, woher ich käme. »From Switzerland«, stammelte ich. Oh, wie interessant, meinte er, darf ich Sie einer guten Freundin von mir vorstellen? »Hi – my name is Shawne«, erklang es aus ihrem Mund ... und ich weiß heute, sieben Jahre später, wirklich nicht mehr, welche Worte ich als erste an sie richtete! Wahrscheinlich fragte ich ganz artig, ob sie aus Dallas stamme, worauf sie mit Nein geantwortet haben muss, denn wenig später waren wir schon bei Buddy Holly angelangt. Der Musiker kam aus Lubbock, einer für europäische Verhältnisse beachtlichen Großstadt von zweihunderttausend Seelen in West-Texas, für jeden Amerikaner jedoch eine Provinzmetropole; Shawne hatte dort einen Teil ihrer Schulzeit verbracht. Ohne den berühmten Sohn der Stadt wüsste überhaupt niemand etwas über Lubbock, und so war Shawne freudig erstaunt, dass ich wenigstens den Rock 'n' Roll-Star und seine Musik kannte. Von da kamen wir aufs Tanzen zu sprechen, und ich erkundigte mich vorsichtig, ob ich beim großen Benefiz-Ball mit ihr rechnen dürfe. »Let's see«, antwortete sie sibyllinisch, und aus ihren Augen blitzte der Schalk. Das genügte mir. Beim ersten Kontakt soll man den Bogen nicht überspannen. Dennoch schlug mein Herz wie wild, als sie wenig später aus dem Museum entschwand. Meine Verliebtheit erfuhr jedoch noch am selben Abend einen herben Dämpfer. Als ich Gabriel Barbier-Mueller von der neu entdeckten Traumfrau erzählte, erschrak er: »Weißt du, wer das ist? Shawne Fielding! Die gehört zu einem der reichsten Männer der Stadt. Lass bloß die Finger von ihr. Der pustet dich weg.«

»Was heißt *gehört*? Bei aller Sympathie für die Südstaaten: Ihr habt den Bürgerkrieg verloren! Die Sklaverei ist abgeschafft.«

»Hey, das ist immer noch Texas! Hier gelten andere Regeln. Shawne Fielding ist mit Charlie Williams liiert! Bei uns klaut kein Ausländer eine Frau, schon gar nicht unsere Schönheitskönigin. Und wenn, ist er ein toter Mann.«

Um mich vor Schlimmerem zu bewahren, verordnete mir Gabriel eine Tischdame für den Ball. Ich finde *blind dates* jedoch äußerst unangenehm und bestand darauf, mit Bruno allein hinzugehen. Da Südstaatlern Gastfreundschaft heilig ist, gab Gabriel meinem Wunsch nach. Wir erhielten gute Plätze ohne Zwang zur Konversation, und ich brüskierte keine fremde Tischdame mit abschweifenden Blicken auf meine Traumfrau. Der Festsaal war dicht gefüllt, doch Shawne strahlte mit ihrem blauen Ballkleid wie ein heller Stern am Nachthimmel. Durch ihre charismatische Erscheinung hätte man sie selbst in einem Fußballstadion entdeckt. Erleichtert registrierte ich, dass sie sich nicht an der Seite des gefürchteten Milliardärs befand, sondern von einem ihrer beiden Freunde begleitet wurde. Gabriel wusste nicht, dass die Beziehung zu Charlie Williams vor der Auflösung stand. In der High Society von Dallas galten beide noch als Paar.

Gegen halb elf rief eine Lautsprecherdurchsage meine Reise zur Versteigerung auf. Als besonderer »Anreiz« umfasste das Paket ein Abendessen mit mir in Bern, dazu sollten potenzielle Käufer wissen, um wen es sich bei diesem »Swiss Under Secretary for Management« handelte. Ich erhob mich, lächelte verschämt und suchte verstohlenen Blickes nach meiner

Angebeteten. Gott sei Dank, sie saß einige Tische weiter weg. Die Auktion begann bei zweitausend Dollar und gewann schnell an Höhe. War eigentlich die Reise das Objekt der Begierde – oder war ich es selbst? Schnell trieben zwei erbitterte Konkurrentinnen das Gebot in die Höhe: 15 000 Dollar ... 16 000 Dollar ... 16 500 Dollar ... 17 000 Dollar ... 17 500 Dollar ... 18 000 Dollar ... Längst war alle ökonomische Verhältnismäßigkeit außer Kraft gesetzt, und es ging immer noch weiter! Eine wohlhabende Amerikanerin Mitte fünfzig lieferte sich – ja tatsächlich! – mit meiner wunderbaren texanischen Schönheitskönigin ein Gefecht um die Frage, wer mit mir in Bern essen gehen dürfe! Absurd ... und schmeichelhaft zugleich.

Aufgeregt verfolgte ich das Wettbieten. Es kam, wie es kommen musste: Der Hammer fiel nicht zugunsten meiner Traumfrau! Die nette ältere Dame ersteigerte die Flugtickets, die Hotelgutscheine und das Abendessen und brachte über zwanzigtausend Dollar in die Kasse. Mit gefrorenem Lächeln dankte ich ihr für die Großzügigkeit und gab ihr meine Visitenkarte. Dann ging ich traurig zu Shawne und meinte: »Du kannst mich ja trotzdem in Bern besuchen.«

»Okay – ich komme in zwei Wochen.«

Sie hielt Wort. Vorher trafen wir uns noch einige Male in Dallas, obwohl Gabriel um mein Leben fürchtete. Ich beruhigte ihn: Das luxuriöse Hotel Four Seasons in Las Colinas bot uns eine diskrete Ausweichmöglichkeit, denn sein Beauty- und Fitnessbereich war auch Einheimischen zugänglich. Niemand fragte Shawne, ob sie zur Kosmetikerin wollte oder bei mir war, wenn sie ihren Wagenschlüssel an der Rezeption abgab, damit der Boy ihr Mercedes-Cabrio in die Tiefgarage fuhr. Zwei Tage lang genossen wir die friedliche Abgeschiedenheit, dann flog unsere Tarnung durch ein Missgeschick auf. Shawne fuhr am Vormittag weg, während ich Golf spielen ging. Einige Stunden später stürmte sie wieder in die Halle, wo ich mich zufällig aufhielt. Diesmal war jedoch nicht ich der Grund für ihren furiosen Auftritt, sondern ein peinliches Versehen der Rezeption. Als der Boy am Vormittag Shawnes Mercedes vorgefahren hatte, waren versehentlich wichtige Dokumente eines texanischen Geschäftsmanns auf den Rücksitz gelegt worden. Nichts ahnend fuhr Shawne los, ohne die Zusatzfracht überhaupt zu bemerken – ein unauffälliger, grauer Umschlag. Als der Besitzer den Verlust entdeckte, setzte er natürlich alle Hebel in Bewegung, um die geheimnisvolle Cabriofahrerin ausfindig zu machen. Im Zuge der Nachforschungen platzten unsere Diskretionsbemühungen wie Seifenblasen, denn nach unzähligen Telefonaten schien die halbe Stadt von der auffallend schönen Blondine mit ihren auffallend häufigen Hotelbesuchen in den letzten Tagen zu wissen. Über die Mercedes-Vertretung in Dallas bekam der Empfangschef schließlich Shawnes Handynummer heraus und der Geschäftsmann seine Unterlagen zurück.

»Bist du nicht ein Spezialist für *Public Affairs*?«, fragte mich Shawne spitzzüngig, als sie sich wieder erholt hatte. Das musste ich zugeben. Große Dinge kann man nicht verheimlichen, und so beschlossen wir, unsere Liebe ohne weitere Versteckspiele zu praktizieren. Bis heute haben wir das überlebt, und Charlie Williams spart sich seine Kugeln für andere Nebenbuhler auf.

8. Swiss Despair

Ich glaube nicht an die Kollektivschuld. Die Schuldigen sind
schuldig, aber die Kinder der Schuldigen sind Kinder.

Elie Wiesel

Man kann sich lebhaft vorstellen, dass dieser Sommer zu den
glücklichsten Abschnitten meines Lebens zählte – auch wenn
ich mir im August 1996 durch ein nächtliches Ungeschick den
großen Zeh brach. Die Badezimmerschwelle in Shawnes
Appartement war höher, als im Halbschlaf vermutet, so prall-
te ich voller Wucht dagegen und handelte mir die schmerzhafte
Verletzung ein. Der amerikanische Arzt, den ich unverzüglich
konsultierte, verbot mir den Heimflug nach Bern. Mir war das
recht, so schlug ich einen verlängerten Liebesurlaub heraus.
Die Gelegenheit war günstig, wir setzten uns ins Auto und fuhren durch Texas, damit mich meine künftigen Schwiegereltern
in Augenschein nehmen konnten. Wer den Westen von Texas
kennt, weiß um die einschläfernde Fahrt durch die endlose Prä-
rielandschaft. Wenn man nach einem Nickerchen von einer
Dreiviertelstunde erwacht – mit meinem angeschwollenen Zeh
konnte ich mich ja nicht ans Steuer setzen, sondern döste auf
dem Beifahrersitz vor mich hin –, glaubt man, keine Meile
vorangekommen zu sein, weil noch immer alles unverändert
aussieht. Obwohl Shawne eine große Südstaaten-Patriotin ist,
musste sie zugeben, dass ihre Heimat gegen die Schweizer Berge keine Chance hat. Als ich ihr zum ersten Mal Bern zeigte,

brach sie in unverhohlene Begeisterung aus, und ihre Liebe zur Schweiz blieb bis April 2002 ungebrochen. Dann erlitt sie allerdings einen leichten Kollateralschaden.

Die eintönige Landschaft im Westen von Texas wurde von der Herzlichkeit der Einwohner mehr als aufgewogen. Besonders eindrücklich erlebte ich die Begegnung mit Shawnes Großmutter Augusta. Die bildschöne alte Lady strahlte eine solche Vitalität und Lebensfreude aus, dass sie es nicht unterlassen konnte, mit ihrem künftigen Schwiegerenkel charmant zu flirten. Auch mit Shawnes Vater George Fielding verstand ich mich auf Anhieb gut und diskutierte mit ihm viel über Politik. George besaß Kontakte zur Familie Bush. Seinerzeit hatte er am – leider erfolglosen – Wahlkampf von George W. Bush um einen Sitz im US-Repräsentantenhaus mitgewirkt. Daher rührt, dass Shawne den damaligen texanischen Gouverneur und jetzigen amerikanischen Präsidenten seit ihrem achten Lebensjahr kennt.

Selbstredend hält sie große Stücke auf ihn, und ich kann das gut nachvollziehen. Persönlich traf ich ihn zum ersten Mal 1997 in Washington. Es war auf einem dieser Empfänge, wie sie Diplomaten zu Hunderten absolvieren müssen, steife, meist auch langweilige Anlässe, leider ein notwendiger Begleitumstand unserer Arbeit. Viele amerikanische Politiker standen herum. Die meisten blass, unscheinbar und ohne Erinnerungswert, so wie ihre kurzen Ansprachen belanglos blieben. Nur Bush war anders. Seine ganze Erscheinung strahlte Wärme aus. Als er mir die Hand drückte und lange meinen Arm hielt, hatte ich das Gefühl, einem persönlichen Freund gegenüberzustehen. Ich solle nicht vergessen, trug er mir auf, Shawne und ihren Vater ganz herzlich von ihm zu grüßen. Mein Freund Lanny Griffith, ein großer Strippenzieher in Washington, nahm mich beiseite und flüsterte mir zu: »Du hast eben dem künftigen Präsidenten der USA die Hand gedrückt!« Ich glaubte ihm sofort, obwohl Clinton noch fest im Sattel saß und nur wenige Hauptstadtinsider den »Provinzgouverneur« George W. Bush überhaupt kannten. Dieser charismatische Mann würde die Amerikaner begeistern!

Leider wird der amtierende US-Präsident von vielen Europäern gering geschätzt, man begegnet ihm mit simplizistischen Vorurteilen. Die Amerikaner hat der prinzipientreue Präsident George W. Bush jedenfalls mit seiner Regierungsmannschaft überzeugt. Nicht ohne Grund gelang ihm im November 2002, was zuletzt Franklin D. Roosevelt glückte: bei den Halbzeitwahlen als Präsident Zugewinne im Repräsentantenhaus *und* im Senat zu erzielen. Amerikanische Wähler schauen sehr genau hin, wem sie in Krisensituationen ein Mandat erteilen. Und wenn sie das austarierte System von *checks and balances* zwischen Weißem Haus und Kongress ausnahmsweise außer Kraft setzen, muss das gute Gründe haben. Der 11. September 2001 hat die USA eben grundlegend verändert und völlig neue Prioritäten gesetzt; viele Europäer verschließen davor die Augen. Den in Europa tief sitzenden Antiamerikanismus, der auch in der Außenpolitik Deutschlands und der Schweiz partiell spürbar ist, halte ich für verheerend. Er schränkt die Möglichkeiten ein, zielgerichtet und wirksam auf die USA Einfluss zu nehmen. Dies erlebte die Regierung Schröder nach ihrer Wiederwahl im Herbst 2002 schmerzlich. Wer als Europäer auf das offene politische System in Washington einwirken will, muss den Status eines glaubwürdigen, zuverlässigen Freundes mitbringen und moderne *Public-Affairs*-Methoden beherrschen. Über amerikanische Suprematie zu klagen oder wie ein kleiner Hund den großen Mann anzukläffen, hilft so wenig wie das Lamento über schlechtes Wetter – Petrus kümmert sich nicht darum.

Von einem Konkurrenzdenken zwischen Europa und den USA halte ich ebenfalls nichts. Meiner Überzeugung nach wird die Welt in Zukunft nicht weniger, sondern mehr europäisch-amerikanische Kooperation brauchen, will der Westen die Chancen der Globalisierung nutzen und den neuen sicherheitspolitischen Risiken erfolgreich begegnen. Der Westen repräsentiert nur einen kleinen, täglich schrumpfenden Teil der Menschheit, der gleichwohl – noch! – die Welt dominiert. Nicht Amerikas Stärke ist dabei das Problem, sondern die

Schwäche der Alten Welt. Sie zu überwinden, bleibt Sache der Europäer. Auch wer meine Überlegungen nicht teilt, kann sich der Erkenntnis kaum verschließen, dass die USA bis weit ins 21. Jahrhundert hinein die einzige Supermacht ohne vergleichbares Gegengewicht bleiben werden. Sie haben die beste Armee mit weltweiter Präsenz, sie nehmen die politische, wirtschaftliche und technologische Führungsrolle in der Welt ein. In vielen Bereichen bauen sie ihren Vorsprung laufend aus. Amerikanische Politik, amerikanische Technologie, amerikanische Kultur und Wertvorstellungen sind bis in den hintersten Winkel der Welt vorgedrungen und beherrschen auch die Wünsche und Träume eines asiatischen Kuli oder afrikanischen Bauern. Was man auch immer über dieses Phänomen denken mag: Wer sollte ein weiteres »amerikanisches Jahrhundert« verhindern? Russland etwa? Dazu wäre eine unglaubliche wirtschaftliche und politische Kraftanstrengung des Riesenreichs vonnöten. China? Noch lange nicht. Europa? Vor uns läge ein langer, harter Weg. Und hätten wir überhaupt den Willen dazu?

Momentan grassiert vor allem die Angst vor einer unipolaren Hegemonie der USA, obwohl sie auf verschiedene Weise abgeschwächt wird. Was immer geschieht, die Amerikaner werden auf Verbündete angewiesen bleiben. Einseitige Interventionen sind in der heutigen Welt kaum noch durchführbar. Friedenssicherung benötigt internationale Kooperationen und ein grundsätzliches Mandat des UNO-Sicherheitsrats. Zudem repräsentieren die Amerikaner eigentlich eine »gutmütige Vormacht«. Ich halte es da mit dem berühmten US-Kommentator Walter Lipmann, der bereits in den fünfziger Jahren die USA darauf verpflichtete, eine »Macht des Guten« zu werden und damit zu leben, dass sie als stärkste Kraft keineswegs allwissend oder allmächtig geworden seien, weder zur Führung der Menschheit noch als Weltpolizist ein Mandat besäßen. Wer sich von Lipmann nicht überzeugen lässt, möge Trost in der Feststellung meines Freundes Richard Burt finden, dem früheren amerikanischen Botschafter in Bonn: »Die Amerikaner tun immer das Richtige – nachdem sie alle anderen Wege erschöpft haben.«

Shawnes Familie bot also einen spannenden Zugang zur amerikanischen Politik, und Shawne interessiert sich wie ich seit Kindesbeinen für dieses Metier. Obwohl sie in vielen Interviews offen Rede und Antwort stand, kursieren immer noch verzerrte Bilder von ihr in den Medien. Über die Doppelmoral und Einfalt gerade auch weiblicher Journalisten bin ich immer wieder erstaunt. Wer als Frau blond und schön ist, hat offensichtlich kein Anrecht darauf, als intelligent und gebildet dargestellt zu werden. Dass Shawne einen Abschluss in Psychologie und Marketing der renommierten Southern Methodist University (SMU) in Dallas besitzt, wurde von den Boulevardblättern oft genug ignoriert, während man ihre professionelle Medienarbeit als Schauspielerin, Model und Botschaftergattin gern als überzogene Selbstdarstellung kritisierte. Im Rampenlicht zu stehen, sich dafür gewissenhaft anzukleiden und vorzubereiten, ist anstrengende Arbeit, die Shawne mit bewundernswerter Disziplin erledigt. Während der Zeit als Botschaftergattin in Berlin standen ihre glamourösen Auftritte stets im Dienste einer guten Sache und spielten viel Geld für karitative Zwecke ein. In neunzig von hundert Fällen brachten diese Auftritte übrigens nicht den Bruchteil des Spaßes, den die Klatschpresse suggeriert. Nach drei Abenden in der Öffentlichkeit ist man froh, wenn man am vierten zu Hause bleiben darf, ein Buch lesen oder ein Gedicht schreiben kann. Ich habe keine lyrische Ader, aber Shawne schreibt gerne und hatte schon ein fertiges Buch in der Schublade, als ich sie kennen lernte. Privat eher introvertiert, schätzt sie Ruhe und Geborgenheit. Wer näher an sie herankommt, merkt sofort, dass sie ein herzensguter Mensch ist. Shawne gehört zu den mitfühlenden Seelen, die einer streunenden Katze Asyl gewähren, selbst wenn sie unter einer Katzenallergie leiden.

Darum stören uns Paparazzi-Überfälle auch so, denn man kann nicht einerseits sensibel auf die Belange seiner Umwelt reagieren, sich aber andererseits im eigenen Privatleben ständig unfairen Attacken ausgesetzt sehen. Das zehrt an der Substanz. Niemand ist Leibeigener der Medienindustrie, nicht einmal derjenige, der leichtsinnigerweise einen Pakt mit ihr schließt. Auch für Showstars und Angehörige des Hochadels gelten elementare Menschen- und Persönlichkeitsrechte, noch mehr jedoch für Politiker, Geschäftsleute und Diplomaten, die einen Beruf ausüben, der sie zwangsläufig in Kontakt mit den Medien bringt. Was ist das für eine Welt, in der man hinter jeder Interviewanfrage einen potenziellen Rufmordversuch vermuten muss? Wir dachten bis zum bitteren Ende meiner Diplomatenkarriere nie schlechter von Journalisten als von uns selbst und bezahlten für diese altmodische Haltung einen hohen Preis. Natürlich mindert das die Lust an einem fröhlichen, weltoffenen Lebensstil. Heute muss ich Shawne schon dreimal fragen, bevor sie eine Einladung annimmt. Nicht die bessere Gesellschaft ließ uns fallen, wie es bestimmte Boulevardmedien triumphierend vermeldeten, sondern wir erlauben uns den Luxus, die Anlässe, an denen wir teilnehmen, nach eigenem Gutdünken auszuwählen.

1996 interessierte sich kein Journalist für unser privates Glück, auch vom Außenministerium in Bern drohte keinerlei Ungemach. Die Liebe eines Schweizer Diplomaten zu einer US-Bürgerin warf weder Probleme noch Fragen auf, man schenkte ihr keine besondere Aufmerksamkeit. Kurz zuvor hatte ich in Benedikt von Tscharners kleinem Diplomatenbrevier ein ausdrückliches Plädoyer für binationales Liebesglück gelesen: »Niemand käme es in den Sinn«, schrieb Tscharner ermutigend, »heute noch gemischte Diplomatenehen in Frage zu stellen oder auch nur als problematisch zu empfinden. Nicht selten sind es die interessantesten und sympathischsten Paare, die auf diese Weise ihre Weltoffenheit an den Tag legen.«

Selbst über unterschiedliche Kulturkreise hinweg schafft dies keine Probleme, und unsere kleine transatlantische Entente erwies sich nicht nur als privat beglückend, sondern auch als politisch nützlich. Allein die Tatsache, dass der Task-Force-Leiter eine amerikanische Freundin besaß, trug wenig später zur Entkrampfung der Stimmung bei. Doch ich greife den Dingen vor. Meine Berufung zum Chef der Task-Force »Zweiter Weltkrieg« erfolgte im Oktober 1996, und um die damit verbundenen Vorgänge zu verstehen, muss ich einen kleinen Exkurs über die Geschichte der Schweiz im Zweiten Weltkrieg einschieben. Einschränkend sei gesagt, dass ich hier nur einen Abriss liefern kann. Es ist kaum möglich, erschöpfend über diese zweieinhalb Jahre zwischen Oktober 1996 und April 1999 zu berichten. Das mag einem späteren Buch vorbehalten bleiben.

Die Schweiz im Zweiten Weltkrieg. Nachdem im Juni 1940 Paris gefallen war, befand sich die Schweiz in einer äußerst prekären Lage. Von den Krieg führenden Achsenmächten Deutschland und Italien bereits zu drei Vierteln umschlossen, grenzte sie im Westen an das nun ebenfalls nazihörige Vichy-Frankreich. Eine klassische Kesselsituation mit verheerenden Implikationen. Bis Ende 1944 sollte die Schweiz eine Insel im von den Nazis beherrschten Europa bleiben. Trotz ihrer Wehrbereitschaft erwies sie sich in vielerlei Hinsicht als erpressbar, denn ihre Wirtschaft war traditionell auf Handel und Außenkontakte angewiesen. Unverzichtbare Importe von Rohstoffen und Nahrungsmitteln drohten zu versiegen, während die exportorientierte Industrie ihre Absatzmärkte wegbrechen sah. Die mittlerweile weltberühmten Schweizer Banken und Versicherungen waren damals vor allem noch kleinere, national ausgerichtete Unternehmen. Mit nur wenigen urbanen Zentren zeigte sich die Schweiz insgesamt agrarisch geprägt und bis in die fünfziger Jahre hinein als keineswegs wohlhabend. Ihre ertragsarme Landwirtschaft schaffte es nicht, die Bevölkerung ausreichend zu ernähren. Im Gegensatz zu Deutschland oder Frankreich gab es keine großflächigen Kornkammern, auf die man zurückgreifen konnte. So wurde ab 1940 in einer »Anbauschlacht« versucht, die Importabhängigkeit bei Nahrungsmitteln zu verringern. Zwar gelang es, die landwirtschaftliche

Anbaufläche beinahe zu verdoppeln und den Selbstversorgungsgrad der Schweiz um sieben Prozent zu steigern. In der Praxis bedeutete dies aber harte Entbehrungen für die Bevölkerung, denn das Ziel erreichte man vornehmlich durch die Senkung des durchschnittlichen Kalorienverbrauchs pro Person. Überdies verfügt die Schweiz über keine natürlichen Rohstoffe und war im Besonderen von den Kohlelieferungen aus dem Ruhrgebiet abhängig.

Der entscheidende Punkt: Die Schweiz war *neutral*, aber sie war nicht *autark*. Daraus erwuchs eine Zwangslage, in der sich moralisch rigorose Lösungen verbaten. Natürlich wäre es für jeden Neutralen wünschenswert gewesen, sich in Krisenzeiten einfach hinter die eigenen Gemarkungen zurückzuziehen und die Streitigkeiten der Nachbarn aus sicherer Abgeschiedenheit zu verfolgen. Dies gelang im Zweiten Weltkrieg jedoch keinem europäischen Volk, weder den Schweden noch den Türken oder den Portugiesen, übrigens auch nicht den bis 1941 neutralen Amerikanern, deren Wirtschaft stark genug gewesen wäre, sich jeglicher Handelskontakte zu den Achsenmächten zu enthalten. Eine Neutralität bar jeder Autarkie bedeutete, mit allen Konfliktparteien in Kontakt bleiben zu müssen, ohne die eigenen moralischen Maßstäbe zur Geschäftsgrundlage machen zu können. An den verheerenden Rahmenbedingungen in Europa trug die Schweiz keine Mitschuld; wie viele kleine Völker war sie den Schachzügen der Großmächte hilflos ausgeliefert. Helvetische Journalisten gehörten in Europa zu den wenigen, die in den dreißiger Jahren mutig vor Hitler warnten und zum entschlossenen Widerstand aufriefen. Deshalb wurden denn auch deutschsprachige Schweizer Zeitungen im Deutschen Reich verboten, die Korrespondenten in ihrer Tätigkeit eingeschränkt. Die aggressive Politik Nazideutschlands wäre rechtzeitig zum Erliegen gekommen, hätte man zum Beispiel auf der Münchner Konferenz 1938 auf diese Stimmen gehört. Nie ist ein vermeintlicher Verhandlungserfolg von der Geschichte schneller und brutaler düpiert worden als Arthur Neville Chamberlains einfältiger Ausruf: »Peace for our time!«

Bundespräsident Johannes Rau empfängt mich zur Überreichung des Beglaubigungsschreibens im Schloss Bellevue. Nun bin ich offiziell Schweizer Botschafter in Deutschland, 1999

Der faszinierende Traktor auf dem Bauernhof von Onkel Hans, 1963

Schularbeiten im Elternhaus in Hofstetten, 1965

Besuchstag bei der Artillerie-Rekrutenschule Frauenfeld: Meine Mutter sieht mich in der Uniform eines Leutnants, 1981

Stuart Eizenstat und ich unterschreiben ein Abkommen im Departement of State, Washington; ich leite die Task-Force »Zweiter Weltkrieg«. Im Hintergrund Flavio Cotti und Madeleine Albright, 1997

US-Außenministerin Madeleine Albright in Bern, 1997

Im Helikopter mit Bundesrat Flavio Cotti zum Staatsbesuch in Israel, 1998

*Laura Bush mit Shawne
in Dallas, 2000*

*Shawne und ich im Texaslook,
1996*

*George Fielding begleitet seine Tochter Shawne
zum Traualtar in Solothurn, 1999*

Shawne und ich warten in Bern auf die Ankunft von Bundespräsident Johannes Rau, 2000

Auf einem Treffen Schweizer Wirtshaftsführer in Berlin mit Bundeskanzler Gerhard Schröder, 2000

Als scharf schießender Wilhelm Tell bedanke ich mich beim Aachener Karnevalsverein für den Orden »Wider den tierischen Ernst«, 2002

Shawne bei dem Fest unseres Nationalfeiertags (1. August) in Berlin,
2000

Richard Gere und Shawne in einer Drehpause von
»Dr. T. & The Women«, 2001

Porträtfoto von Daniel Josefsohn, 2002

Die als einmaliges Bauernopfer gedachten Tschechen erwiesen sich nur als erstes betrogenes Volk in einer langen Reihe von weiteren Opfern der Nazibarbarei. Die kollektive Sicherheit hatte kläglich versagt. Die Schweiz wählte den Weg zurück in die uneingeschränkte Neutralität, man nahm die Haltung eines Igels ein und spreizte die Stacheln. Die Fülle der verpassten Möglichkeiten, Hitler beizeiten durch die Großmächte in die Schranken zu weisen, schildert der bedeutende Historiker Professor Walther Hofer in seinem Buch »Hitler, der Westen und die Schweiz«, dessen Lektüre ich nur eindringlich empfehlen kann.

Hitlers Generäle hielten auch Einmarschpläne für die Schweiz bereit. Während sechs schwieriger Jahre sahen Hunderttausende unserer Soldaten dieser Invasion abwehrbereit ins Auge. Ein Blick auf die europäische Landkarte von 1941 macht auch heute noch die verzweifelte Lage deutlich, in der sich die Eidgenossenschaft befand: Ganz Zentraleuropa war von den Naziarmeen überrannt worden. Für nüchtern kalkulierende Menschen wäre es nur natürlich gewesen, sich dem Kollaborationskurs fast aller europäischen Staaten anzuschließen. Gewiss gab es auch in der Schweiz solche Stimmen. In ihrer überwältigenden Mehrheit hegten die Schweizer aber absolut keine Sympathien für die Nazis oder wären bereit gewesen, ihre Unabhängigkeit aufzugeben. Während im Ersten Weltkrieg die Deutschschweizer klar auf der Seite Deutschlands gestanden hatten, gelang es den wenigen nationalsozialistischen Zellen im Zweiten Weltkrieg niemals, mehr als ein oder zwei Prozent der Schweizer für sich zu gewinnen. Alles, wofür die Eidgenossenschaft stand – Demokratie, Kleinstaatlichkeit, Föderalismus, Liberalismus, Mehrsprachigkeit, Bürgersinn, Kompromissfindung –, wurde von den Nazis mit Füßen getreten. Ihr zentralistisches Führungsmodell vereinte sämtliche Schrecken eines übermächtigen, seine Untertanen entmündigenden Staates in sich. »Die Schweiz blieb bis ans Kriegsende im technischen Sinne neutral und im tieferen Sinne ein zivilisiertes, demokratisches Land, ein westlich geprägter Rechtsstaat«, schreibt der international hoch geachtete Politologe Sir Ralf Dahrendorf. »Das ist eine Leistung, die nur diejenigen nicht achten, denen die Fantasie fehlt, sich in jene schrecklichen Tage zurückzuversetzen.«

Auch von Zeitzeugen wurde den Eidgenossen Mut attestiert, etwa von dem Kommentator Walter Lipmann im Jahr 1943: »Wie einfach wäre für sie die Erklärung gewesen, sie müssten rasch den Anschluss an die neue Ordnung suchen und vor dem Eroberer Europas kuschen. Ihre Überzeugungen müssen stark und tief sein. Kein materielles Kalkül kann das Verhalten der Schweizer erklären. Wir dürfen weder jetzt noch künftig vergessen, wie treu die Schweizer Republik der Sache der Freiheit gedient hat.«

Just an diesem materiellen Kalkül – ob ernstlich vorhanden oder nur böswillig unterstellt – entzündeten sich fünfzig Jahre später die Streitigkeiten über die Haltung der Schweiz im Zweiten Weltkrieg. In einer Situation, in der jede Handlung auf Vermeidung von Schlimmerem ausgelegt war, ließen sich Fehler nicht vermeiden. Einige hatten katastrophale Auswirkungen, etwa die augenfällige Mutlosigkeit in der Flüchtlingspolitik. Die Schweiz nahm zwar in dieser schwierigen Zeit Hunderttausende von Menschen auf, aber mit mehr Courage hätte sie weiteren Tausenden jüdischer Flüchtlinge Zuflucht gewähren und sie vor dem absehbaren Tod retten können. Sicher wäre es der Regierung darüber hinaus möglich gewesen, bestimmten Unternehmen Waffenlieferungen nach Deutschland zu untersagen. Hätte sie dann nicht aber auch den Verkauf von Präzisionsinstrumenten an die Alliierten verbieten müssen? Und wie hätte man reagieren sollen, wenn Hitler im Gegenzug die zum Überleben notwendigen Kohlelieferungen gestoppt hätte? Für uns Nachgeborene ist es leicht, im warmen Wohnzimmer und im sicheren Wissen um den Ausgang der Geschichte moralische Urteile und Empfehlungen abzugeben. Aus der Perspektive des Siegers moralische Richtlinien zu dekretieren, ist immer wohlfeil. Was sich schon bei Industrieprodukten als schwierig genug erwies – im totalen Krieg gibt es sehr wenige Dinge, die nicht von der Armee verwendet werden können und in diesem Sinne »Rüstungsgüter« sind –, war bei den Finanzdienstleistungen noch problematischer. Wem dienten der Finanzplatz Schweiz und der Goldhandel – den Achsenmächten, den Alliierten, den Neutralen oder allen zusammen? Natürlich gab es unter den Schweizern auch Kriegsgewinnler. Und es griff in der Nachkriegszeit ein instinktloser Umgang mit denjenigen um sich, die am meisten unter der Terrorherrschaft der Nazis gelitten hatten: jüdische Verfolgte, deren Vermögenswerte mit viel Geschick in die Schweiz transferiert worden waren. Konnten ihre Erben die Ansprüche formal nicht ausreichend legitimieren – und das war häufig der Fall –, scheiterten sie an den bürokratischen Hürden der Schweizer Banken, die mangelnde Sensibilität an den Tag legten und den tragischen Schicksalen der Shoah-Opfer nicht gerecht wurden. So entstand das Problem der »nachrichtenlosen Konten«. Entweder meldete sich wirklich kein Überlebender mehr, oder die Erben der Ermordeten wussten nichts davon, oder sie wussten davon, kamen aber an das ihnen zustehende Geld nicht heran. Kein ausschließliches Problem der Schweiz, solche Vermögenswerte gab es in vielen Ländern bis hin zu den Vereinigten Staaten und Israel. Aber in der Schweiz rückte es plötzlich in den Mittelpunkt des öffentlichen Interesses. Fünfzig Jahre nach Kriegsende schien die Zeit reif für eine erneute Revision der eigenen Geschichte. Zwar hatte der Tagesordnungspunkt »nachrichtenlose Konten« bereits 1962 auf der politischen Agenda gestanden. Es wurde ein Bundesbeschluss (»Meldebeschluss«) erlassen, der in der Schweiz zu einer bis dato in Europa beispiellosen Suche geführt hatte. Im Ergebnis dauerte sie jedoch viel zu lange, war zu wenig gründlich und förderte nur eine eher geringe Summe zutage: rund neuneinhalb Millionen Franken. Auf eine Erbensuche im kommunistischen Osteuropa wurde verzichtet, dabei stammten die meisten Holocaustopfer aus jener Gegend. Es blieben offene Fragen, und der Verdacht war mit Händen zu greifen, es müssten wesentlich mehr versteckte Gelder in den Geschäftsbüchern der Banken schlummern. Dreißig Jahre lang flackerte er hin und wieder auf, ohne auf nennenswerte Resonanz zu stoßen – ein großer Fehler sämtlicher Schweizer Regierungen dieser Zeit. Ab Ende 1994 erhoben helvetische Journalisten und Parlamentarier ihre Stimmen und mischten den üblichen 8. Mai-Gedenkreden im Frühjahr 1995 – fünfzig Jahre nach Kriegsende – kritische Töne bei. Die Wortmeldungen schienen nicht untereinander abgesprochen, was die Berner Regierung und die Banken dazu verführte, ihre Sprengkraft zu unterschätzen. Allmählich schwoll die Kritik jedoch zu einem kraftvollen Chor an, und aus der nationalen Selbstvergewisserung wurde eine internationale Krise – die schwerste der Eidgenossenschaft nach dem Krieg.

Politiker, Diplomaten, Medienschaffende, Bankiers, Historiker, Linke und Bürgerliche wurden allesamt von der ungewöhnlichen Aufmerksamkeit der amerikanischen Medien für diesen Vorgang überrascht. Das Interesse kam keineswegs von ungefähr, sondern traf sich mit Impulsen aus der hohen Politik. Wenige Monate vor den Gedenkfeiern zum Jahrestag des Kriegsendes hatte US-Präsident Clinton seinem EU-Botschafter Stuart Eizenstat einen zusätzlichen Titel verliehen:»Spezialbeauftragter des State Department für Eigentumsansprüche in Mittel- und Osteuropa«. Durch den Fall der Mauer war die Frage der Grundstücks-Rückübertragungen an enteignete Juden auf die Tagesordnung gelangt, vor allem auf dem Gebiet der ehemaligen DDR und in den Staaten des früheren Warschauer Pakts. Aber warum ein Spezialbeauftragter erst fünf Jahre nach dem historischen Zusammenbruch des Kommunismus? Die Geste sah zunächst nach Wahlkampf aus, einer bloß passiven Titelverleihung. Im Juni 1995 las Stuart Eizenstat jedoch von den »nachrichtenlosen Konten« im *Wall Street Journal* und wurde aktiv. Nach eigenem Bekunden war er besonders vom Schicksal der Emigrantin Greta Beer ergriffen, die angeblich an das Schweizer Vermögen ihres Vaters über Jahrzehnte hinweg nicht herangelassen worden war und nun Verbündete für den Kampf gegen die Banken suchte. Erster

Hinweis darauf, welche Rolle der »human factor« in den kommenden Medienschlachten spielen sollte.

Parallel zu Stuart Eizenstat, der wenig später zum Unterstaatssekretär im Handelsministerium aufstieg, bemächtigte sich der einflussreiche amerikanische Großindustrielle Edgar Bronfman des Themas. Als Vorsitzender des »World Jewish Congress« (WJC) konnte er auf ein inhaltliches Mandat in der Sache verweisen, wenngleich viele seiner Auftritte eher von persönlicher Eitelkeit gekennzeichnet waren. Bronfman stand Clinton nahe, den er mit hohen Wahlkampfspenden unterstützt hatte. Damit nicht genug, gesellte sich von Seiten der Republikaner Senator Alfonse D'Amato aus New York hinzu und gab der Angelegenheit am 23. April 1996 den Segen des US-Senats, indem er ein erstes Hearing vor dessen Bankenausschuss veranstaltete. Die Koalition Eizenstat-Bronfman-D'Amato mutete allerdings etwas seltsam an, denn der mediengeübte Senator war alles andere als ein Clinton-Freund. Er hatte jahrelang versucht, die so genannte »Whitewater-Affäre« am Kochen zu halten, in der er dem Ehepaar Clinton anrüchige Immobiliendeals in Arkansas vorwarf. Die umfangreichen Ermittlungen verliefen allesamt im Sande, hinterließen aber erste Kratzer an Präsident Clintons Image. Doch »Senator Pothole« war leicht durchschaubar. Sein in New York stadtbekannter Spitzname rührte daher, dass er sich buchstäblich um jedes Schlagloch kümmerte, sobald er nur die leiseste Chance witterte, Wählerstimmen zu gewinnen. Seriösen Vertretern der jüdischen Gemeinschaft war die Allianz mit diesem windigen Berufspolitiker durchaus unangenehm, wenngleich sie die Effekte seiner Lobbyarbeit schätzten. Allen Anstrengungen zum Trotz verlor D'Amato 1998 die Wahl um einen Senatssitz und verschwand in der Versenkung. Die Schweizer vermerkten es mit großer Genugtuung.

In den Bankenmetropolen Zürich und Genf glaubte man zunächst, die Krise unauffällig und mit bewährten Mitteln lösen zu können. Knapp ein halbes Jahr nach den 8. Mai-Feiern von 1995 initiierte die Schweizerische Bankiervereinigung eine neue Nachforschungsaktion, die sich auf alle vor Kriegsende angelegten Guthaben bezog. Welche davon waren später nie mehr angerührt worden? Wie bei der ersten Suche erfüllte die aufgefundene Summe von nun rund neununddreißig Millionen Franken – immerhin das Vierfache von 1962! – nicht die Erwartungen von Bankenkritikern und Opferverbänden. Da es keinerlei historische Anhaltspunkte gab, welche Summe realistisch gewesen wäre, trat keine Entspannung ein. Einerseits verwiesen Wirtschaftshistoriker darauf, dass zwischen den beiden Weltkriegen in ganz Europa eine harsche Devisenbewirtschaftung geherrscht hatte, die es jedem Ausländer – nicht nur jüdischen Verfolgten – schwer gemacht hatte, Geld über die eigenen Landesgrenzen hinweg in die Schweiz zu transferieren. Andererseits konterten die Opferverbände mit den verschwundenen Vermögenswerten der Ermordeten, die ja irgendwo geblieben sein mussten. Der angebliche Aufstieg der Schweiz nach 1945 von einem Agrarland zum Industriestaat lieferte den Anscheinsbeweis, dass alle verschwundenen Werte Europas kollektiv vom Schweizer Bankensystem aufgesogen worden waren. Eine absurde Verdrehung und schlimme Verleumdung, zumal die Schweiz seit Ende des 19. Jahrhunderts über eine voll funktionierende Industrie verfügte und außenwirtschaftlich mit der übrigen Welt eng verflochten war. Doch Halbwissen behielt Oberwasser. Hätte man die Interpretationshoheit des »World Jewish Congress« und seiner Verbündeten frühzeitig unterlaufen und geeignete Maßnahmen in die Wege geleitet, wäre die Krise vermutlich schnell beendet gewesen. Die Zurückhaltung Berns und das langatmige Taktieren der Finanzinstitute – bei gleichzeitig ungeschickten öffentlichen Auftritten einzelner Bankiers – ermutigten Edgar Bronfman, die gefundenen Millionen als böswillige Verhöhnung der Opfer zu deklarieren: Niemals konnten schäbige neununddreißig Millionen das Unrecht der Nazis sühnen!

Gut gebrüllt, denn gegenüber solchen Parolen erwiesen sich die Banken als hilflos. Für sie ging es um rein zivilrechtliche Ansprüche aus Privatverträgen, nicht um kollektive Sühneleistungen, schon gar nicht auf Kosten der unverdächtigen Schweizer. Natürlich stand nach Ansicht der Banken die ermittelte Summe samt Zins und Zinseszins den rechtmäßigen Erben zu, und wo diese nicht mehr auffindbar waren, sollte sie der Gesamtheit der Shoah-Geschädigten zufließen. Mehr aber auch nicht, und auf diesem Feld der krass unterschiedlichen Wahrnehmung dessen, was ein angemessener Umgang mit der historischen Verantwortung sei – ja, wo sie überhaupt begänne –, entstand die eigentliche Holocaustkrise der Schweiz. Zwischen den neununddreißig Millionen Franken auf den Konten von Schweizerischer Bankgesellschaft (SBG) und Schweizer Bankverein (SBV) – die beide zur heutigen UBS fusionierten –, von *Credit Suisse* und weiteren Banken und der fünfzig- bis hundertfach größeren Erwartung des »World Jewish Congress« schien eine Moderation unmöglich. Die Schweiz, ihre Regierung und die Banken erwiesen sich als ungenügend vorbereitet auf die kommende Auseinandersetzung. Man unterschätzte die Komplexität und Sensitivität des Themas völlig, reagierte naiv und beging Fehler um Fehler. Die amerikanischen Methoden und Vorgehensweisen überraschten dabei die arglosen Schweizer durch ihre Abgebrühtheit: Gegen helvetische Banken und später die gesamte Nation wurden Medien- und PR-Maßnahmen, Sammelklagen (so genannte »class actions«), Sanktions- und Boykottdrohungen eingesetzt.

Am wirksamsten erwies sich die gegnerische PR. Mit oft gezielt falschen Meldungen, aus dem Kontext gerissenen historischen Dokumenten, die Wahrheiten und Halbwahrheiten miteinander vermischten, mit öffentlichen Hearings und angeblichen Enthüllungen, kurzum mit einer perfekten Skandalisierungsstrategie wurde alles Schweizerische an den Pranger gestellt. Differenzierungen, Faktentreue und Fairness blieben auf der Strecke. So sah sich die Eidgenossenschaft mit der Anklage konfrontiert, sie habe dem Dritten Reich als Hehlerin für gestohlene Edelmetallbestände überfallener Länder gedient und dabei auch Gold von Holocaust-Opfern angenommen. Die Anschuldigungen gipfelten in absurden und unerträglichen Behauptungen. Unser Land, hieß es, habe sich nicht nur am Krieg bereichert, sondern ihn sogar verlängert, und in die Schweiz gelangte jüdische Flüchtlinge seien in Sklavenlager gesteckt worden. Dieses vermeintliche Fehlverhalten wurde zum Mittel, um die Glaubwürdigkeit unseres Landes via internationaler Medien zu erschüttern und Druck auf die Entscheidungsträger auszuüben. Diese hatten dem Trommelfeuer nichts entgegenzusetzen, obwohl solche Verleumdungsstrategien keine Erfindung der Neuzeit sind, sondern seit der Antike praktiziert werden. Schon Plutarch riet dazu, den Gegner zu diffamieren: »Audacter calumniare, semper aliquid haeret.« (Verleumde nur kühn, etwas bleibt immer hängen.)

Auf dem Spiel stand dabei das Ansehen der Schweiz und ihrer wichtigsten Konzerne. Dass für Banken und Industrieunternehmen eine hohe Glaubwürdigkeit die Grundlage des Geschäfts bildet, versteht sich von selbst. Die Geschwindigkeit der Verleumdungen überforderte die Berner Regierung und die Wirtschaft sichtlich. Alle Geschehnisse wurden durch den »CNN-Faktor« beschleunigt, der die Zeit für exakte Abklärungen, Rückfragen und Absprachen im Höchstfall auf Stunden, oft jedoch nur auf Minuten zusammenschmelzen ließ. Im elektronischen Zeitalter kann man nicht erst Tage nach einer Anschuldigung reagieren, sondern muss gleich auf den Sender, um dem Angreifer die Stirn zu bieten. Jede Verzögerung verschafft ihm Vorteile, denn wie gesagt, etwas bleibt immer hängen. Zudem konnten die Fordernden in den USA – ob Einzelpersonen, Organisationen oder Politiker – fast immer auf funktionierende Netzwerke zurückgreifen, die sich quer über alle Strukturen hinweg auf Politik und Medien erstreckten. Unser Netzwerk in den USA erwies sich dagegen als viel zu wenig tragfähig, um wirksam und schnell kontern zu können. Wir erreichten Medienschaffende, akademische Kreise und Politiker mit unseren Botschaften nur mangelhaft. Zudem waren wir auf die amerikanische Streitkultur nicht vorbereitet und kannten die richtigen Abwehrmethoden nicht. Wir wussten nicht, dass sich Amerikaner durch einen unerschütterlichen

Sinn für Fairness auszeichnen und es stets honorieren, wenn man mit einer überzeugenden Strategie bravourös reagiert. Zwar kann man in den USA durch eine einzige unbedarfte Äußerung tief in einen Schlamassel geraten, sich aber mit einem furchtlosen Return auch wieder daraus befreien.

So gerieten wir im Lauf des Jahres 1996 unter ungeheuren Druck. Die Stimmung in den USA und Israel wurde immer ungemütlicher, die politisch-juristisch-mediale Kampagne nahm unerbittlich ihren Lauf. Alfonse D'Amato veranstaltete seine Hearings, vor diversen Gerichten wurden Sammelklagen eingereicht, und die amerikanischen Medien begannen gegen die Schweiz zu trommeln, als ginge es gegen den Irak oder Nordkorea. Greg Rickman, enger Mitarbeiter von Alfonse D'Amato, brüstete sich später in seinen Memoiren: »Unser Ziel war einfach. Wir würden die Schweizer Bankiers vor ein Gericht stellen, aber vor keines, dessen Regeln sie begriffen. Am Gerichtshof der öffentlichen Meinung kontrollierten wir die Agenda. Die Bankiers liefen gemütlich ihre Runden auf der Rennbahn, und wir waren Richter, Geschworene und Henker in einem.« Gegen diese offenen Anfeindungen gelang es uns nicht, eine glaubwürdige Position aufzubauen, geschweige denn, sie konsequent in der Öffentlichkeit zu vertreten. Politik und Wirtschaft verhedderten sich in unklaren Zielsetzungen, unabgesprochenen Einzelaktionen folgten ärgerliche Dementis. Man schwankte zwischen hochmütiger Härte und ignoranter Schwäche – alles ohne jede Strategie. Die Schweizer Medien und das Parlament kritisierten die Regierung immer schärfer, bis sich Bern endlich entschloss, eine Löschtruppe zu berufen: die berühmt gewordene Task-Force »Schweiz – Zweiter Weltkrieg«.

Anfang Oktober 1996 befand ich mich auf einer Konferenz in den Vereinigten Staaten. Kurz nach meiner Rückkehr bat mich Außenminister Flavio Cotti in sein Büro. Wie immer nahm ich einen Schreibblock und ein paar Unterlagen mit, denn ich glaubte, über unsere Fortschritte bei den EDA-Reformen Rechenschaft ablegen zu sollen. Davon war aber nicht die Rede. »Sie wissen«, hob Cotti an, »dass die Schweiz in großen Schwierigkeiten steckt. Wir haben deshalb beschlossen, eine diplomatische Sondermission einzusetzen. Als Chef suchen wir einen strategisch denkenden Mann, der die Nerven behält, selbst wenn er von allen Seiten zugleich angegriffen wird. Es wird eine schwierige Mission mit vielen Gefahren.« Seiner Miene war anzusehen, dass er sie mir zutraute. »Sie sind nicht der Erste, den ich frage. Aber Sie sind der Erste, der den Mut haben wird, die Offerte anzunehmen. Das glaubt zumindest Lloyd Cutler.«

Llyod Cutler galt als die Eminenz unter den Juristen in Washington. Beinahe achtzig Jahre alt, war er schon zu Roosevelts Zeiten in die US-Hauptstadt gekommen und hatte die berühmte Sozietät Wilmer, Cutler & Pickering mitbegründet, die heute mehr als fünfhundert Anwälte in aller Welt beschäftigt. Als Top-Jurist diente er bereits 1979 Präsident Jimmy Carter, jetzt vertrat er von Fall zu Fall Bill Clinton in juristischen Angelegenheiten. Seine Kanzlei nahm seit mehr als einem Jahrzehnt die Interessen der Schweizer Banken in den USA wahr, und selbstredend stand er auch diesmal auf ihrer Seite. Dass er langjähriges Mitglied der Demokratischen Partei war, störte dabei niemanden. Im Gegenteil: Es verschaffte ihm eine besonders gute Mittlerposition. Obwohl ich Cutler aus meiner Zeit in Washington kannte, kam diese Empfehlung unerwartet. Später erfuhr ich, dass mein Freund Marc Cohen meinen Namen bei seinem obersten Chef Cutler ins Gespräch gebracht hatte. Hingegen wunderte es mich keineswegs, dass die üblichen Verdächtigen im EDA dankend abgewunken hatten, darunter auch Werner Baumann, der mich später in Berlin beerben sollte. Wer schon einen Platz in der Hierarchie besaß, konnte auf einem Schleudersitz wie dem der Task-Force nur verlieren. Selbst wenn er seine Sache gut machte, veränderte es an seinen ohnehin vorhersehbaren Karriereaussichten wenig. Wie anders, wenn er versagte!

»Ich gebe Ihnen drei Tage Bedenkzeit. Überlegen Sie sich das Angebot gut«, empfahl mir Cotti.

»Ich werde intensiv darüber nachdenken und mich beraten lassen«, entgegnete ich. »Aber vierundzwanzig Stunden sind ausreichend.«

Er nickte lächelnd. »Sie erhalten natürlich auch den Botschaftertitel. Ihr Team können Sie in eigener Verantwortung zusammenstellen. Nehmen Sie die besten Leute! Ich unterschreibe jeden Versetzungsbescheid.«

»Mit neununddreißig den Botschaftertitel? Das wird meine Beliebtheit unter den alten Krokodilen im EDA nicht gerade befördern.«

Cotti machte eine unwirsche Handbewegung: »Halten Sie es mit Wilhelm Busch: Der Neid ist die aufrichtigste Form der Anerkennung.«

Damit entließ er mich. Alle Freunde, die ich an diesem Nachmittag um Rat fragte, rieten ab. »Die brauchen einen Sündenbock«, hieß es. »Wenn du das machst, werden sich deine lieben Diplomatenkollegen ins Fäustchen lachen und alle Möglichkeiten nutzen, dir ein Bein zu stellen. Du hast die Amerikaner gegen dich, die Juden sowieso, und die Schweizer vermutlich ebenfalls. Den Bankiers kannst du auch kaum trauen.« Die wenigen aufmunternden Worte kamen ausschließlich von Leuten, die sich in der Vergangenheit missgünstig gezeigt hatten. Sie hofften auf meinen Untergang. Schließlich rief ich Nationalrat Ernst Mühlemann an, einen väterlichen Freund. In den Medien wurde der erfahrene Politiker und ehemalige Bankier »Schweizer Schattenaußenminister« tituliert, weil er sich als einer der wenigen eidgenössischen Parlamentarier aktiv für außenpolitische Belange einsetzte und sie als brillanter Redner auch vermitteln konnte. Außerdem übertraf er die meisten EDA-Beschäftigten an außenpolitischer Leidenschaft, Kenntnissen und Beziehungen. Auf ein längeres Telefonat gefasst, überraschte mich die Kürze des Gesprächs. Kaum hatte ich mein Anliegen formuliert, tönte es trocken aus dem Hörer: »Lieber Thomas, wenn das Vaterland in Not ist und ruft, dann geht man! Ich wünsche noch einen schönen Tag. Auf Wiederhören.«

So wurde ich am 25. Oktober 1996 von der Regierung zum Chef des Krisenstabs »Vermögenswerte Naziopfer« ernannt, wie die Task-Force zu Beginn noch hieß. Als einziges Instrument bekam ich den Titel des Botschafters in die Hand – und viele gute Wünsche mit auf den Weg! Wo löscht man zuerst, wenn das Haus vom Keller bis zum Dachstuhl brennt? Optimistische Frage, denn sie setzt einen funktionierenden Löschzug und eine eingespielte Feuerwehrmannschaft voraus. Beides besaß ich an jenem Tag nicht, die Task-Force bestand aus einer einzigen Person. Und die Zeit drängte, denn knapp sechs Wochen später sollte ein Hearing vor dem US-Kongress stattfinden, bei dem ich meine Feuertaufe zu bestehen hatte. Bis dahin mussten wir uns formiert haben. Was ich brauchte, war eine gute Mannschaft, eine klare Lageanalyse und eine überzeugende Strategie.

Die Mannschaft. Meine damalige Sekretärin winkte sofort ab, als ich ihr den Wechsel zu interessanteren Aufgaben schmackhaft machen wollte. Zwölf-Stunden-Tage und Arbeit an den Wochenenden lagen ihr nicht. Sie wurde durch Sylvia Brönnimann ersetzt, die durch eine Mischung aus Effizienz und Charme selbst abgebrühte Gegner zu zähmen verstand (ihr gutes Aussehen half ihr freilich dabei). Auch mein alter Freund Claude Altermatt zeigte Charakter. Obwohl er auf einem behaglichen Posten im schönen Paris saß, sagte er ohne Zögern zu und setzte sich noch am selben Tag ins Auto. Für mehrere Jahre stellte er seine unermessliche historische Kompetenz in den Dienst der Task-Force. Der brillante André Schaller folgte mir von der Abteilung Ressourcen, und als gewiefter Stratege gesellte sich Peter Burkhard zu uns. Lukas Beglinger kam nach einigem Drängen aus Bonn und wurde zu einem loyalen und zuverlässigen Stellvertreter. Über das Jahr 1997 hinweg wuchs die Task-Force auf dreißig Mitarbeiter an, die in kleinen Abteilungen arbeiteten. Unser »Generalstab«, das Strategieteam unter Burkhard und Schaller, entwickelte die übergeordnete Planung. Das vom polyglotten Schnelldenker Jean-Jacques Joris und dem Allrounder Thierry Regenass geleitete politische Team entwarf Reden und Zeitungsartikel, das juristische Team um den intellektuellen Denker Hans-Peter Mock kümmerte sich um die vielfältigen rechtlichen Implikationen. Die Historikermannschaft unter Claude Altermatt widmete sich den geschichtlichen Aspekten. Rund um die Uhr stand das unersetzliche Medienteam Handy bei Fuß, um internationale und Schweizer Journalisten bedienen zu können. Dafür gewann ich als Leiterin und Pressesprecherin meine langjährige Basler Schulfreundin Corinne Goetschel, die ich wegen ihrer überzeugenden Fähigkeiten wählte – sie fungierte zuvor als Pressesprecherin beim Justiz- und Polizeiminister –, und nicht, weil sie als Jüdin wenig Angriffsflächen für den Gegner bot. Nach ihrem Wechsel in die Privatwirtschaft trat die erfahrene Céline Kurmann an ihre Stelle, ebenfalls eine unersetzliche Stütze. Mit den Monaten entwickelte sich die Task-Force zum wahren Dreamteam, dem die Schweiz und ich zu uneingeschränktem Dank verpflichtet sind.

Lageanalyse. Die Lage war verworren und unübersichtlich, als wir unsere Arbeit aufnahmen. Nur wenige Leute kannten die Akteure im Hintergrund und ihre wirklichen Zielsetzungen. Ein strategisches Konzept zur Bewältigung der Krise fehlte, nur von Fall zu Fall wurden Einzelmaßnahmen ergriffen. In Dutzenden von Gesprächen versuchte ich, möglichst viele Informationen zu sammeln und mit allen Parteien in Kontakt zu kommen: mit den eidgenössischen Parlamentariern, die eine sehr aktive und konstruktive Rolle spielten, mit der Schweizer Wirtschaft, mit dem Schweizerischen Israelitischen Gemeindebund unter seinem weisen Präsidenten Rolf Bloch. Vor allem suchte ich aber Kontakt zu den Vertretern ausländischer jüdischer Organisationen, allen voran dem »World Jewish Congress«. Sein Präsident Edgar Bronfman, der Generalsekretär Israel Singer und dessen Europa-Vertreter Maram Stern erwiesen sich als zentrale Figuren des Konflikts. Dabei schien mir der eher undifferenzierte Edgar Bronfman mehr vom persönlichen Geltungsdrang als von humanitären Zielen angetrieben. Geld besaß er in Hülle und Fülle (der Ursprung seines Familienreichtums ging auf »Arbitragegeschäfte« mit Alkohol während der Prohibitionszeit zurück, wie er in seiner Autobiografie stolz berichtet), nur an Ruhm gebrach es ihm augenscheinlich. Um ihn zu mehren, hatte er selbst von Erich Honecker einen Orden akzeptiert! Realistisch genug, sich als keinen allzu großen Strategen einzuschätzen, schickte er in allen entscheidenden Fragen seinen Generalsekretär Israel Singer vor, einen ausgebildeten Rabbiner. Auf Seiten des WJC und der »Jewish Claims Conference« hielt der brillante Intellektuelle Singer die Fäden fest in der Hand. Mit einer Jüdin schweizerischer Herkunft verheiratet, trat er wesentlich konzilianter als Bronfman oder D'Amato auf, ohne dabei einen Zentimeter von seiner kompromisslosen Position abzurücken. Diese Hartnäckigkeit entsprang nicht finanziellen Motiven, sondern war die gelebte Konsequenz seines aufrechten Charakters. Die Beobachtung meines Washingtoner Ex-Vorgesetzten Carlo Jagmetti, ich hätte geglaubt, in Singer »einen Freund gefunden zu haben«, gehört allerdings ins Reich der Fabeln. Trotz Singers Offenheit war ich nicht naiv und wusste taktisches Entgegenkommen von Freundschaft zu unterscheiden. Parallel zu diesen Kontakten streckte ich meine Fühler zu anderen europäischen Regierungen aus und schlug eine koordinierte Politik vor. Mit dem Verweis auf das »rein schweizerische Problem« lehnte man überall ab: Die mit dem Zweiten Weltkrieg verbundenen Streitfälle habe man längst selbst gelöst. Wenige Monate später wurden diese Regierungen eines Besseren belehrt, denn die Schweiz war nur der Anfang, der erste umgefallene Dominostein im Plan des WJC. Weitere sollten folgen.

Die Forderungen hätten deutlicher nicht ausfallen können: Neben der Suche nach der historischen Wahrheit verlangte der »World Jewish Congress« eine signifikante finanzielle Geste. Umgehend müsse eine Stiftung (»Swiss Holocaust Restitution Foundation«) gegründet, zumindest aber öffentlich angekündigt werden. Diese sollte Gelder zu Gunsten der letzten Shoah-Überlebenden ausschütten und vielfältige Aktionen unter-

stützen, mit denen die Erinnerung an den Holocaust aufrecht-
erhalten würde. Je nach historischen Erkenntnissen, die eine
Untersuchungskommission noch gewinnen musste, sollte die
Stiftung Gelder von Privatbanken und Versicherungen, von
Anwälten, von der Nationalbank und der Eidgenossenschaft
insgesamt erhalten – Letzteres wegen ihrer Flüchtlingspolitik.
Als vorläufige Stiftungssumme brachte der »World Jewish
Congress« zweihundertfünfzig bis dreihundert Millionen
Schweizer Franken ins Spiel. Sofern die Schweiz nicht einwil-
ligte, würden die Angriffe gegen die Eidgenossenschaft eska-
lieren. Dann drohten weitere Enthüllungen in den Medien,
Hearings vor dem Kongress und die Verweigerung von Ge-
schäftsbewilligungen für Schweizer Unternehmen, die wie beispielsweise die Banken in den USA tätig waren. Als letzte Maß-
nahme würden sich jüdische Mahnwachen vor Schweizer
Vertretungen oder Bankfilialen postieren, ja selbst ein groß
angelegter Boykott wäre nicht mehr ausgeschlossen. Bei einer
Einigung würden alle Angriffe sofort beendet.

Strategie. Bei einem Treffen unter der Leitung von Bundesrat Cotti mit Spitzenvertretern der Schweizer Wirtschaft (insbesondere der Banken und Versicherungen) versuchten wir im
November 1996, alle Akteure auf eine verbindliche, langfristige Strategie festzulegen. Dies gelang nur halb, weil nicht genügend Einsicht in die Natur der Krise und ihre Langfristigkeit
bestand. Als Hauptziel definierte ich die Begrenzung des Scha-
dens und die Wiederherstellung der schweizerischen Integrität
und Glaubwürdigkeit gegenüber der internationalen Gemeinschaft. Zu dessen Erreichung standen zwei Alternativen zur
Debatte: Die erste Variante – innerhalb der Task-Force »Soft-
ball« genannt – empfahl ein Eingehen auf die Forderung des
WJC. Diese Vergleichslösung wurde von fast allen Teilnehmern
strikt und mit harten Worten abgelehnt. Zwar hätte sie der
amerikanischen Problemlösungspraxis entsprochen, geriet
aber mit dem helvetischen Gerechtigkeitssinn in Konflikt. So
stimmten die Teilnehmer der Sitzung für die zweite Variante
(»Hardball«), die zwar eine umfassende historische Abklärung

der Tatsachen vorsah. Bis zum Vorliegen konkreter Ergebnisse lehnte sie aber jegliche Geldzahlungen oder die Einrichtung einer Stiftung kategorisch ab. Kurzsichtigerweise war man nicht dazu bereit, zur Verteidigung dieser Linie umfassende Ressourcen für politische Kommunikation oder eine PR-Kampagne bereitzustellen. Auch die Ankündigung unserer Maßnahmen mit einem Paukenschlag, einem »Big Bang«, wurde abgelehnt: Das sei unschweizerische Effekthascherei! Ich hatte mir dabei zum Beispiel eine gut vorbereitete Rede unseres Bundespräsidenten vor großem Publikum vorgestellt, um die Aufmerksamkeit der Weltöffentlichkeit einmal in positiver Weise auf uns zu ziehen. Weitergehende Forderungen nach einem integrierten Informations- und Kommunikationskonzept fanden ebenfalls nur zum Teil Gehör. Auch nach dem Treffen äußerten sich Regierungsmitglieder unkoordiniert und mit spürbaren Meinungsdifferenzen in der Öffentlichkeit. Die Vertreter der Wirtschaft standen ihnen darin in nichts nach und sandten immer wieder widersprüchliche Signale aus. Immerhin besaß die Task-Force jetzt einige Handlungsvorgaben, nach denen sie sich richten konnte.

Als Kernelemente unserer Strategie dienten die Grundsätze von Wahrheit und Gerechtigkeit, die insbesondere durch zwei Kommissionen verkörpert wurden. Eine unabhängige Historiker-Kommission unter Jean-François Bergier sollte die Rolle der Schweiz vor, während und nach dem Zweiten Weltkrieg untersuchen und die größtmögliche »Wahrheit« zutage fördern. Sie wurde am 19.12.1996 vom Bundesrat ernannt. Fünf Jahre lang standen dieser Bergier-Kommission alle öffentlichen und privaten Archive offen. Selbst mir als Juristen war klar, dass es eine singuläre historische »Wahrheit« nicht gibt. Aber die Bergier-Kommission lieferte mit ihren vielen Berichten den überzeugenden Beweis für den Wahrheitsgehalt eines Bonmots: »Gott kann die Geschichte nicht ändern, nur Historiker können dies.«

Bereits vor der Gründung der Task-Force hatte die Schweizerische Bankiervereinigung am 2. Mai 1996 mit drei maßgeblichen jüdischen Organisationen ein *Memorandum of Understanding* unterzeichnet, womit eine unabhängige Kommission unter Paul Volcker, dem ehemaligen Präsidenten der US-Notenbank, gegründet wurde. Mit Hilfe internationaler Revisionsgesellschaften sollte sie Licht ins Dunkel der nachrichtenlosen Vermögen bringen und Opfern wie Banken Gerechtigkeit widerfahren lassen. Heerscharen von professionellen Wirtschaftsprüfern (Stundenlohn: mehrere hundert Dollar) machten sich über verstaubte Akten her, zu denen sie unbeschränkten Zugang erhielten, um nach drei Jahren rund vierundfünfzigtausend Konten mit »wahrscheinlichem oder möglichem Zusammenhang zu Opfern des Nationalsozialismus« aufzulisten. Die vorsichtige Wortwahl zeigte schon, dass sich keineswegs automatisch ergab, dieses Geld gehöre Erben von Holocaust-Opfern. Nach akribischer Abgleichung der Konteninhaber-Namen mit den Totenlisten der israelischen Gedenkstätte Yad Vashem, die mit dreieinhalb Millionen Namen die umfangreichste Dokumentation jüdischer Naziopfer besitzt, machte sich Ernüchterung breit: Maximal zwanzig Millionen neu aufgefundener Franken ließen sich definitiv ermordeten Juden zuordnen. Unter dem Rest konnten sich verschollene Soldaten ebenso wie zivile Kriegsopfer unterschiedlicher Nationen befinden, die ebenfalls keine Möglichkeit besessen hatten, ihre Vermögenswerte ordnungsgemäß auf die Erben zu übertragen. Bei Gesamtkosten der Volcker-Kommission von schätzungsweise einer Milliarde Franken – die Banken hatten sie im vollen Umfang zu tragen – erzielte man somit eine »Schürfrendite« von zwei Prozent. Zum Zeitpunkt der Schlussveröffentlichung war dieses magere Ergebnis auch noch vom inzwischen ausgehandelten Vergleich überholt worden.

Während die Zusammenarbeit zwischen Paul Volcker und der Task-Force problemlos und vorbildlich verlief, erwies sich die Bergier-Kommission als schwieriger Partner. Vor allem zu Beginn ging ihr politischer Instinkt völlig ab, mehrfach schwächte sie durch ihr öffentliches Verhalten die Schweizer Verhandlungsposition nachhaltig. Ihre streckenweise unausgegorenen, manchmal sogar tendenziösen Veröffentlichungen, auf die wir stets nur reagieren konnten, ohne den Inhalt oder das Timing beeinflussen zu können, trieben uns manches Mal den nackten Schweiß auf die Stirn. Die Gelehrtenexistenzen mussten zuerst das Gespür dafür entwickeln, wann und wo der richtige Ort und der passende Zeitpunkt für eine Enthüllung war. Ein typisches Exempel lieferten sie bei der Washingtoner Raubgut-Konferenz vom Winter 1998. Dort legte die Bergier-Kommission ein tendenziöses Thesenpapier zur Schweizer Flüchtlingspolitik aus, obwohl dieser Punkt gar nicht auf der Tagesordnung stand und sich die Schweiz in Sachen Raubgut (Kunst und Antiquitäten) wenig vorzuwerfen hatte. Endlich standen wir einmal nicht im Rampenlicht! Nachdem meine entsprechenden Interventionen bei Professor Bergier nicht fruchteten, räumten meine Mitarbeiter in Windeseile die Papiere ab, sodass uns dieser Fehlpass kein Eigentor bescherte. Publiziert wurden die Thesen wenige Tage später und fanden in einem unaufgeregten öffentlichen Klima angemessenere Würdigung. Jean-François Bergier beschwerte sich allerdings beim Bundesrat über das Verhalten der Task-Force. Wie so oft hatte Bundesrat Cotti heimliche Freude, als er mich für das »sehr effiziente, nützliche, aber rein rechtlich gesehen nicht zulässige Handeln« meiner Mitarbeiter »rügte«.

Im Dezember 1996 war ich allerdings noch glücklich über die Existenz beider Kommissionen. Mit ihnen hatte die Schweiz beispielhafte Maßnahmen in die Wege geleitet, um Verständnis für unsere Position in der Welt zu wecken und die überzogenen Forderungen der anderen Seite zurückzuweisen. Zusammen mit der Task-Force wollte ich nun nicht mehr auf Angriffe warten, sondern selbst die Initiative ergreifen. Als Hauptziel galt es, das Bild der Schweiz als »single issue country« zu korrigieren. Das heißt, den US-Eliten in Politik und Medien wie dem Mann auf der Straße zu vermitteln, dass die Alpenrepublik keineswegs aus hartherzigen Kriegsgewinnern bestand, sondern auf eine lange demokratische und humanitäre Tradition zurückblickte. Wie erschreckend wenig man in den USA von der Schweiz wusste, zeigte sich bis in höchste Staatsorgane hinein. Bei einer D'Amato-Anhörung sprach eine beteiligte Senatorin beharrlich von »Sweden« statt von »Switzerland«, und ein Kongressabgeordneter glaubte, Zürich sei eine Hafenstadt und besitze einen Meereszugang, was unsere geostrategische Lage im Zweiten Weltkrieg natürlich in einem anderen Lichte erscheinen ließ. Als weniger belastend empfand ich, dass mich ein Kongressabgeordneter regelmäßig als »Admiral« ansprach. Auf derartige Beförderungen reagiert ein Vertreter einer Binnennation stets mit Wohlgefallen.

Zum Kurswechsel zählte darüber hinaus, sich amerikanischen Gepflogenheiten anzupassen. Statt Vorwürfe gar nicht zu parieren oder Anschuldigungen nur halbherzig zu dementieren, galt es, darauf einzugehen oder sie entschieden zurückzuweisen. Die Amerikaner haben dafür einen einprägsamen Satz: *Manage your reputation or it will manage you!* Schließlich stand mehr auf dem Spiel als unser Nationalstolz. Auf dem Höhepunkt der Krise war der Finanzplatz Schweiz und damit ein zentraler Teil unseres Wohlstands gefährdet. Man muss kein Verschwörungstheoretiker sein, um zu erkennen, dass eine Schwächung dieses zentralen Finanzplatzes einigen amerikanischen wie britischen Bankiers gelegen gekommen wäre. Gegen all dies musste man ein langfristiges *Reputations-Managment* entwickeln, und es bot sich durchaus an, von der anderen Seite zu lernen. Wie sie es geschafft hatte, binnen weniger Monate das Bild der hilfsbereiten »Rotkreuz«-Schweizer auf den Kopf zu stellen und in das einer Bande von Freibeutern umzudeuten, stellte eine PR-Leistung ersten Ranges dar. Schon dieser Etappensieg des »World Jewish Congress« veränderte das Kräfteverhältnis nachhaltig, denn es gelang ihm, die Umkehr der Beweislast durchzusetzen. Nicht mehr die Rechtsnachfolger der Holocaust-Opfer mussten ihre Ansprüche plausibel machen, sondern die Banken hatten den Nachweis zu erbringen, dass sie keine verwaisten Gelder horteten.

Trotz dieser schwierigen Ausgangslage machte ich mich Anfang Dezember 1996 guten Mutes nach Washington auf.

Zwar waren unsere Strukturen weder ausreichend ausgebaut noch erschien unsere Strategie bis ins Detail gefestigt. Aber mit mir sollte zum ersten Mal in der Geschichte beider Länder ein offizieller Vertreter des schweizerischen Bundesrates vor einem US-Kongressausschuss auftreten.

Ein historischer Moment.

9. Duelling for Switzerland

Krise kann ein produktiver Zustand sein. Man muss ihr
nur den Beigeschmack der Katastrophe nehmen.

Max Frisch

Das Kongress-Hearing nahm in unserer Strategie eine zentrale Rolle ein. Durch mein überzeugendes Auftreten sollte unsere Position glaubhaft gemacht und Sympathie für den von uns gewählten Weg erweckt werden. Gelang dies, würde auch der ungeheure Druck auf uns nachlassen. Für den weiteren Verlauf des Krisenmanagements war es von überragender Bedeutung, welche Figur die offizielle Schweiz vor dem Kongress und damit vor der amerikanischen Öffentlichkeit abgeben würde. Der TV-Kanal C-SPAN übertrug das Hearing in voller Länge, das Schweizer Fernsehen schaltete sich dazu. Eine unachtsame Bemerkung, eine Unsicherheit bei meinen Repliken oder gar ein Ohnmachtsanfall, wie er sich bei solchen Hearings schon manchmal zutrug – und alle Anstrengungen wären zunichte gewesen! Um mir das klar zu machen, wiesen alle Beteiligten in Bern und Washington auf diese Umstände hin und führten mir vor Augen, dass meine kurze Karriere als Task-Force-Chef bei einem Versagen gleich wieder beendet wäre. Dieser Ermahnungen hätte es nun aber weiß Gott nicht bedurft. Die Schwere der Verantwortung war mir zuallererst bewusst.

Bei aller Kürze der Zeit versuchte ich dennoch, mich generalstabsmäßig vorzubereiten. Auf unser Drängen hin hatten wir aus Bern die Genehmigung erhalten, uns zur Vorbereitung des Hearings professionelle Unterstützung zu holen. Wir wählten die Beratungsfirma Barbour, Griffith & Rogers, zu deren Teilhabern der Bonner Exbotschafter Richard Burt gehörte. Im Verlauf der Krise vermittelten uns Barbour, Griffith & Rogers vor allem Kontakte zu Abgeordneten und anderen einflussreichen Größen. Ich erinnere mich noch daran, an einem einzigen Tag neun Meetings mit US-Parlamentariern absolviert zu haben, die unsere gewandten Lobbyisten eingefädelt hatten. Ein wahrer Marathon! Die meisten Angesprochenen vernahmen dabei zum ersten Mal den Schweizer Standpunkt und konnten durch die entstandene persönliche Beziehung in Zukunft leichter angesprochen und in unsere Strategie integriert werden. Hätte ich das auch ohne Unterstützung eines Lobbying-Büros erreicht? Wohl kaum. Mit deutschen oder schweizerischen Dimensionen ist der amerikanische Politikbetrieb nicht vergleichbar. Allein der Kongress beschäftigt rund zehntausend Angestellte, und um zu wissen, an welcher Stelle man seine bescheidenen Hebelkräfte ansetzen muss, um jemanden auch nur für eine halbe Stunde zu sprechen, benötigt man die Unterstützung von Eingeweihten. Parallel dazu engagierten wir die New Yorker PR-Firma Ruder Finn. Ihre Aufgabe bestand darin, uns bei den vielfältigen Kontakten zu US-Medien zu helfen und besonders Zeitungsartikel, Kolumnen und einprägsame Slogans vorzubereiten. Dafür war Jeff Kahn zuständig, der mich auch vor dem Bankenausschuss unterstützte und zu einem guten Freund wurde. Wenige Meter hinter mir sitzend, schob er mir bei den Anhörungen hin und wieder kleine Zettelchen mit spaßigen Bemerkungen zu, etwa: »Don't get angry, otherwise you will never have children!« Die Presse dachte natürlich, ich bekäme auf diese Weise taktische Anweisungen zugesteckt, und hielt Jeff für einen eminent wichtigen Mann. Das war er zwar auch – aber eben nicht in diesen Momenten.

Mit dem Engagement von Lobbyisten und PR-Firmen betrat die Schweizer Regierung Neuland. Andere Staaten zeigten sich weitaus progressiver. Da Lobbying-Mandate in den USA meldepflichtig sind, kann jedermann sehen, für wen die entsprechenden Firmen arbeiten und was ihre Auftraggeber dafür bezahlen. Eine damals aktuelle Auflistung verriet, dass mit einem Auftragsvolumen von über vier Millionen Dollar pro Jahr das Scheichtum Oman am intensivsten lobbyierte, während die Malediven gerade mal vierundneunzigtausend Dollar investierten. Setzte man die Höhe der Zahlungen mit dem Grad der Regierungsaufmerksamkeit in Beziehung, konnte man in einigen Fällen klare Zusammenhänge erkennen. Israel, Taiwan und die Türkei ließen sich ihre Interessenwahrung viel kosten – und profitierten vom besonderen Wohlwollen der Vereinigten Staaten. So weit dachte die Schweiz nicht, wir wollten ja nur aus der Defensive herauskommen.

Das erforderte zunächst praktische Maßnahmen. *Murder-Hearing* nannte Richard Burt die mehrstündige Generalprobe am Vorabend meines Auftritts, mit der er mich auf alle Eventualitäten vorbereiten wollte. »Du, Thomas, musst dich wie ein Staatsmann verhalten«, schärfte er mir die allgemeine Leitlinie ein. »D'Amato ist dagegen ein Straßenkämpfer. Lass dich nicht provozieren, steig nicht auf sein Niveau hinab, dann kann dir nichts passieren.«

Fragen, Beleidigungen, Angriffe unter die Gürtellinie – nichts ließen Richard Burt und sein Team während dieser Generalprobe aus. Ich geriet ins Schwitzen, fand aber dadurch passende Repliken auf alle denkbaren Provokationen. Ein anwesender Sekretär tippte sie sofort in den Computer ein und übergab mir die Liste zum Auswendiglernen. In Stresssituationen genügt es nicht, sich auf die eigene Schlagfertigkeit zu verlassen, man muss entsprechende »Soundbytes« präpariert haben. Auch gegenüber den Medien sind sie unabdingbar – mehr als dreißig Sekunden erhält man selten auf CNN zur Klärung eines Sachverhalts. Da muss die Formulierung im Gedächtnis der Zuschauer haften bleiben.

Murder-Hearings wurden von nun an zur festen Einrichtung vor jedem Ausschussauftritt. Dabei gab mein Freund Marc Cohen (einer der Anwälte der Schweizer Banken) den *advocatus diaboli* und bemühte sich nach Kräften, mich in die Enge zu treiben. Als brillanter Generalist und ausgebuffter Anwalt besaß er ein besonderes Gespür für drohendes Unheil und unfaire Attacken. Diese Kurztrainings hatten einen großen Anteil daran, dass ich während der echten Hearings niemals in Verlegenheit kam, denn die Generalproben waren härter als die Anhörungen selbst. Marc sah grundsätzlich mehr voraus, als später eintreffen sollte! Geniale Einfälle lieferte dabei auch Jeff Taufield, der PR-Mann der Banken; leider hörten sie selten auf seine Ratschläge, ich dafür umso mehr. Manche Volte ließ sich mit Kenntnissen über den Angreifer besonders gut parieren. Als sich im dritten Hearing des Bankenausschusses ein Mitglied des Kennedy-Clans zu einer Suada über die abgrundtief verderbte Schweiz hinreißen ließ, die Hitler nicht den Krieg erklärt hatte, baute ich in meine Antwort einen kleinen Seitenhieb ein: »Congressman, you know better than anyone else here that there is a fine line between what is moral and what is unmoral!«

Der ganze Saal grinste, denn jedermann wusste, dass gerade ein Verhältnis des Abgeordneten mit seinem sechzehnjährigen Kindermädchen bekannt geworden war. Er lief puterrot an, packte seine Sachen und verließ den Raum. Nun lässt sich berechtigterweise fragen, was das mit Wahrheitsfindung zu tun habe – leider ging es häufig um andere Dinge als um harte Fakten! Hearings werden von Abgeordneten gern zur Selbstdarstellung genutzt, denn ihre Amtszeit ist mit zwei Jahren außerordentlich knapp bemessen. Sie befinden sich ständig im Wahlkampf. Profilieren sich die Vorgeladenen stärker als die Ausschussmitglieder, schläft deren Interesse an der Veranstaltung ganz schnell wieder ein. Mein Signal »Don't mess with me!« führte letztlich genau zu diesem Ergebnis. Der Senatsausschuss unter dem Solodarsteller Alfonse D'Amato verwandelte sich zum Schluss in eine One-Man-Show, die selbst ihrem Initiator keinen Spaß mehr machte, weil ihn all seine Mitstreiter verlassen hatten. Still und leise ließ D'Amato daraufhin das Tribunal einschlafen.

Als ich am Morgen des 11. Dezember 1996 den Saal 2128 im Rayburn House Office Building betrat, in dem das Hearing des Bankenausschusses stattfand, war das Interesse der Weltöffentlichkeit jedoch noch ungebrochen. Dutzende von Fotoapparaten klickten, überall warteten Fernsehkameras, und ich musste mir einen Weg durch die Menge der Politiker, Pressevertreter und Neugierigen bahnen. Mein Platz im Arme-Sünder-Bereich lag sichtlich niedriger als die Sitze der Ausschussmitglieder – die Architektur der Macht! Der Vorsitzende Jim Leach, ein weißhaariger Republikaner mit zwanzigjähriger Politikerfahrung, benötigte solchen Theaterzauber allerdings nicht. Er strahlte eine natürliche Autorität aus und leitete das Hearing mit außerordentlicher Fairness. Erkennbar in die Materie eingearbeitet – was man von anderen Ausschussmitgliedern kaum sagen konnte –, ging es dem liberalen Republikaner nicht um politische Showeffekte, sondern um die historische Wahrheit. Von seiner Seite hatte ich keine suggestiven Unterstellungen zu fürchten.

Dagegen heizte Alfonse D'Amato den Saal zum Auftakt mit einer polemischen Angriffsrede auf. Ihm folgte als Vertreter der amerikanischen Regierung Stuart Eizenstat, dann war ich an der Reihe. In einer gut überlegten und ruhig vorgetragenen Erklärung legte ich die historische Rolle der Schweiz im Zweiten Weltkrieg dar und formulierte unsere Position in diesem Konflikt. Von meinem eigenen Beispiel ausgehend erläuterte ich, dass meine Generation die mit dem Zweiten Weltkrieg zusammenhängenden Finanzprobleme immer als gelöst betrachtet habe, weswegen wir von der Kritik überrascht worden seien und uns zu falschen Reaktionen hatten verleiten lassen. Nach anfänglichem Zögern und vielen Fehlern hätte die Schweiz aber einen beispiellosen Aufklärungsprozess in die Wege geleitet, der Wahrheit und Gerechtigkeit garantiere. Darauf gäbe ich mein Ehrenwort. Man müsse uns aber Zeit gewähren, um die riesigen Aktenberge zu bearbeiten. Der Forderung nach sofortigen Geldzahlungen setzte ich die Auffassung entgegen, eine derart entsetzliche Tragödie wie der Holocaust dürfe nicht auf

Geld reduziert werden. Viel wichtiger sei es, moralische Lehren aus der schrecklichen Zeit zu ziehen, damit sich Ähnliches nie wieder ereigne. Damit ehre man die Toten am besten. Voreingenommene Gemüter erreichte ich mit diesen Worten kaum. Doch neutrale Zuhörer wie Jim Leach kamen zu dem Schluss, dass sich die Schweiz auf dem richtigen Weg befand. Man musste ihr und ihrem jungen Vertreter nur eine gewisse Zeit geben, die Versprechungen einzulösen. Das forderte die Fairness. Mehr konnte die Schweiz damals nicht verlangen.

Um unserer Sache »the right spin« zu geben – den richtigen Dreh –, verließ ich kurz nach meinem Auftritt den Saal und stellte mich den Fragen der Journalisten. (Der Begriff kommt aus dem PR-Jargon, so genannte Spin-Doktoren organisieren in Amerika Kampagnen, beispielsweise den Präsidentschaftswahlkampf.) Verschiedentlich wurde mir das übel genommen, weil ich dadurch die bewegenden Auftritte von Holocaust-Überlebenden verpasste. Ich bedauerte das selbst. Aber manchmal lassen einem die Prioritäten keine andere Wahl, und dieselben Medien, die mir mangelnde Sensibilität vorwarfen, hätten noch weniger Verständnis dafür gehabt, wenn ich mich ihnen entzogen hätte. So begann ich meine lange Tour durch die US-Fernsehstationen und Radiosender, die ich später noch manches Mal absolvieren sollte – von CNN zu NBC, von CBS zu ABC. Auch das Echo der Journalisten fiel weitgehend positiv aus. Vor allem waren sie glücklich, endlich jemanden gefunden zu haben, der zu den Vorwürfen des »World Jewish Congress« und Senator D'Amatos Stellung nahm. Bei einigen Sendern wurde ich wegen meines Akzents sogar zum Publikumsliebling, sie nannten mich neckisch den »Swiss Schwarzenegger«. Daher beendete ich Interviews oft mit dem berühmten Satz aus *Terminator I*: »I'll be back!« Wie bei der Personalisierung in den US-Medien üblich, wurde ich für die Journalisten zum »Gesicht der Schweiz«. War ich glaubwürdig, war es die Schweiz auch. Machte ich Fehler, gingen sie zu Lasten der gesamten Nation. Letztlich stand ich für den Erfolg oder Misserfolg der Schweizer Strategie. Daher versuchten unsere Gegner, mich im Verlauf der Krise immer wieder zu beschädigen oder gar zu Fall zu bringen. Bisweilen geriet ich ins Wanken, ein Sturz blieb mir aber erspart. Dies vor allem, weil Bundesrat Cotti eisern hinter mir stand und mir den Rücken stärkte. Einerseits aus tief empfundener Loyalität, andererseits weil er die Gefahr für die gesamte Task-Force instinktiv erkannte. Mit dem Hearing vom 11. Dezember hatten wir erstmals eine Runde für uns entschieden. Unsere Strategie trug Früchte, der WJC befand sich in der Defensive. Vor allem hofften wir, kostbare Zeit bis mindestens in den April 1997 hinein erhalten zu haben. In diesen Monaten wollten wir unsere offensive Informationspolitik weiterentwickeln und zusätzliche PR-Maßnahmen einleiten. Noch vor Weihnachten 1996 legte die Task-Force der Regierung einige Grundsatzpapiere vor und gab den Bundesräten eine genaue Sprachregelung mit in die Weihnachtsferien. Das hieß: Jeder kannte auf die wichtigsten Fragen zum Themenkomplex »Schweiz – Zweiter Weltkrieg« präzise Antworten. Diese Antworten wurden durch einen Bundesratsbeschluss für verbindlich erklärt. Ich glaubte daher, beruhigt mit Shawne in den Winterurlaub fahren und ihr St. Moritz zeigen zu können.

Am Neujahrstag 1997 war die Ruhe jedoch vorbei und ich lernte, dass man beim Krisenmanagement jederzeit mit dem *worst case* rechnen muss. In einem Interview mit zwei französischsprachigen Zeitungen hatte sich der schweizerische Wirtschaftsminister und scheidende Bundespräsident Jean-Pascal Delamuraz keinen Deut um unsere Sprachregelung geschert und den jüdischen Organisationen »Lösegeld-Erpressung« unterstellt (»tentative de rançon et de chantage«). Dies gerade zu einem Zeitpunkt, an dem wir unsere Glaubwürdigkeit zurückgewonnen hatten und auf Deeskalation setzten! Ungewollt zerstörte der Hardliner Delamuraz die von ihm gewünschte Strategie der Unnachgiebigkeit, denn nach diesem Vorfall war es unmöglich, die harte Linie fortzuführen. Eine internationale Protestlawine brach über uns herein. Genüsslich fielen die amerikanischen Medien über Delamuraz her, man warf ihm sogar Antisemitismus vor. Von den Reaktionen überrascht, suchte der Minister einen passenden Sündenbock und fand ihn natürlich im Task-Force-Chef. Ich hätte ihn – so seine Ausflüchte – falsch informiert. Nun gehört es zu den Aufgaben eines Troubleshooters, seinen Hals immer dort auf den Richtblock zu legen, wo gerade ein Kopf gefordert wird, also schwieg ich und überließ Bundesrat Cotti meine Verteidigung. Wie immer stand er auf meiner Seite.

Die Wahrheit sah indes ganz anders aus. Delamuraz bezog sich im Interview auf einen vertraulichen Bericht, den ich im Dezember 1996 geschrieben hatte. Darin schilderte ich, wie mir Edgar Bronfman und Israel Singer bei einem Treffen in New York Eskalationsmöglichkeiten aufgezählt hatten, falls die Schweiz nicht zur Gründung einer Holocaust-Stiftung bereit wäre; ich habe diese Repressalien im letzten Kapitel bereits erwähnt. Diese wenig freundschaftlichen Ermahnungen waren nicht neu und auch schon andernorts erklungen. Trotzdem hatte ich meinen Bericht – im Wissen um die Gefahren – mit einem deutlichen Sperrvermerk versehen: »Nur an folgende Adressaten, keine weiteren Kopien!« Lediglich drei Mitglieder der Task-Force und ein persönlicher Mitarbeiter von Bundesrat Cotti erhielten ihn. Leider hinderte der Sperrvermerk meinen Außenminister nicht, seinen Staatssekretär damit zu beauftragen, den nüchtern und wertfrei abgefassten Bericht allen Bundesräten zukommen zu lassen. Im Begleitschreiben führte Staatssekretär Jakob Kellenberger aus, man könne dem Text die erpresserische Haltung des »World Jewish Congress« entnehmen. Wenn man sieben Ministern etwas schickt, kann man es gleich im Fernsehen verlesen! Jean-Pascal Delamuraz wiederholte den Kommentar des Staatssekretärs am falschen Ort zur falschen Zeit und löste ein Desaster aus.

Zu Auseinandersetzungen im Umfeld der Holocaust-Aufarbeitung gehört, dass man seine Worte immer auf die empfindlichste Waage der Welt legen muss. Zum einen, weil nachvollziehbare Idiosynkrasien der Shoah-Überlebenden respektiert werden müssen, zum anderen, weil selbst unverfänglich scheinende Formulierungen im Nu zum Bumerang werden können. Den gesamten Rezeptionskontext kontrolliert man nie, und der Vorwurf des Antisemitismus gehört zu den unpräzisesten, leider aber mittlerweile alltäglichen Anschuldigungen in erhitzten Debatten. Wohlgemerkt: Natürlich muss man echten Antisemitismus sofort und konsequent bekämpfen! Aber man sollte sehr genau prüfen, bevor man diesen schweren Vorwurf überhaupt erhebt.

Nach langem Hin und Her und vielfältigen Medienattacken entschuldigte sich Delamuraz schriftlich in der Öffentlichkeit. Noch Monate später wurde ich jedoch im US-Fernsehen auf »meinen antisemitischen Präsidenten« angesprochen und musste ihn jeweils in Schutz nehmen. Leider blieb es nicht bei diesem einen Vorfall im Januar 1997. Mit der »Jagmetti-Affäre« wiederholte sich das Muster nämlich. Als einer der wenigen wachen Außenposten hatte unser Botschafter in den USA, mein früherer Chef Carlo Jagmetti, schon frühzeitig auf den kommenden Sturm der Entrüstung über die nachrichtenlosen Vermögen hingewiesen. Seine regelmäßigen warnenden Berichte aus den Jahren 1995 und 1996 stießen jedoch in der Zentrale auf taube Ohren. In Jagmetti fand ich bei den Hearings einen zuverlässigen Partner, der mich nach Kräften unterstützte, und da ich seine Dossierkenntnis schätzte, bat ich ihn vor Weihnachten, mir eine neue Lageanalyse zukommen zu lassen. Auch andere Botschafter übermittelten mir ihre Gedanken, doch Jagmettis gab seine klaren Worte am 19. Dezember 1996 in einen sehr breiten Verteiler. Irgendjemand, der Jagmetti oder der Schweiz schweren Schaden zufügen wollte, leitete den Bericht an die *Sonntagszeitung* weiter. Fünf Wochen später, am 26. Januar 1997, publizierte sie Teile daraus und löste den nächsten Sturm der Entrüstung aus. Gerade mal zwei Sätze des mehrseitigen Papiers erregten Anstoß: »Es geht um einen Krieg, den die Schweiz an der Außen- und an der Innenfront führen und gewinnen muss. Den meisten unter den Gegnern kann man nicht vertrauen.«

205

Falsche Worte, böse Gedanken? Dass man Gegnern nicht trauen sollte, ist eine Binsenweisheit – deshalb sind sie ja Gegner und keine Freunde (und unter Freunden hätte man die Meinungsverschiedenheiten über die nachrichtenlosen Vermögen von Anfang an anders gelöst). Was die kriegerische Sprache anbetraf, befleißigte sich Edgar Bronfman einer ähnlich martialischen Ausdrucksweise. Er drohte der Schweiz mitunter mit dem »totalen Krieg« und belegte ihre Bürger mit wenig schmeichelhaften Ausdrücken. Aber: *Quod licet jovi non licet bovi* (»Was Jupiter erlaubt ist, das ist nicht jedem Ochsen erlaubt«). In diesem Fall war Bronfman Jupiter und Jagmetti – er möge verzeihen – das Rindvieh. Wegen des abgefeimten Timings der Veröffentlichung, die Delamuraz-Affäre war kaum halbwegs überstanden, kam Carlo Jagmetti unter großen Druck. Die amerikanische Öffentlichkeit erwartete eine demutsvolle, zumindest aber äußerst gedämpfte Haltung von schweizerischen Offiziellen.

»Try putting that toothpaste back in the tube«, würden die ausgefuchsten Spin-Doktoren und Clinton-Berater Paul Begala und James Carville gemäß ihres Handbuchs zum professionellen Medienmanagement zu den Affären Jagmetti und Delamuraz sagen, denn in der Tat vermag man einmal an die Öffentlichkeit gelangte Formulierungen so wenig aus der Welt zu schaffen, wie man Zahnpasta wieder zurück in die Tube drücken kann. Dementis halfen nichts, es musste schon ein Gang nach Canossa erfolgen, um die entstandenen Wogen zu glätten. Im Gegensatz zu Jean-Pascal Delamuraz wollte sich Carlo Jagmetti dieser Bußübung nicht unterziehen und gab – einige Monate vor seiner ohnehin anstehenden Pensionierung – den Rücktritt vom Botschafterposten bekannt. Eine staatsmännische Geste, die uns ein bisschen Luft verschaffte. Allerdings hievte Flavio Cotti mit Alfred Defago das schiere Gegenteil von Jagmetti auf den Washingtoner Posten: keinen kämpferischen Interessenvertreter der Schweiz, sondern »unseren amerikanischen Frölicher«, wie ihn interne Kritiker im EDA zynisch charakterisierten. Hans Fröhlicher war von 1938 bis

1945 schweizerischer Gesandter in Berlin gewesen, er galt als Inbegriff von Anpassung und Leisetreterei. Von Haus aus Journalist schien Defago eher ein Vertreter der US-Interessen gegenüber der Schweiz zu sein als umgekehrt. Israel Singer und Stuart Eizenstat standen ihm stets näher als die Task-Force. Sein Beispiel lieferte Befürwortern von Fremdberufungen auf Botschafterposten nicht die beste Unterstützung. Die Schweizer Diplomatie schwang sich durch solche »Blutauffrischung« keineswegs zu neuen Höchstleistungen auf.

Vielleicht hätte es gar keinen »Jagmetti-Skandal« gegeben, wenn zwischen ihm und der ersten »semantischen Katastrophe« von Delamuraz nicht ein übereifriger Wachmann angebliche Gesetzesverstöße seines Arbeitgebers aufgedeckt und damit eine weitere internationale Medienlawine losgetreten hätte. Christoph Meili, neunundzwanzig Jahre alt und von eher schlichtem Gemüt, fand am 8. Januar 1997 auf einem nächtlichen Rundgang in der Züricher Zentrale der Bankgesellschaft (SBG) für den Reißwolf bestimmte Akten aus den zwanziger und dreißiger Jahren. Dies verstieß angeblich gegen den Regierungserlass, keine historischen Bankdokumente zu vernichten. Meili nahm das ihm vom Zufall – später meinte er »von Gott« – verliehene Mandat an, trug seinen Fund zur Israelitischen Cultusgemeinde in der Lavaterstraße und ging in die Geschichte der Schweiz ein, für einige als Held, für die meisten als Verräter. Beide Attribute werden seiner Rolle nicht gerecht. Besonders schlimm war der Zeitpunkt des Vorfalls – und das Krisenmanagement des Bankpräsidenten! Statt die Lunte sofort auszutreten und den arglosen Meili zu belobigen (»Die rechte Tat am richtigen Ort. Dank Ihres beherzten Eingreifens wurde ein Irrtum aufgedeckt und Unrecht verhindert!«), verbreitete der Verwaltungsratspräsident der SBG die dumpfe Verschwörungstheorie, Meili sei von fremden Mächten gesteuert worden. Und statt ihn um eine Gehaltsklasse zu befördern, bewirkte die SBG indirekt seine Entlassung bei der Bewachungsgesellschaft. Schon zuvor hatte dieser Bankpräsident beim »World Jewish Congress« Entrüstung ausgelöst, als er die Gelder auf den nachrichtenlosen Konten als *peanuts* deklarierte. Spätestens seit dem verheerenden Medienecho auf Hilmar Kopper, der als Chef der Deutschen Bank dieses Synonym für Summen unter dreistelligen Millionenbeträgen berühmt gemacht hatte, sollten Banker wissen, dass die breite Öffentlichkeit einen anderen Begriff von Kleinigkeiten hat.

In den Vereinigten Staaten liebt man den »Whistle-Blower«, der durch sein Pfeifen signalisiert, dass etwas Schlimmes passiert. Er ist ein Grundbestandteil der amerikanischen Heldenkultur, in Filmen und Comics oft die zentrale Figur. De facto hatte Wachmann Meili wenig brisantes Material gerettet, aber Zeitungen und Sender gewannen daraus wochenlang ihre Aufmacher. Passend dazu beantragte ihr Held im April 1997 als erster Schweizer überhaupt Asyl in den USA und erhielt es mit einer gesonderten »Bill for the relief of Christoph Meili« zuerkannt – was zeigte, wie tief die Angelegenheit in den politischen Raum hineinwirkte. Senator D'Amato hatte wieder einmal effizient gearbeitet. Wie ein Aasgeier stürzte sich auch Schadensersatz-Anwalt Ed Fagan auf den hilflosen Exilanten. In Amerikas wichtigster Unterhaltungssendung, der *Oprah Winfrey Show*, verstieg sich Fagan zur Behauptung, Meili hätte in den Kellerräumen der SBG Beweise gefunden, nach denen sich die Staatsanwälte in den Nürnberger Prozessen die Finger geleckt hätten. Der Vorgang war endgültig in eine irreale Dimension entrückt, zeigte aber erneut, wie Medien als Transmissionsriemen für Partikularinteressen dienten. In TV-Shows vorgebrachte Unterstellungen erzeugten Stimmungen, mit denen man dann vor Gericht operieren konnte.

Ich hatte mit Christoph Meili bereits unmittelbar nach seinem Fund geredet und ihm angeboten, die Task-Force würde sich um eine neue Arbeitsstelle für ihn kümmern. Zugleich führte ich ihm vor Augen, was mit ihm passierte, gäbe er dem Medien-Hype nach. Meili hörte nicht auf mich, leider sollte ich Recht behalten. Zwar unterstützte eine jüdische Organisation in Kalifornien Christoph Meili mit einer monatlichen

Apanage und besorgte ihm ein Stipendium für Universitäts-studium (das der Wachmann ohne Abitur nur unter Mühen absolvierte), doch über dem Stress zerbrach seine Ehe. Alle Versprechungen der Medien – von einer publizierten Autobiografie bis hin zu einem Filmprojekt mit Steven Spielberg – lösten sich in Luft auf. Er zerstritt sich auch mit Ed Fagan, aus der versprochenen Millionenentschädigung wurde eine weitaus geringere Summe. Für Kenner der Szene alles andere als verwunderlich, die Halbwertszeit derartiger Zusicherungen beträgt nur wenige Tage. Weil er in einer dunklen Januarnacht über ein paar Dutzend alter Dokumente gestolpert war und daraus voreilige Schlüsse gezogen hatte, büßte der naive Parzival Meili sein Lebensglück ein. Dass er sich selbst als Held empfand, entschädigt ihn gewiss nicht für die zerbrochene Familie und den Verlust seiner Heimat.

Ende Januar 1997 standen wir allerdings nicht zuletzt seinetwegen vor einem Scherbenhaufen. Was mit dem Hearing-Erfolg und der Einsetzung der Bergier-Kommission so gut begonnen hatte, fand ein jähes Ende. Wir sahen uns mehr unter Druck gesetzt als zu Beginn meines Mandats. Am 30. Januar 1997 wurde im Stadtparlament von New York eine Resolution eingebracht, die einen Boykott der Schweizer Banken forderte. Weitere Boykottaufrufe wurden angekündigt. Als ich daraufhin in Bern von einer »großen Krise« sprach, rügte mich einer der sieben Bundesräte: Davon könne man nun wirklich nicht reden, ich solle die Vorfälle nicht derart überdramatisieren! Die jüdischen Organisationen erhoben erneut machtvoll den Ruf nach sofortigen finanziellen Leistungen zugunsten der letzten Holocaust-Überlebenden. Landauf, landab unterstützten die Medien diese Forderung. Die »Hardball«-Strategie war wegen grober Eigenfehler gescheitert. *Perzeption schafft Realität!* Wie relevant der Meili-Aktenfund sei, fragte niemand, es genügte, dass überhaupt etwas aufgedeckt worden war. Ob Delamuraz und Jagmetti antisemitische Ausfälle intendiert hatten, interessierte keinen, solange es nur danach aussah. Wo die

Perzeption nur noch in eine Richtung wirkte, war mit reinen Kommunikationsmaßnahmen nicht viel zu erreichen. Wir brauchten neue Fakten, mit denen wir die Blickrichtung der Leute ändern konnten. Vor diesem Hintergrund beschlossen die Schweizer Banken am 5. Februar 1997 auf Initiative des Verwaltungsratspräsidenten der *Credit Suisse*, Rainer Gut, die Einrichtung eines humanitären »Spezialfonds für Holocaustopfer«. Der erfolgreiche Bankier, ein genauer Kenner der USA und erfahrener Geschäftsmann, nahm einmal mehr das Heft des Handelns in seine Hand. Hundert Millionen Franken wurden von den Banken zur Verfügung gestellt, siebzig Millionen steuerte der Rest der helvetischen Wirtschaft bei, weitere hundert kamen von der Schweizerischen Nationalbank. Mit zweihundertsiebzig Millionen Franken entsprach diese Geste annähernd den vom »World Jewish Congress« monatelang geforderten Sofortmaßnahmen. Diese deutliche Kehrtwende nahm für einige Zeit erheblichen Druck von der Schweiz.

Seine Strategie ändern oder gar umkehren zu müssen, gehört zu den schmerzhaften Erfahrungen eines Krisenmanagers. Wie jedem anderen Menschen fällt es ihm leichter, den einmal eingeschlagenen Weg weiterzugehen. Den Mut zur flexiblen Anpassung oder zur Wende muss er aber besitzen, wenn er erfolgreich sein will. In der Krise läuft wenig nach Plan und fast täglich wird »Murphys Gesetz« bewiesen: Was schief gehen kann, geht auch schief. In der Task-Force machten wir uns deswegen das Motto von Henry Miller zu Eigen: »Leben ist das, was uns zustößt, während wir uns etwas ganz anderes vorgenommen haben.« Dass die Banken im Februar 1997 von der vereinbarten Linie abwichen, passte in die veränderte Landschaft. Wir wollten das Beste daraus machen. Auf unsere Empfehlung hin übernahm der Bundesrat die praktische Ausgestaltung des Spezialfonds, sodass sich dieser Bereich nicht in Konkurrenz zu unseren eigenen Aktivitäten entwickeln konnte. Unsere Strategie von »Wahrheit und Gerechtigkeit« ergänzten wir durch das Prinzip »Solidarität«. Der zentrale Aspekt der »Hardball«-Strategie blieb dennoch gewahrt: keinerlei Regierungsbeteiligung an finanziellen Leistungen der Privatwirtschaft! Trotz ihrer Funktion als Notenbank der Eidgenossenschaft agierte die Schweizerische Nationalbank seit Generationen autonom und beschloss die Beteiligung am Spezialfonds auf eigene Rechnung.

Dieser Strategiewechsel bereitete der Task-Force keine gravierenden Probleme – wohl aber der nächste, den der damals amtierende Bundespräsident Arnold Koller am 5. März 1997 in einer groß aufgemachten Rede vor dem Parlament der staunenden Öffentlichkeit verkündete: die Gründung einer Solidaritätsstiftung mit einem Grundkapital von sieben Milliarden Franken. Die Erträge daraus sollten »Opfern von Armut und Katastrophen, Genoziden und anderen schweren Menschenrechtsverletzungen, je zur Hälfte im In- und Ausland, selbstredend auch Holocaust-Opfern« zugute kommen. War das der lang erwartete und von der Öffentlichkeit eindringlich geforderte Befreiungsschlag, der »big bang«? Leider nicht, denn undurchdacht und unabgesprochen, wie die Aktion daherkam, musste sie scheitern. Zwar hatte die Task-Force die Rede in Teilen mit vorbereitet, aber über ihr Kernstück wurden wir nicht informiert. Der Vorschlag einer Solidaritätsstiftung kam vom Präsidenten der Nationalbank, und außer dem Bundesrat waren nur drei Spitzenbeamte eingeweiht, darunter der Staatssekretär des EDA, der sein Wissen an uns aber nicht weitergab. Innerhalb weniger Tage wurde dieser Coup heimlich vorbereitet.

Weshalb bezog man mich, den hauptverantwortlichen Krisenmanager, nicht ein? Scheute man vielleicht meinen Widerspruch? Jedenfalls war ich äußerst verstimmt und stand kurz davor, den Bettel hinzuwerfen. Das ließ ich Bundesrat Cotti in deutlichen Worten wissen. Mein Zorn resultierte nicht nur aus den vielen Fehlern der geplanten Stiftung, die uns mehr Knüppel zwischen die Beine warf als sie uns Steine aus dem Weg räumte. Zudem stand die Task-Force mit leeren Händen vor den internationalen Medien. Niemand von uns wusste, welche Message wir weitergeben sollten, nichts war vorbereitet. Wegen eines Übersetzungsfehlers – Koller sprach Deutsch – und eines Versehens bei einer großen Depeschenagentur ging die verfälschte Nachricht um die Welt, die Schweiz würde den Holocaust-Opfern sieben Milliarden Franken zur Verfügung stellen. Israel Singer und Stuart Eizenstat riefen mich voller Freude an und gratulierten mir. Wieso plötzlich sieben Milliarden Franken? »Weil das der unterschlagenen Gesamtsumme entspricht!«, frohlockten die jüdischen Verbände. Irgendwann zu Beginn der Auseinandersetzung war diese irrwitzige Summe als Gesamtbetrag der »nachrichtenlosen Konten« durch die Medien gegeistert, weil man Millionen mit Milliarden verwechselt hatte. Das setzte sich fest, und jetzt sprach Arnold Koller ausgerechnet von einem Stiftungsbetrag in dieser Höhe. Zufall? Man übersah natürlich geflissentlich, dass es sich dabei um das Grundkapital handelte, nicht um die jährliche Ausschüttung, die mit einer fünfprozentigen Rendite (mithin dreihundertfünfzig Millionen Franken) durchaus vorsichtig kalkuliert war.

Aber so genau nahmen es die Anhänger der Sühne-Interpretation nicht, zumal ihnen auch der nächste Punkt in die Hände spielte. Denn woher sollte das Geld kommen? Aus Goldverkäufen der Schweizerischen Nationalbank, die seit langem ihre Edelmetallreserven abbauen wollte. Obwohl diese Goldvorräte erst seit den fünfziger Jahren angelegt worden waren, haftete ihnen unausrottbar der Raubgold-Vorwurf an: Die Schweiz habe im Zweiten Weltkrieg wissentlich gestohlenes Gold der Nazis akzeptiert, ja sogar umgeschmolzenes Zahn- und Schmuckgold in Zahlung genommen, wenn auch in diesem Fall unwissentlich. *Perzeption schafft Realität* – ein solches Bild bekam man nicht mehr aus der Welt. In den Augen ausländischer Medien stellte die Stiftung die längst überfällige Rückgabe von Gold dar, an dem das Blut von Naziopfern klebte! Und schließlich konnte die Schweizer Regierung eine solch gewaltige Stiftung nicht ohne Volksbefragung beschließen. Im Ausland war dieser Umstand allerdings unbekannt, die damit verbundenen Verzögerungen sahen so aus, als habe die Schweiz etwas versprochen, das sie gar nicht halten wollte. In unzähligen Gesprächen und Interviews versuchten wir all dies die nächsten Monate und Jahre richtig zu stellen – aber wir schafften es nicht, alle falschen Wahrnehmungen zu korrigieren. Wann immer ich Stuart Eizenstat traf, kam er auf die Stiftung zu sprechen und verlangte ihre baldige Gründung. Ich konnte stets nur auf die Unabhängigkeit des helvetischen Souveräns verweisen. Am 22. September 2002, mehr als fünf Jahre nach der Ankündigung, lehnte das Volk in einem Referendum die vorgeschlagene »Solidaritätsstiftung« ab. Kenner der eidgenössischen Mentalität – zu denen die eigene Regierung eigentlich zählen sollte! – hatten bereits im März 1997 vorausgesagt, dass die Initiative keine Mehrheit im Schweizer Volk finden würde. Für den Stimmbürger trug sie einen allzu deutlichen Geburtsfehler. Seiner Ansicht nach war das Projekt auf Druck des Auslands zustande gekommen, und äußerem Druck gibt ein Eidgenosse nicht nach.

Noch hitzigere Diskussionen erhoben sich in der Schweiz nach dem 7. Mai 1997, als ein Bericht des US-Außenministeriums für Zündstoff sorgte. Um das Auffinden von Gold und anderen während des Zweiten Weltkriegs gestohlenen Werten zu erleichtern, hatte die US-Regierung eine Untersuchung angeordnet. Darin spielte der Goldhandel zwischen Nazi-Deutschland und der Schweiz eine Rolle, doch das war nicht das Schlimmste. Ergänzt wurde der von Historikern des US-Außenministeriums verfasste Bericht durch ein Vorwort von Stuart Eizenstat, in dem er in seiner offiziellen Funktion als Unterstaatssekretär absurde und undifferenzierte Anschuldigungen gegen die Schweiz erhob, unter anderem dass die Eidgenossenschaft den Zweiten Weltkrieg durch ihr Handeln verlängert habe. Dafür blieb er aber jeden Beweis schuldig. Ein politischer Angriff und beispielloser Vorgang unter befreundeten Staaten!

Stuart Eizenstat, ein Workoholic wie aus dem Lehrbuch und unermüdlicher Verhandler, genoss in der Clinton-Administration großes Ansehen; auch an den Verhandlungen über die

Zwangsarbeiterstiftung in Deutschland war er maßgeblich beteiligt. Mit Vorliebe stellte er sich als »ehrlichen Makler« dar, der eine einvernehmliche Lösung zwischen Streitparteien suchte. Ich hatte von Anfang an meine Zweifel an dieser scheinbar neutralen Position. Im Grundsatz unterstützte Eizenstat die überzogenen Forderungen des »World Jewish Congress«, nur lehnte er dessen Durchsetzungsmethoden ab. Mehrfach kam es zwischen uns zu erhitzten Debatten. Er warf mir oft meine Unnachgiebigkeit vor – für jemanden, der ein Stonewall-Jackson-Porträt über dem Schreibtisch hängen hat, ein ausgesprochenes Kompliment! Über sein indiskutables Vorwort stritten wir besonders heftig, denn die Anschuldigungen wurden weltweit von den Medien aufgegriffen und schadeten der Schweiz auf breiter Front. In der Folge mussten wir uns immer wieder gegen historische Verzerrungen wehren. Eizenstat wollte die Schweiz wohl mit seinem Angriff zum Einlenken bewegen, goss aber Öl ins Feuer und erreichte das genaue Gegenteil. Seine Fehleinschätzung trug dazu bei, dass sich die Schweizer endgültig ungerecht behandelt fühlten und zu Geldzahlungen nicht mehr bereit waren. Wir hatten ihn mehrfach deutlich vor dieser Entwicklung gewarnt. Erst als der Unterstaatssekretär bemerkte, dass die bilateralen Beziehungen zwischen der Schweiz und den USA empfindlichen Schaden zu nehmen drohten, wirkte er mäßigend auf den WJC und Scharfmacher unter den US-Politikern ein. Zum Schluss war er maßgeblich an der Ausarbeitung eines Vergleichs zwischen den Streitparteien beteiligt. Dass ihm die Sensibilität für eidgenössische Empfindlichkeiten nach wie vor abgeht, bewies er noch im Januar 2003, als sein Buch über die Restitutionsverhandlungen von einem desaströsen Titelbild verunziert wurde: ein Hakenkreuz aus Goldbarren vor einer Schweizer Flagge. Geschmacklos, beleidigend und historisch falsch.

Bis zur endgültigen Beilegung der Krise vergingen noch anderthalb Jahre, deren detaillierte Schilderung den Rahmen dieses Buches sprengen würde. Ich vertrat die Schweiz auf zahlreichen Hearings von New York bis Jerusalem, auf Kon-

ferenzen und Seminaren, wie etwa im Dezember 1997 auf der
»Internationalen Goldkonferenz« in London. Ich legte unsere
Politik in Pressekonferenzen, Fernsehsendungen und Zeitungsartikeln dar und bekämpfte die vielfachen Boykottdrohungen, die sich vor allem in New York in brodelnder Atmosphäre vollzogen. Mit allen Seiten führte ich Verhandlungen,
erlebte bewegende Treffen mit Holocaust-Überlebenden, begleitete Außenminister Flavio Cotti zu Gesprächen mit dem
israelischen Ministerpräsidenten Benjamin Netanyahu oder
mit der US-Außenministerin Madeleine Albright. Zumeist war
ich irgendwo zwischen Los Angeles, New York, Washington,
Paris, Jerusalem und Bern unterwegs. An einem Tag flog ich
mit der Concorde von Paris nach New York, nahm dort an
einem Hearing teil, düste am Abend mit *Swissair* wieder
zurück, landete am Morgen in Zürich und erschien ohne Hem-
denwechsel im Berner Büro. Das war mein tägliches Brot.

Seit Mitte 1997 gewann die Task-Force immer mehr an Rou-
tine, konnte glaubwürdig agieren und überzeugend auftreten.
Unser eingespieltes Krisenmanagement funktionierte ausgezeichnet. Zwar trafen uns hin und wieder Rückschläge, aber
wir gerieten nie mehr in eine Abfolge von Krisen wie im Januar 1997. Während all dieser Zeit wurden Gespräche über einen
umfassenden, abschließenden Vergleich geführt. Trotz drän-
gender Forderungen von Israel Singer und Stuart Eizenstat war
für uns immer klar, dass sich die Schweiz als Staat weder rechtlich noch finanziell an solch einer Lösung beteiligen würde.
Hinter den Kulissen wirkten wir jedoch an Konzepten mit, die
den schwelenden Konflikt beilegen sollten. Mehrfach scheiterten diese Gespräche, dann drohte man uns erneut mit umfassenden Boykotten oder der Durchsetzung von Sammelklagen
bei Gericht. Schließlich einigten sich am 12. August 1998 die
Schweizer Banken mit den Vertretern der Shoah-Opfer vor
Bundesrichter Edward Korman auf einen umfassenden gerichtlichen Vergleich. Dabei bezahlten die Banken eine Entschädigung von 1,25 Milliarden US-Dollar per Saldo aller Ansprüche. Fast augenblicklich kehrte Ruhe ein. In den folgenden

Wochen wurde der lange juristische Text ausgearbeitet. Er garantierte nicht nur den Banken, sondern auch dem helvetischen Staat umfassende Rechtssicherheit. Ende Januar 1999 wurde dieser Abschluss im Rahmen einer bilateralen Erklärung zwischen der damaligen Bundespräsidentin Ruth Dreifuss und US-Vizepräsident Al Gore in Davos gewürdigt. Weil der Vergleich im Rahmen eines gerichtlichen Verfahrens zustande kam, schützt er umfassend vor weiteren Sammelklagen oder anderen Forderungen aus der Zeit des Zweiten Weltkriegs.

Das erlittene Leid der Opfer, darüber besteht gewiss Einigkeit, lässt sich materiell niemals aufwiegen. Man kann ihm nur Respekt zollen, indem man politische und gesellschaftliche Lehren aus der schlimmen Vergangenheit zieht. Diese moralische Herausforderung haben die Deutschen in meinen Augen vorbildlich bewältigt. Ihre demokratische Aufbauleistung in der Nachkriegszeit und ihre historische Aufarbeitung der Vergangenheit suchen in Europa ihresgleichen. Das sollten die Völker der Welt anerkennen und in ihr Gedächtnis aufnehmen. So wie historische Sündenfälle vorkommen, gibt es auch vorbildliche Sühnearbeit. Doch auch die Schweiz hat mit den zwischen 1995 und 2002 eingeleiteten und umgesetzten Maßnahmen Beispielhaftes geleistet und verdient dafür breite Anerkennung. Bei vielen Eidgenossen sind jedoch Verbitterung und das Gefühl der Übervorteilung zurückgeblieben. Auf beiden Seiten wurde unnötig Porzellan zerschlagen. Die ausufernde Polemik war schädlich. So wird es Jahrzehnte dauern, bis die Wunden endlich verheilt sind.

Als uneingeschränkt positiv empfand ich die Zusammenarbeit mit der Wirtschaft, insbesondere mit den Banken. In einem liberalen Rechtsstaat konnten sie natürlich nicht unter die Vormundschaft der Regierung gestellt werden und verfolgten eine eigenständige Politik. Oft wurde diese vom Volk nicht verstanden. Auch ich trug mit den Wirtschaftsführern viele Meinungsverschiedenheiten aus. Vom ersten Tag an etablierte sich jedoch eine vertrauensvolle, regelmäßige Zusammenarbeit auf höchster Ebene. Man respektierte sich und konnte sich aufeinander verlassen. Leider ist diese Form der Kooperation zwischen Regierung und Wirtschaft in Deutschland wie in der Schweiz selten – ich wünschte mir, es käme öfter dazu! Als hilfreich erwiesen sich die Schweizer Parlamentarier, die häufig gute Dienste als Sonderbotschafter leisteten und in vielen Punkten der langsamen Regierung voraus waren. Unter ihnen gab es natürlich einige Trittbrettfahrer wie den stets um Profilierung kämpfenden Genfer Nationalrat Jean Ziegler, die von der weltweiten Aufmerksamkeit profitieren wollten und durch ihre Verleumdungen der eigenen Heimat schadeten. Eine erhebliche und bis heute weitgehend unterschätzte Rolle spielte der *Spiritus Rector* der schweizerischen Konservativen, Christoph Blocher. Es gelang diesem Schwergewicht der schweizerischen Politik in wichtigen Momenten, den Bundesrat auf eine harte Linie zu verpflichten. Die Regierung hatte Angst vor der Straße, und Christoph Blocher hätte bei einem finanziellen Einknicken für einen Sturm der Entrüstung gesorgt. Ja, man könnte sogar sagen, in vielen Situationen fürchtete der Bundesrat den Abgeordneten Blocher mehr als den »World Jewish Congress«. Weitsichtige Genfer Privatbankiers und Blocher halfen uns überdies, durch private Spenden wissenschaftliche US-Publikationen zu finanzieren. Damit ist sichergestellt, dass jüngere Forschergenerationen auch die Schweizer Sicht der Geschichte mitgeteilt bekommen. Hierbei kommt vor allem Faith Whittlesey großes Verdienst zu. Sie war früher US-Botschafterin in Bern gewesen und erwies sich in dieser Krisenzeit als eine der wenigen mutigen US-Freunde der Schweiz.

Zu den schönsten Erfahrungen zählt die große Unterstützung, die ich von Vertretern jüdischer Organisationen in der Schweiz, in Israel und in den USA erfahren durfte. Ihr Wohlwollen mir gegenüber und ihre differenzierte Haltung in der Sache schafften immer wieder ein Gegengewicht zu den polemischen Angriffen einiger WJC-Vertreter. Dass der Holocaust kein Instrument zum Gelderwerb sein darf, sondern für uns alle Erinnerung und Mahnung bleiben muss, wurde dank des

Engagements dieser Vertreter immer wieder in der Öffentlichkeit artikuliert.

Nach den Arbeiten am Vergleich und an der Abschlusserklärung begann ich Ende 1998 mit der wichtigen *Transformation*, der Planung des Übergangs in den Normalbetrieb. Dazu gehörte die detaillierte Analyse der ausgestandenen Krise und die Implementierung dabei gewonnener Lehren in den politischen Alltag. Denn nach der Krise ist vor der Krise! Aus Fehlern muss man lernen und darf das Krisengedächtnis nicht verlieren. Als ich ein entsprechendes Transformationsprojekt vorschlug, wurde allenthalben abgewunken. Der Bundesrat beauftragte mich lediglich, die Task-Force abzubauen und ein kleines Team zur Abwicklung restlicher Arbeiten übrig zu lassen. Vor meinem Schlussbericht schien man sich nachgerade zu fürchten. Das konnte mich aber nicht daran hindern, für mich selbst Lehren aus den zweieinhalb Jahren Task-Force zu ziehen. Ich möchte nur einige Bereiche aufführen.

Risikomanagement. Jedes in den USA tätige Unternehmen – auch jeder Staat – muss ein ganzheitliches, professionelles Risikomanagement ausarbeiten, weil man in den Vereinigten Staaten besonderen systemischen Risiken ausgesetzt ist. Das betrifft die Bereiche Rechtsstreit (»litigation«), Rufschädigung (»reputation«), Aufsichtsbehörden (»regulators«) und Sanktionen und Boykotte (»sanctions and boycotts«). Obwohl man sie voneinander getrennt betrachten kann, bestehen wesentliche Zusammenhänge zwischen ihnen; nicht selten verstärken sie sich gegenseitig. Ein gewiefter Kontrahent wird sich immer bemühen, gleichzeitig auf verschiedenen Klaviaturen zu spielen. Parallel zu einer Sammelklage lässt er eine Medienkampagne laufen, zieht Boykottdrohungen in Erwägung, schaltet staatliche Aufsichtsbehörden ein und versucht, Politiker für seine Sache zu gewinnen. Ein führender *Class-Action*-Anwalt sprach einmal von den »verschiedenen Beinen ein und derselben Melkkuh«. Dabei vermischen sich politische mit anderen Risiken. Zum Beispiel kann ein viel versprechendes Produkt durch wissenschaftlich fragwürdige Studien oder lancierte Falschmeldungen diskreditiert werden, was wiederum die Aufsichtsbehörde einschreiten lässt. Hinweise auf die Unternehmensvergangenheit im Zweiten Weltkrieg oder andere rufschädigende Gerüchte tun das ihre. Man muss stets damit rechnen, dass Anwälte oder Interessenvertreter aus politischen Motiven oder Profitgier nach entsprechenden historischen Aufhängern suchen. In der heutigen Gesellschaft mit ihren moralischen – oder nur oberflächlich moralisierenden – Ansprüchen droht jederzeit eine Neubewertung der Vergangenheit. Spätere Generationen sollen dann für das Verhalten ihrer Eltern, Großeltern oder noch früherer Ahnen verantwortlich gemacht werden, etwa bei Sammelklagen wegen angeblicher Unterstützung des südafrikanischen Apartheidregimes (auch deutsche und schweizerische Unternehmen sind davon betroffen). In Zukunft ist denkbar, dass Unternehmen für Umweltverschmutzung, Klimaveränderung oder Waldsterben verantwortlich gemacht werden. Der Fantasie sind kaum Grenzen gesetzt. Sehr beliebt sind auch Produkthaftungsklagen, die bereits jetzt zum Alltag jedes amerikanischen Unternehmens gehören.

Verschiedene Elemente verschärfen das juristische Risiko für europäische Staaten und Unternehmen in den USA erheblich. Mit dem Instrument der Sammelklage können einzelne oder mehrere Kläger Forderungen für ein ganzes Kollektiv geltend machen. Mit massiven, an den Kläger – und nicht an den Staat! – zu bezahlenden Geldstrafen (»punitive damages«) soll nicht nur der entstandene Schaden kompensiert, sondern für drastische Bestrafung und Abschreckung gesorgt werden. Selbst bei kleineren Rechtsverstößen sind Millionenstrafen möglich! Der Kläger kann dabei eine aufwändige Beweisaufnahme durchsetzen (»pre-trial discovery«), und das Gericht räumt ihm in der Regel unbegrenzten Zugang zu den Akten des Beklagten ein. Über Schuld und Schadensersatzsumme entscheiden häufig Geschworene, nicht Berufsrichter. Sie stehen tendenziell auf der Seite des »kleinen Mannes«. Um dem Risiko einer hohen Strafe zu entgehen, einigen sich große Unternehmen in der überwiegenden Zahl der Fälle durch Vergleiche mit den Klägern. Unerlässlich bleibt, dass man derartige Klagen von Anfang an ernst nimmt! Europäische Konzerne begegnen den Klägern zu Beginn gern mit Arroganz, wofür sie später in harter Münze zahlen müssen.

Früherkennung. Die am besten gemanagte Krise findet gar nicht statt! Prävention, langfristiges Reputationsmanagement, proaktives Issues-Management und Früherkennung bilden die Grundpfeiler erfolgreicher Krisenpolitik. Ein Frühwarnsystem muss relevante Signale rechtzeitig erkennen, positive von negativen Entwicklungen unterscheiden und Letztere ausfiltern. Die vergeblichen Jagmetti-Appelle bewiesen, dass unsere Früherkennung in Bern wenig taugte. Die Antizipation heikler Themen gehört zu den vordringlichen Aufgaben strategischer Führung. Zudem müssen Kriseneinsatzkräfte vorbereitet und trainiert werden. Es reicht nicht, erst bei Gefahr einen Feuerwehrhauptmann zu ernennen, dann ist es zu spät. Zu allen denkbaren Problemfeldern sind Factsheets, Hintergrundpapiere, Unternehmenspositionen und Sprachregelungen vorzubereiten. Damit man nicht kalt erwischt wird, sollte auch eine Bereitschaftsplanung mit klaren Zuständigkeiten festgelegt und innerbetrieblich durchgesetzt werden. Nur das bekämpft die weit verbreitete Mentalität: »Bei uns wird nichts passieren!«

Führung. Eine Krise muss man als Chance begreifen. Denn sie ist, wie Max Frisch schreibt, ein produktiver Zustand, wenn man ihr den Beigeschmack der Katastrophe nimmt. Bei ihrem Ausbruch gilt es ruhig Blut zu bewahren, eine eindeutige Führung zu bestimmen und eine Strategie zu definieren. Die Task-Force, Modell einer interdisziplinären Feuerwehr mit Generalisten und Spezialisten, hat sich auf ganzer Linie bewährt. Allerdings darf nicht passieren, dass der Krisenchef in wichtige Entscheide nicht einbezogen wird, wie es mir anfangs zustieß. Das Krisenmanagement muss auch den Problemumfang definieren: Geht es um eine eng begrenzte Sachfrage oder ums Überleben? Wenige klare Ziele und ein einfacher Plan schützen vor Verzettelung. Dazu gehört die Entwicklung unterschiedlicher Szenarien, vor allem des unerlässlichen *Worst-Case*-Szenarios. Ohne klare Führung und Verantwortung sind sie freilich wenig wert. Das helvetische Konkordanzmodell mit seinem Zwang, in wichtigen Fragen immer den Gesamtbundesrat mit sieben Mitgliedern aus vier verschiedenen Parteien konsultieren zu müssen, taugt nur bedingt zur Krisenbewältigung. Keine Feuerwehr erscheint mit sieben gleichberechtigten Kommandanten am Brandherd, die sich als Erstes zu einem längeren Palaver zurückziehen und dann auf einen Kompromiss einigen! Der SP-Vertreter Moritz Leuenberger beschreibt einen solchen Bundesrats-Kuhhandel desillusionierend mit den Worten: »Am Ende haben alle am Tisch mit einer mittleren Unzufriedenheit zugestimmt.«

Kommunikation und Information. Nicht nur im Verhältnis von innen nach außen ist Kommunikation das Zentralthema jeder Krisenbewältigung. Auch intern sollte eine spontane Kommunikationskultur gepflegt werden, gleichgültig welche Hierarchie zuvor herrschte. Nur so lässt sich vermeiden, dass wichtige Informationen auf dem Instanzenweg verloren gehen. Spontane Kommunikationskultur im Binnenverhältnis bedeutet jedoch keineswegs, nach außen alles sagen zu dürfen, was man gerade denkt! Im Gegenteil, eine gemeinsam vereinbarte Grundhaltung mit entsprechenden »Soundbytes« ist unabdingbar. Wenn jeder in Interviews plappern darf, wie ihm der Schnabel gewachsen ist, entsteht nur Kakophonie. Nach der Wahl vom 22. September 2002 verunsicherte ein solch dissonantes Konzert von SPD und Grünen ohne Dirigent und Noten das wirtschaftlich angeschlagene Land und drückte die Stimmung an den Börsen. Als Krisenmanager leidet man in der Regel unter Informationsdefiziten, was die Kommunikationspolitik zusätzlich erschwert. Sprachregelungen dürfen jedoch niemals auf Kosten der Wahrheit gehen, denn in der Mediengesellschaft haben Lügen besonders kurze Beine. Auch Schweigen empfiehlt sich nicht, jemand anderes wird das entstehende Vakuum sofort ausfüllen. Mangelnde Informationen sind stets eine Einladung zum investigativen Journalismus!

Gerade im Umgang mit angloamerikanischen Medien gilt darüber hinaus, dass Geschwindigkeit Genauigkeit sticht. Die bei europäischen Politikern und Managern verbreitete Haltung, erst Stellung zu nehmen, wenn man alle Fakten kennt, führt angesichts des rasanten Tempos der Informationsgesellschaft in eine Sackgasse. Bis die präzise, aber langsame Wahrheit zutage getreten ist, haben Klischeeschlagzeilen und schnelle TV-Bilder sie längst überholt. Das Publikum interessiert sich nicht für Präzision, sondern für prompte Stellungnahmen. Zu Recht angekreidete Fehler sind dabei einzugestehen, rechtmäßig kritisierte Sachverhalte zu verändern. Auf zu Unrecht geäußerte Kritik darf man jedoch nicht mit vorschnellen Zugeständnissen reagieren. Reputation verschafft man sich mit Rückgrat und Standfestigkeit, nicht mit Opportunismus. Man sollte den Respekt, nicht den Applaus der Medien suchen. Dabei kommt es nicht allein auf Fakten an, sondern auch auf deren Wahrnehmung. Sie lässt sich professionell beeinflussen. »Was ich für wahr nehme«, ist manchmal entscheidender als das, was sich dahinter verbirgt.

Imagepflege. Ansehen zählt zu den wesentlichen Werten von Staaten und Unternehmen. Man kann es in ruhigen wie in bewegten Zeiten beeinflussen, in kritischen Situationen allerdings auch leicht beschädigen. Wie geht man zum Beispiel mit Krisen um? Wie mit öffentlicher Kritik? Mit harschen Anschuldigungen? Der Eintritt einer Krise beeinträchtigt selten den Ruf, wohl aber der Umgang mit ihr und das Verhalten während der schwierigen Zeit. Im Umgang mit Krisen und Problemen wird Reputation entweder gewonnen oder verspielt, Krisenmanagement bedeutet daher immer auch Reputationsmanagement. Letztlich geht es um die Wahrung des eigenen Ansehens. Dazu kann man freilich vorbeugende Maßnahmen treffen. So, wie ein gesundes Immunsystem Krankheitserreger abwehrt, trägt ein gutes, aktiv gepflegtes Image (in der Wirtschaft die »Corporate Identity«) zur Immunität gegen Verleumdungen bei. Der Gegner muss sich dann sehr anstrengen, seine Vorwürfe plausibel zu machen, ohne dass sie gleich wieder auf ihn zurückfallen. Bis zum Ausbruch der Holocaust-Krise hatte sich die Schweiz auf ein reichlich altbackenes Heidi-Image verlassen, das sich mit der differenzierten Wahrheit eines modernen Industriestaats kaum noch deckte. Ein solch veraltetes Image ließ sich leichter demontieren als das Bild einer weltoffenen Alpenrepublik. Daher braucht ein Land Imagepflege und *Public Diplomacy*. Und keine Angst vor professioneller Hilfe! Spezialisierte Lobbying- und PR-Firmen sind heute unabdingbare Instrumente für Regierungen und Unternehmen. Sie helfen auch beim Aufbau eines umfassenden und tragfähigen Beziehungsnetzes. »Zwei Uhr nachts ist eine verdammt lausige Zeit, um sich neue Freunde zu suchen«, sagt der amerikanische Networking-Guru Harvey Mackay. Recht hat er! Beziehungs- und Kontaktnetze pflegt man nicht erst, wenn das Kind bereits in den Brunnen gefallen ist, sondern unaufhörlich und ohne konkreten Anlass.

Die Zeit als Chef der Task-Force hat mich für alle Zeiten geprägt. Äußerlich und innerlich bin ich um ein Jahrzehnt gealtert, wurde aber zugleich durch unbezahlbare Erfahrungen entschädigt. Ernst Mühlemann hatte Recht gehabt: Es ist ein Privileg, für sein Vaterland kämpfen zu dürfen – um es mal etwas pathetischer auszudrücken. Der *Jerusalem Report* schrieb im Dezember 1997 »In another age, Thomas Borer might have been a swordsman« und honorierte damit meinen Einsatz für die Schweiz. Die eiserne Rüstung eines Schwertkämpfers hätte ich in der Tat gebraucht. Oft wurde von allen Seiten auf mich geschossen, auch aus dem eigenen Lager, sozusagen »friendly fire«. Aus dem EDA wehte mir vor allem Neid entgegen, als klar wurde, dass die Task-Force kein Himmelfahrtskommando war, sondern dass man mit ihr Ehre und Ruhm gewinnen konnte. Heimlich fuhr man fort, an meinem Stuhl zu sägen. Andernorts regte sich altbekannter Dünkel: »Wer nimmt einen Diplomaten ernst, dessen Handy dauernd klingelt?« Umgekehrt wird ein Schuh draus: Kann man einen Krisenmanager ernst nehmen, der nicht ans Telefon geht, weil er gerade ein Cocktailglas festhält? In der Schweiz gelten unbeirrt die Prinzipien des »Management by Champignons«: Wer seinen Kopf zu weit herausstreckt, dem wird er abgesäbelt. Diesem neidischen und missgünstigen Umfeld führten auch zu dem Gerücht, Außenminister Flavio Cotti wäre eifersüchtig auf mein Echo in der Presse gewesen. Ganz abgesehen davon, dass die allermeisten Auftritte Pflicht waren, konnte es schon zahlenmäßig nicht stimmen: Eine Statistik der Schweizerischen Depeschenagentur zeigte für 1998, dass Flavio Cotti mit siebenhundertachtundneunzig Einzelmeldungen weit vor allen anderen Bundesräten rangierte – und natürlich noch viel weiter vor mir, der ich es auf gerade mal hundertzwanzig Nennungen brachte. Trotz mancher Meinungsverschiedenheiten hielt Cotti in allen Stürmen zu seiner Task-Force. Loyalität war für ihn – im Gegensatz zu seinem Nachfolger – eine Selbstverständlichkeit. Die täglichen Morgenappelle um sechs Uhr dreißig erwiesen sich zwar selten als Zuckerschlecken. Peter Burkhard brachte unsere Stimmung auf den passenden Nenner: »Fühlt sich an wie beim Zahnarzt: Man hat ein reines Gewissen, die Zähne sind geputzt, aber es ist immer noch möglich, dass einem der Kerl bis auf die Wurzel bohrt.« Irgendwo in einem Papier die kleinste Ungereimtheit zu entdecken – darin war Flavio Cotti Meister. Unerbittlich bohrte er nach und testete unsere Leidensfähigkeit. Meinungsverschiedenheiten wurden fair ausgetragen – und letztlich hatte er als Chef zu Recht das letzte Wort. Gegen seine vereinzelten Wutanfälle wappneten wir uns mit einem dicken Fell. »Immer noch besser als ein weiteres Hearing in der Knesset!«, meinte André Schaller dann stoisch und korrigierte sein brillantes Strategiepapier zum achtunddreißigsten Mal.

Trug ich meinen Ärger dennoch nach Hause, ermunterte mich Shawne: »Hey, haben sie dir Weihnachten gestohlen oder deinen Geburtstag? Das können sie nicht!« Ohne Shawne hätten die drei Task-Force-Jahre anders ausgesehen – anstrengender, trübsinniger und ohne emotionalen Ausgleich. Zum Glück entschied sie sich bereits im Februar 1997, nicht mehr in Dallas zu bleiben, sondern nach Bern überzusiedeln. Wie oft bei ihr eine spontane Entscheidung, die sofort in die Tat umgesetzt wurde. Während eines unserer Aufenthalte in New York rief Shawne ein Umzugsunternehmen an und gab den Auftrag zum Packen. Unter Aufsicht eines Freundes wurde ihr Hab und Gut nach Europa verschifft. So kam ich nach meinen Sechzehn-Stunden-Tagen nicht mehr in eine leere Wohnung, sondern in ein von Shawne liebevoll und geschmackvoll eingerichtetes Zuhause. Die Bauhaus-Wohnung, deren kühle Architektur Shawne nicht behagte, tauschten wir gegen eine schöne Altbauetage. Shawne begleitete mich auch auf den meisten Reisen. Sie überprüfte meine Reden auf langweilige Passagen und mangelnde Emotionalität (ein wichtiger Aspekt in den USA), ja, sie schliff meine »Soundbytes« zu kleinen Aperçus. Niemand bezahlte sie dafür, die Flugkosten trug sie selbst. Einmal griff sie sogar in den Ablauf eines Hearings ein. Als sie nämlich unter den Ausschussmitgliedern einen texanischen Abgeordneten entdeckte, packte sie ihn am Schlafittchen und erzählte ihm, dass der Schweizer Diplomat ihr Verlobter sei, und betonte, Recht und Moral stünden auf der Seite der Eidgenossen. Schweigend wohnte der von ihr Becircte meinen Ausführungen bei, packte dann wortlos seine Sachen zusammen und ging. Entgegen seiner ursprünglichen Absichten wollte er sich nicht am Kreuzverhör eines Beinahe-Landsmanns beteiligen. Das nennt man »effizientes Lobbying«! All meinen Gesprächspartnern war Shawne bestens vertraut, und selbst nach hitzigen Auseinandersetzungen wurde ich immer mit einem lieben Gruß an sie verabschiedet. Zwangsläufig fiel auch den Journalisten die attraktive Frau an meiner Seite auf, und so kam es, dass nicht nur ich wegen der Task-Force-Arbeit eine schweizerische Berühmtheit wurde, sondern auch Shawne.

Aber das ist ein neues Kapitel.

10. Berlin Calling

Wenn Schweizer die Alpen erschaffen hätten,
wären diese weniger hoch.
Carl Spitteler

Am 27. Januar 1997, in der Zeit der Holocaust-Krise, veröffentlichte das Boulevardblatt *Adieu* ein Interview mit mir. Seit dem Hearing-Auftritt im Dezember erfreute ich mich in der Schweiz eines hohen Bekanntheitsgrads und genoss einen fast noch höheren Sympathiebonus. Überall wollte man wissen, wer dieser Diplomat sei, der sich derart für seine Heimat engagierte. Den Bundesrat kannte man, und denjenigen, den er in schwierigen Zeiten als Krisenmanager losschickte, sollte man kennen lernen dürfen. *Adieu*-Interviewer Marcel Cramer* war mir als politischer Berichterstatter bekannt, er hatte schon meine Reformen im EDA journalistisch begleitet. Auch diesmal ging es um politische Fragen. Ganz zum Schluss machte ich allerdings einen Fehler. Auf die Frage »Wie erholen Sie sich?«, antwortete ich wahrheitsgemäß: »Hin und wieder ein paar Stunden Ski fahren. Oder mit meiner amerikanischen Freundin Shawne telefonieren. Jetzt ist sie gerade in der Schweiz.«

Genauso gut hätte ich den Startschuss zum Wettlauf um das schönste Foto von Shawne abfeuern können! Was das Interesse an meinem Privatleben anging, war ich naiv. Natürlich ist

---

* Name geändert

Shawne eine außerordentlich attraktive Frau, aber dass man ihr und mir von nun an nachstellen würde, überstieg damals meine Fantasie. Wer war ich denn jenseits aller diplomatischen Funktionen? Ein Politiker? Ein Showstar? Ein Weltklasse-Tennisspieler? Mitnichten, ich habe es nie darauf angelegt, als Privatmann ins Fernsehen zu kommen, Interviews zu geben oder gar Homestorys über mich zu lesen. Ganz im Gegenteil, schon während der Task-Force war die Zeit so knapp, dass unser Medienteam außerordentlich genau unterschied, welche öffentlichen Auftritte unsere politische Position stärkten und welche ihr eher schadeten. Als auflagenstärkste Tageszeitung der Schweiz gehörte *Adieu* natürlich zu den interessanten Publikationen, weil sich damit breite Bevölkerungskreise erreichen und informieren ließen. Während der Krisenjahre gab das Boulevardblatt auch wenig Anlass zu Klagen. Warum Marcel Cramer später in den Chor der Borer-Gegner einstimmte, ist mir bis heute unklar. Vielleicht fürchtete er opportunistisch um seinen Ressortleiterposten, wenn er weiterhin differenziert berichtete. Der Kurswechsel von *Grüezi* und *Adieu* fand erst ab 1999 statt, etwa zu der Zeit, als die graue Eminenz im Hause Märki, Ruedi Schmidt*, vermehrt deutsches Personal nach Zürich holte, um die biederen Schweizer Blätter nach dem Vorbild des deutschen Boulevards »aufzupeppen«. Als ideale Zielobjekte dienten Shawne und ich, ja, wurden systematisch aufgebaut, um dann ebenso systematisch wieder demontiert zu werden – beides ohne unsere Einflussnahme und bar jeder Möglichkeit, die Maschinerie zu stoppen. Vielleicht hatte ich auch Ruedi Schmidt nicht den notwendigen Honig um den Mund geschmiert, wie er es von Politikern in der Schweiz gewohnt war. Aber Opportunismus zählte nie zu meinen hervorragenden Charaktereigenschaften.

Von alledem konnte ich im Januar 1997 jedoch noch nichts wissen. Zwei Tage nach dem Interview war ich zu einer Podiumsdiskussion in Zug eingeladen, jenem Kanton, der im

---

* Name geändert

Ausland durch seine vernünftig niedrigen Steuersätze berühmt geworden ist. *Adieu* hatte eins und eins zusammengezählt und sich gesagt: »Wenn seine Freundin gerade in der Schweiz weilt, wird sie ihn vielleicht auf öffentliche Veranstaltungen begleiten.« Und richtig: In der allerletzten Reihe saß Shawne und bemerkte zunächst nicht, dass sie die Aufmerksamkeit der anwesenden *Adieu*-Reporterin auf sich zog. Die schilderte die Szene wie im Groschenroman: »Der Diplomat auf dem Podium strahlt wie ein Maikäfer. Immer wieder wandern seine Blicke in die hinterste Zuschauer-Reihe. Denn dort sitzt still und bescheiden seine Shawne.«

Strahlende Maikäfer gibt es nur in Tschernobyl, aber einerlei, für metaphorische Brillanz werden Klatschreporter nicht bezahlt. Sondern dafür, dass sie aus einer Mücke einen Elefanten machen. Beinahe eine halbe Seite nahm das Foto von Shawne ein, und das nicht etwa hinten im Blatt, sondern auf Seite drei. Viele Zeitungen unterhalten eine eigene Redaktion für diesen prominenten Platz, weil dort die großen Reportagen und Hintergrundberichte erscheinen. Über Nacht war Shawne also zu einer Top-News geworden, auch wenn die wenigen Textzeilen nur Nichtigkeiten ausplauderten und obendrein Fehler enthielten. Dass Shawne auf Grund ihrer Staatsangehörigkeit öffentliches Interesse erweckte, konnte ich nachvollziehen. Traditionell ist die Schweiz ein sehr amerikafreundliches Land. Selbst zu Zeiten des Vietnamkriegs fanden antiamerikanische Kampagnen – etwa im Gegensatz zu unseren Nachbarländern Deutschland und Frankreich – kaum Widerhall in der Bevölkerung. Erst die Angriffe von Alfonse D'Amato und die törichten Behauptungen im ersten Eizenstat-Bericht führten zu einer wahrnehmbaren Amerikafeindschaft in der Bevölkerung. Das erzeugte einen Missklang, denn einerseits sah man sich von den USA schlecht behandelt, andererseits betrachtete man die »Schwesterrepublik« nach wie vor mit unverhohlener Bewunderung. Durch die Sympathie für Shawne ließ sich diese unangenehme Dissonanz überwinden. So, wie ich als Botschafter meines Landes in den USA agierte, repräsentierte Shawne die guten Seiten ihres Landes in der Schweiz. »Zu viel des Guten!«, befanden freilich manche Eidgenossen, als sich schweizerische und amerikanische Mentalitätsunterschiede dann doch nicht länger verbergen ließen. Unglücklicherweise erwies sich ausgerechnet unsere Hochzeit als Stein des Anstoßes, weil man in Texas ein bisschen anders feiert als in der Schweiz. Dabei hatten wir nur versucht, die texanische Festkultur mit Schweizer Bräuchen zu verbinden.

Als wir uns am 5. Juni 1999 in der prächtigen Solothurner St.-Ursen-Kathedrale das Ja-Wort gaben, taten wir das keineswegs an einem extravaganten Ort. Wegen ihrer barocken Schönheit ist St. Ursen die beliebteste Hochzeitskirche in meinem Heimatkanton. Viele Liebespaare zieht es dorthin vor den Altar. Natürlich hatten wir Freunde und Verwandte eingeladen – und ebenso selbstverständlich Fotografen und Kameraleuten einen Korb gegeben! Sie durften nicht in die Kirche hinein und drängelten sich zusammen mit Hunderten von Schaulustigen auf dem großen Platz vor der Kathedrale. Und da wir keine absolutistischen Vollmachten besaßen, konnten wir ihn nicht räumen lassen, wie es manche politische Kommentatoren für angemessen gehalten hätten. Nun bestimmt in den Vereinigten Staaten nicht der Bräutigam den Stil der Hochzeit, sondern die Braut, und der Brautvater tut alles, um seine Tochter durch einen würdigen Auftritt zu ehren. Für George Fielding bedeutete dies, in seiner Galauniform als Marineoffizier anzutreten, und das Sicherheitspersonal der amerikanischen Botschaft, bestehend aus US-Marines, ließ es sich nicht nehmen, in einer Ehrengarde Spalier zu stehen. Welch gefundenes Fressen für die ausgesperrten Fernsehleute und Fotografen! Ein zweiter Eyecatcher kam hinzu: Ein roter Teppich machte angeblich aus unserer bürgerlichen Trauung eine »Prunkhochzeit«. Dabei war dieses Requisit durch einen bloßen Zufall in unser Arrangement hineingeraten und keineswegs ein Zeichen von Größenwahn. Als wir nämlich, wie jedes Brautpaar, über den Ablauf der Trauung und die Ausgestaltung des Kirchenschiffs berieten, wählten wir neben Blumen auch einige Läufer fürs Innere der Kathedrale aus. Gestellt wurden sie von einer Solothurner Ausstattungsfirma, deren Chef sich Sorgen um Shawne machte. »Wo feiern Sie nach der Zeremonie?«, fragte er.

»Im Palais Besenval.«

Das historische Gebäude lag an der Aare, etwa drei Fußminuten von der Kathedrale entfernt, ein passender Ort für den Cocktailempfang. Natürlich ebenfalls ohne Presse!

»Und wie kommen Sie ins Palais?«

»Wir gehen die Treppe hinunter«, sagte ich, »dann geht's zu Fuß in die Goldgasse.«

In den Augen der Solothurner nimmt es die barocke Pisoni-Freitreppe vor dem Kirchenportal jederzeit mit der Spanischen Treppe in Rom auf. Tatsächlich bietet sie eine imposante Auftrittskulisse. Der gute Mann schüttelte den Kopf: »Die Stufen sind sehr glatt!«

»Tja, irgendwie werden wir es schaffen. Zur Not trage ich Shawne auf meinen Armen. Wenn ich mich nicht täusche, gehört das zu den Pflichten eines frisch gebackenen Ehemanns.«

»Wissen Sie was? Ich lege Ihnen einen Teppich aus. Dann ist die Rutschgefahr gebannt.«

So kamen wir zu unserem »unrepublikanischen« roten Teppich, und da die Presse nur während des Ganges von der Kathedrale zum Palais Besenval fotografieren und filmen konnte, sah man das Prachtstück natürlich auf allen Bildern. Von Missgunst und Neid unter den Zuschauern spürten wir nichts. Sie applaudierten unschweizerisch laut und ließen uns hochleben. Sogar ein Mitglied der Regierung erwies uns die Ehre. Erst bei der Zeitungslektüre erfuhren wir, dass unsere Hochzeit, bei der ich aus Respekt und Gründen der Emanzipation den Namen meiner Frau mit angenommen habe, ein Ärgernis gewesen sein sollte. »Diese Alptraumhochzeit war ein Stich ins Herz der Staatsraison«, schrieb die *Weltwoche*. »Denn die ist hierzulande mit Vernunft gepaart, nicht mit Glamour.« Dem Berichterstatter musste entgangen sein, dass ich weder im Auftrag des Außenministeriums noch während der Bürozeit geheiratet hatte. Im Privatleben von Diplomaten darf die Staatsraison schon einmal für ein paar Minuten zurücktreten. Als ehemaliger Messdiener weiß ich außerdem, dass man das Ehegelöbnis *coram publico* zu leisten hat. Weit mehr als beim Gang zum Standesamt handelt es sich in der Kirche um einen symbolischen Akt, der ohne Zeugen keine Gültigkeit besäße. Auf deren Zahl hat man in einer offenen Gesellschaft, zumal unter freiem Himmel, wenig Einfluss. Die wahre Prunkhochzeit fand an diesem Tag ohnehin anderswo statt und wurde von den Medien weitgehend ignoriert. Glückliche Prinzessin von Liechtenstein, die im Stillen heiraten durfte! Ich hoffe, sie war darüber nicht allzu sehr enttäuscht. Wir hätten ihr gerne ein paar Fotografen abgetreten.

Während der Vorbereitungen zu diesem Buch fand ich in einem meiner zahllosen EDA-Ordner ein fünfseitiges Papier, das ich mit Vergnügen wieder las. »Text wird nicht veröffentlicht«, steht dick darüber, und die Geheimnistuerei hat ihren Grund: Nagelte man den Autor des Papiers auf seine Aussagen fest, wäre seine Blamage noch größer, als sie ohnehin schon ist. »Die Medienwelt ist geprägt von einer zunehmenden Boulevardisierung«, heißt es da. »Und ob uns das passt oder nicht, wir müssen uns darauf einstellen. Boulevardisierung bedeutet auch: Personalisierung. So ärgerlich für viele dieser Drang ist, alles an Personen festzumachen (oft entspringt der Ärger auch nur der Eifersucht, nicht selber im Scheinwerferlicht zu stehen), eine positive Seite hat diese Tendenz auch: Durch die Personalisierung wird nämlich deutlich gemacht, dass politisches Handeln das Werk von Menschen ist und nicht einfach das Resultat anonym wirkender Kräfte. Personalisierung nimmt uns in die Pflicht, in die Verantwortung. Zwingt uns, uns selber Rechenschaft darüber abzugeben, was wir tun, dient uns sozusagen als Korrektiv. Wir stehen für Entscheide, für Entwicklungen, für Fehler auch. Wir können uns nicht mehr verstecken. Personalisierung schafft Transparenz – und das kann uns eigentlich nur recht sein.«

Mit genau diesen Worten trat Joseph Deiss, frisch gebackener Vorsteher des Eidgenössischen Departments für Auswärtige Angelegenheiten, am 27. August 1999 zum ersten Mal vor seine versammelten Botschafter. Allerdings hinter verschlossenen Türen. Dass der Text nicht an die Presse ging, bewahrte den Nachfolger Flavio Cottis davor, später praktische Konsequenzen aus der eigenen Analyse ziehen zu müssen. Pikanterweise redete er einer Tendenz das Wort, der er selbst gar nichts abgewinnen konnte, wenn sie mich betraf. Bei nüchterner Betrachtung aller folgenden »Berliner Skandale« des Ehepaars Borer-Fielding hätte er zum Ergebnis kommen müssen, dass die Personalisierung keineswegs auf unsere eigene Initiative zurückging. »*Ob uns das passt oder nicht, wir müssen uns darauf einstellen*« – prophetische Worte! Intellektuell konnte man zwar anregende Debatten über Sinn und Unsinn dieser Entwicklung führen, das Rad ließ sich aber nicht mehr zurückdrehen. Inhalte wurden über Personen vermittelt, und wer darüber langatmig lamentierte, verlor nur kostbare Zeit. Stattdessen sollte er darauf hinarbeiten, der stetig wachsenden Medienmacht durch intelligente Öffentlichkeitsarbeit Paroli zu bieten.

Dazu gehörte unabdingbar ein klares Krisenmanagement, falls sich schwarze Schafe unter den Journalisten nicht an die Spielregeln hielten. Denn den unaufhaltsamen Prozess der Personalisierung zu akzeptieren, bedeutete keineswegs, den Journalisten jede Differenzierungsleistung zu erlassen oder gar ihre gängigen Schutzbehauptungen zu unterstützen. »Aber Herr Richter«, sagt der dreiste Einbrecher, »die Tür stand offen. Ich musste einfach hineingehen und alles mitnehmen!« Analog dazu dürfte man nach Meinung der Paparazzi-Presse mit jenen Menschen alles machen, die bereits einmal in den Medien gewesen waren. Wenn sie nicht schon gegen die erste Berichterstattung eingeschritten waren, sollten sie ihre Persönlichkeitsrechte im Tausch für fünf Minuten Berühmtheit ein für alle Mal versetzt haben. In den Augen solcher Journalisten gilt die Trennung zwischen beruflicher Funktion und Privatleben ebenfalls als eine reine Petitesse. Ein Botschafter, der auf öffentlichen Anlässen vor die Kameras tritt, soll nach Feierabend tabu sein? Dann müsste ja die Hälfte aller Klatschreporter ihren Beruf aufgeben! Auf Pressekonferenzen und Anlässen, wo es um wirkliche Inhalte geht, sieht man die Vertreter der Yellow Press nämlich nie, weil sie zur selben Zeit Hundefriseure und Modedesigner interviewen.

Wenn in diesen Zeiten das Bild mehr zählt als der Text, müssen alle Beteiligten ein ausgewogenes System von Macht und Kontrolle erst entwickeln. Weder darf die Politik leichtsinnig Terrain preisgeben, noch sollten die Betroffenen voreilig den Kopf in den Sand stecken. »Es geht darum«, sagt der Berner Medienrechtler Franz Zölch zutreffend, »die beiden Begriffe *öffentliches Interesse* im rechtlichen Sinne und *Interesse der Öffentlichkeit* auseinander zu halten.« Letzteres ist immer riesig, weil es auf Neugier gründet. Außer Hunger, Durst und dem Sexualtrieb gibt es daneben offensichtlich keine stärkere Antriebskraft im menschlichen Leben. Ansprüche lassen sich daraus jedoch nicht ableiten, die Privatsphäre ist geschützt. Leider legen Kommunikationsberater ihren Klienten oft viel zu früh die Kapitulation nahe, man geht nicht gegen derartige Verletzungen vor. Es stimmt zwar, dass am Gerichtshof der Medien kein *Fair Play* herrscht, doch wer zu kämpfen versteht, vermag sogar aussichtslos erscheinende Schlachten zu gewinnen. Medien verkaufen ihre Informationen und Unterhaltung nur so lange, wie ihre Integrität und Glaubwürdigkeit für die Echtheit und Relevanz der Waren bürgen. An dieser Achillesferse sind sie zu packen! Wer Irrelevanz, Manipulationen, Übertreibungen, Lügen nachweist, kann erwarten, dass das Management selbst übermächtig erscheinender Verlagshäuser einlenkt! Auf Dauer unterminiert mangelnde Glaubwürdigkeit nämlich sogar das trübe Geschäft der Boulevardmedien, denn Märchen sind nur schön, solange sie ein Körnchen Wahrheit enthalten.

Natürlich interessierte mich die propagierte »neue Offenheit« im Berner Außenministerium ganz besonders. Nachdem die Task-Force »Zweiter Weltkrieg« zum 31. März 1999 aufgelöst worden war, stand die nächste Herausforderung an: Schweizer Botschafter in Deutschland. Der Gesamtbundesrat hatte mich als Nachfolger von Dieter Chenaux-Repond berufen. Damit stand ein gewaltiger Einschnitt bevor. Nach mehr als fünfzig Jahren im Bonner Exil kehrte die Schweiz in ihre alte Berliner Botschaft zurück. Und das an einem der avanciertesten Plätze der Hauptstadt, direkt neben dem neuen Bundeskanzleramt! Mit dem Einzug mussten Shawne und ich freilich etwas warten, denn die alte Residenz wurde gründlich renoviert, und die neuen Büroräume befanden sich noch im Rohbau. So zogen wir für anderthalb Jahre in eine Charlottenburger Altbauwohnung am Lietzenseeufer. Der Bürotrakt der Botschaft befand sich dagegen in Moabit neben Otto Schilys Innenministerium, dessen Wachbeamte uns somit als heimliche Schweizergarde dienten. Ein besonders praktischer Synergieeffekt!

Kurz nach meiner Ernennung schickte mir mein alter Weggefährte David Vogelsanger einen Brief. »Das Verhältnis zu Deutschland ist zwingend ein schwieriges«, erläuterte er freundschaftlich-mahnend, »auch wenn die Deutschen uns in vielem besonders nahe stehen. In anderem stehen sie uns aber notwendigerweise auch besonders fern.« David ist ein schweizerischer Patriot, dem die Wahrung unserer Eigenheiten und Eigenständigkeit sehr am Herzen liegt. Er meinte damit, ich solle nicht glauben, der große Bruder Deutschland handle in Bezug auf die Schweiz je uneigennützig – was er tatsächlich auch nicht tat. Daneben ließen sich seine Worte unmittelbar räumlich begreifen. Trotz der Nähe zum Kanzleramt lag die deutsche Regierung für mich prinzipiell weiter entfernt als beispielsweise für den französischen Botschafter. Zwar nicht ganz so unerreichbar, wie es Präsident Clinton für Carlo Jagmetti gewesen war, aber im Chor der Berliner Botschafter erklang die schweizerische Stimme nur als schwaches Echo im Hintergrund. Jeder EU-Zwerg wird schneller und besser informiert als wir. Im Bewusstsein der deutschen Regierung spielt die Eidgenossenschaft eine untergeordnete Rolle, die Kenntnisse beschränken sich nicht selten auf Klischees. Selbst in der Administration wissen nur wenige, dass wir Schweizer für Deutschland von erheblicher wirtschaftlicher Bedeutung sind. Unsere Unternehmen gehören zu den wichtigsten Investoren in Deutschland, über eintausendachthundert helvetische Tochter- oder Schwesterfirmen stellen rund eine Viertelmillion Arbeitsplätze bereit. Überdies ist die Schweiz ein unverzichtbarer Abnehmer deutscher Produkte, denn mehr als dreißig Prozent der Einfuhren kommen aus der Bundesrepublik. Von unserer Seite gehen siebenundzwanzig Prozent der Ausfuhren in die entgegengesetzte Richtung, was der Summe aller Exporte nach Frankreich, Italien und Großbritannien entspricht. Für die Schweiz ist Deutschland damit zweifellos der wichtigste Handelspartner der Welt.

Natürlich gibt es unter den deutschen Politikern einige, die um diese Fakten wissen und Freunde der Schweiz sind. In der Regel stammten sie aus dem Süden, so zum Beispiel die langjährigen, äußerst erfolgreichen Ministerpräsidenten Edmund Stoiber und Erwin Teufel. Sie statten der Schweiz regelmäßig Besuche ab und treten als gern gesehene Redner auf. Ein großer Schweizkenner und -freund ist ebenso der frühere Bundeswirtschaftsminister Werner Müller. Er verbringt immer wieder die Ferien in der Nähe von Bern. Wolfgang Schäuble, als Badener bestens mit helvetischen Eigenheiten vertraut, zog mich häufig mit unserer EU-Verweigerung auf. Dieser nachdenkliche und intellektuell überragende »Architekt der Einheit« – er hat die »Zwei-plus-vier«-Gespräche mit den ehemaligen Besatzungsmächten verhandelt – beeindruckte mich durch seine Kenntnisse und Analysen europäischer und internationaler Politik tief – ein echter deutscher Staatsmann. Auch bei Mitgliedern der Grünen stieß ich regelmäßig auf einen ausgesprochenen Schweiz-Enthusiasmus. Die Ex-Parteichefin Claudia Roth schilderte mir etwa voller Begeisterung, wie sie als Managerin der legendären Anarchoband »Ton, Steine, Scherben« ein Konzert in Zürich vereinbart hatte und die Veranstalter vor Ort, nicht minder anarchisch, zu ihrer Verblüffung das vereinbarte Honorar noch in derselben Nacht fein säuberlich abgezählt auf den Tisch legten. »In der Schweiz sind selbst die Punks noch korrekte Geschäftsleute!« Ihre Hauptattraktivität bezieht die Eidgenossenschaft für grüne Politiker jedoch aus ihrem Modell der direkten Demokratie. Damit wurden einige Belange des Umweltschutzes schnell und unkompliziert in der Verfassung verankert. Sympathie genießt die Schweiz natürlich auch bei liberal denkenden Politikern wie Guido Westerwelle oder Walter Scheel.

Je weiter nördlich und östlich man sich in Deutschland bewegt, desto geringer scheint das Wissen über die Eidgenossenschaft zu sein. Bestenfalls herrscht eine wohlwollende Indifferenz vor. Darin sah ich eine große Herausforderung für meine Arbeit als Botschafter. Ich wollte ein adäquates Erscheinungsbild der Schweiz vermitteln, die Sichtbarkeit meines Landes erhöhen und es als bedeutsame Wirtschafts- und Kulturnation vorstellen. Nur so ließen sich Wohlwollen und Sympathie der Deutschen für ihren kleinen Nachbarn vertiefen. Natürlich war mir bewusst, dass es *die* Schweiz nicht gibt. Mein Land ist unglaublich vielschichtig, kompliziert, auch in sich widersprüchlich. Schon zu sagen, die Schweiz habe vier Kulturen, wäre oberflächlich. Ebenso richtig – und gleichermaßen falsch – wäre es, ihr sechsundzwanzig Kulturen zuzuschreiben, weil sie aus sechsundzwanzig Kantonen besteht. Ich wollte daher mein Land in seiner Vielfalt und jenseits herkömmlicher Mythen präsentieren – die moderne und doch traditionelle, die offene und doch verschlossene, die zutiefst europäische und doch als Nicht-EU-Mitglied abseits stehende Schweiz.

Um diese anspruchsvolle Aufgabe zu bewältigen, forderte ich keineswegs größere personelle oder finanzielle Ressourcen von Bern. Vielmehr überzeugte ich meine Mitarbeiter vom gemeinsamen Ziel und motivierte sie, die neuen Herausforderungen anzunehmen. Der Wissenschaftsattaché José-Louis Touron, Kulturrat Heinz Walker-Nederkoorn und Botschaftsrat Nicolas Brühl erwiesen sich dabei als besonders engagierte und inspirierte Kollegen, die durch zahllose Über-stunden zum Erfolg des *Public-Diplomacy*-Projekts beitrugen. Im Team entwickelten wir eine wirksame Strategie der *Public-Private-Partnership*, die öffentliche Institutionen und privat-wirtschaftliche Unternehmen zusammenführte. Dabei konnten wir auf die verlässliche Vorarbeit des intelligenten Ministers Paul Widmer aufbauen. Unsere öffentliche Diplomatie nahm ganz unterschiedliche Formen an und wandte sich an ver-schiedene Zielgruppen. So boten wir etwa in Zusammenarbeit mit den drei Berliner Universitäten und dem Veranstaltungs-forum der Verlagsgruppe Holtzbrinck Seminare und Po-diumsgespräche an. Unter dem Titel »Nachbarn Deutschland-Schweiz: Impulse für die Zukunft« pflegten wir einen kontinuierlichen Erfahrungsaustausch zwischen Politik, Wirt-schaft, Kultur und Wissenschaft. Er erwies sich vor allem des-halb als so ergiebig, weil Deutschland und die Schweiz in vie-lem vor vergleichbaren Herausforderungen standen und stehen. Jeder kann vom anderen lernen, wenn er die Bereit-schaft zum Zuhören mitbringt.

Dabei gelang es uns, diskret auf die Pionierleistungen der Schweiz hinzuweisen. In vielen Punkten bietet unser Land vor-bildliche Lösungsansätze für deutsche Probleme, die unzu-längliche Berichterstattung in den deutschen Medien darüber lässt aber selbst die gesellschaftlichen Eliten der Bundesrepub-lik im Unklaren über diese Möglichkeiten. Wenigstens zum Teil konnten wir mit unseren Veranstaltungen diesen Mangel kom-pensieren. Sie wurden von hohen Beamten, Bundestagsabge-ordneten, Wirtschaftsführern, Wissenschaftlern und Journa-listen gern besucht. »Kultur und Markt«, »Gentechnologie: Königsweg oder Irrweg der Wissenschaft?«, »Transplanta-tionsmedizin: Um welchen Preis gegen den Tod?« oder »Ar-beitsmarktpolitik: Ein Blick über die Grenze« spiegeln die the-matische Vielfalt der Diskussionen wider. Hunderte von Zuhörern gewannen schon lange vor den Vorschlägen der »Hartz-Kommission« interessante Einblicke in die Reform-möglichkeiten des Arbeitsmarkts. Wo Deutschland ein Prozent

Wirtschaftswachstum benötigt, um neue Arbeitsplätze zu schaffen, braucht die Schweiz gerade mal ein halbes Prozent, und unsere Arbeitslosenquote beträgt ein Viertel der deutschen, obwohl die Schweiz unter denselben makroökonomischen Bedingungen operiert wie alle übrigen westlichen Industrienationen. Drei Faktoren machen im Wesentlichen diesen Erfolg aus (deutschen Gewerkschaftern trieben sie gewiss den nackten Angstschweiß auf die Stirn, würde sich die Bundesrepublik daran orientieren): Der Kündigungsschutz ist auf vernünftige drei Monate begrenzt, kein Flächentarifvertrag stranguliert kleine Betriebe, und die Lohnnebenkosten erklimmen nicht monatlich neue Rekordhöhen. Letzteres liegt unter anderem daran, dass wir frühzeitig ein Rentenmodell einführten, bei dem Umlage- und Kapitaldeckungsverfahren kombiniert sind; übrigens dürfen dabei Beamte und Selbstständige nicht aus der Rentenversicherungspflicht ausscheren. Das helvetische Modell vertraut in dieser Sache nicht allein auf die Fruchtbarkeit der Bevölkerung und die wirtschaftliche Potenz kommender Generationen wie das unter Konrad Adenauer eingeführte deutsche Umlageverfahren, sondern setzt seit 1985 auf eine parallele Säule der Kapitaldeckung, in der jedem Beitragszahler sein geleisteter Betrag plus Arbeitgeberanteil persönlich gut geschrieben wird. Der Wechsel der Arbeitsstelle macht keine Probleme, da man erworbenes Rentenkapital zu einem anderen Arbeitgeber mitnehmen kann, selbst wenn man – wie ich – aus dem Staatsdienst ausscheidet. Als dritte Säule wird die reine Privatvorsorge durch erhebliche Steuervorteile gefördert, sodass sich summa summarum ein weitaus flexibleres System ergibt als das der deutschen Rentenversicherung. Es zeigt sich auch viel weniger anfällig gegen Konjunkturschwankungen und die demografische Entwicklung als das reine Adenauer'sche Umlageverfahren.

Zu unserer öffentlichen Diplomatie gehörte ferner ein verstärkter Jugendaustausch. Unsere Erfahrungen hatten nämlich ergeben, dass junge Leute in Deutschland trotz der geografischen und kulturellen Nähe zur Schweiz weitaus schlechter über sie Bescheid wussten als die ältere Generation und ihr weniger Wohlwollen entgegenbrachten – von DJ Bobo als einsamem helvetischen Markenzeichen einmal abgesehen. Auf jeden Fall war dieser Austausch eine hervorragende Investition in die Zukunft.

Die Schweiz muss sich vor dem großen Bruder also keineswegs verstecken, sondern nur öfter »Hier!« und »Hallo!« rufen. Wie in einer Familie beachten die Größeren die Kleineren zunächst kaum. Eine große Ausnahme bildete dabei der deutsche Bundespräsident Johannes Rau. Das erkannte ich bei meinem Antrittsbesuch auf Schloss Bellevue. Eskortiert von fünf »weißen Mäusen« (wie die Berliner ihre Motorradpolizei nennen), fuhr ich am 21. September 1999 um 10.30 Uhr beim deutschen Bundespräsidenten vor. Pünktlichkeit ist Pflicht, denn an einem solchen Tag werden meist mehrere neue Botschafter akkreditiert, pro Mann oder Frau beträgt die Audienz nicht mehr als dreißig Minuten. Viele Mythen ranken sich um diese halbe Stunde. Die Wahrheit ist: Bei meinem Antrittsbesuch erzählte mir Johannes Rau nach grundsätzlichen Bemerkungen zum bilateralen Verhältnis seinen Lieblingsschweizerwitz, den ich zum Glück sofort wieder vergaß, sodass ich herzhaft darüber lachen konnte, als er ihn bei nächster Gelegenheit erneut anbrachte.

Ich überreichte ihm mein Beglaubigungsschreiben des Schweizer Bundesrats, das mit dem pathetischen Schlusssatz endete: »Wir benützen diesen Anlass, Eure Exzellenz dem Machtschutze Gottes zu empfehlen.« Ansonsten gemahnte die Zeremonie nur noch entfernt an den Prunk vergangener Tage. Allerdings trug ich ein sehr traditionelles Kleidungsstück, dessen Erwerb sich im Nachhinein als Fehlinvestition erwies. Meinen schwarzen Cut zog ich genau viermal im Leben an: beim Antrittsbesuch auf Schloss Bellevue und dann noch dreimal zu den jeweiligen Neujahrsempfängen des Bundespräsidenten. Im Leben eines Nicht-Diplomaten lässt er sich jetzt für Kostümbälle und Hochzeiten verwenden.

Da mir Johannes Raus Sympathien für die Eidgenossen bekannt waren, brachte ich eine offizielle Einladung zum Staatsbesuch in der Schweiz mit. Das hatte ich vorher mit dem Bundesrat so abgesprochen und hielt es für eine gelungene Willkommensgeste. Ich wollte damit auch den Rahmen der üblichen Plauderei sprengen. Präsident Rau bat seinen anwesenden Protokollchef sichtlich erfreut, ihm baldmöglichst einen Termin freizumachen. Obwohl dieser zurückhaltend antwortete, man müsse zunächst prüfen, ob der Besuch ins außenpolitische Konzept passe, kam er im Frühjahr 2000 zustande und wurde ein großer Erfolg. Mein »Überfall« ersparte mir jedenfalls einen Marathon durch deutsche Amtsstuben.

»Ich schließe keine Tür mehr selbst, ziehe keinen Überzieher ohne Hilfe an«, schrieb einer meiner Vorgänger Hermann Rüfenacht über seinen Start in Berlin, »lasse mir vom livrierten Chauffeur den Schlag meiner eleganten Limousine öffnen, mache in Mode, benehme mich sicher und unbefangen im Salon, lasse mich an-exzellenzen, ohne mit der Wimper zu zucken, küsse zur Not die Hand.« Sieht so das Botschafterleben aus? Im Berlin der »Goldenen Zwanziger« muss es wohl so gewesen sein. Auch Rüfenacht wohnte im Haus am Spreebogen und akkreditierte sich beim Reichspräsidenten Friedrich Ebert. Bevor die Lichter in der helvetischen Residenz für mehr als fünfzig Jahre erloschen, folgten ihm zwei weitere Gesandte. Der nazikritische Paul Dinichert hielt mit seiner Meinung über Hitler nicht hinterm Berg und geriet in vollständige Isolation zum Regime. Da dies seine Funktion als Gesandter beeinträchtigte, ersetzte ihn die damalige Berner Regierung im Jahr 1938 durch den mutlosen und leicht zu beeindruckenden Hans Frölicher. Ein Missgriff, der später in der Schweiz für lange Diskussionen sorgte. Zwar war Frölicher nicht nazifreundlich, doch ein Angsthase ohne jegliche Zivilcourage. Er riet dem Bundesrat regelmäßig zur Nachgiebigkeit gegenüber den Nazis.

Dieser Tendenz, allzu viel Verständnis für Anliegen des Gastlandes aufzubringen und die Interessen der eigenen Regierung zu vernachlässigen, erliegen nicht wenige Botschafter im Ausland. Psychologisch verständlich, denn damit macht man sich beim Gastgeber beliebt. Man liefert allerdings auch eine Begründung für den Umstand, warum im diplomatischen Dienst der drei- oder vierjährige Versetzungsrhythmus beibehalten werden müsse: Nur so beuge man einer Überidentifikation vor und vermeide Interessenkollisionen. Das Risiko wäre wohl besser in den Griff zu bekommen, beriefe man grundsätzlich starke Persönlichkeiten mit Zivilcourage zum Botschafter. Allerdings müsste die eigene Regierung dann auch damit rechnen, von ihren Botschaftern im Ausland unangenehme Wahrheiten serviert zu bekommen, und das schätzt sie keineswegs. Die Versetzung nach drei oder vier Jahren birgt eine Vielzahl von Nachteilen, die weitaus schwerer wiegen als eventuelle Kränkungsgefühle von Regierungsmitgliedern. Zum einen erzeugt die schnelle Rotation erhebliche Kosten, die sich in dreißig Dienstjahren auf mehrere hunderttausend Euro je Person summieren. Man denke allein an die Umzugskosten! Zum anderen zerstört jede Abberufung ein mühsam gewirktes Beziehungsnetz, da dieses an Menschen und nicht an Posten gebunden ist. Es lässt sich auch nicht auf den Nachfolger übertragen, der dem abgelösten Stelleninhaber oft gar nicht mehr begegnet. Vier Jahre sind eine knapp bemessene Amtszeit, sie verstreichen schneller, als einem lieb sein kann. Je größer und föderalistischer das Gastland aufgebaut ist, desto mehr Reisen muss man unternehmen, um die Regionalfürsten kennen zu lernen, die allesamt Regierungschefs im Wartestand sein können. Dass es in Ländern mit schwierigen Lebensbedingungen, in extremen Klimazonen oder unter diktatorischen Regimen niemandem zuzumuten ist, mehr als ein paar Jahre auf diesem »hardship posting« auszuharren, steht auf einem anderen Blatt. Jeder Diplomat weiß jedoch, dass es keine »Berufungsgerechtigkeit« geben kann. Manche Länder sind wichtig und angenehm, während andere unwichtig und unangenehm zugleich sind. Das ist und bleibt ungerecht, aber es dient der Außenpolitik kaum, wenn man an unterschiedliche Verhältnisse die gleiche Messlatte anlegt, nur um den Frieden im diplomatischen Korps nicht zu gefährden. Für wichtige Länder sollte der Versetzungszwang zeitlich erheblich gestreckt, für unangenehme und anstrengende Auslandsposten dagegen ein zusätzliches Bonussystem eingeführt werden, um die Nachteile der Berufung auszugleichen. Ein Botschafterposten wie der in Deutschland wird ja geschaffen, um die Interessen der Schweiz zu vertreten, nicht um möglichst vielen Diplomaten die Annehmlichkeiten Berlins zugute kommen zu lassen.

In einem Punkt konnte ich meinem Vorgänger Rüfenacht bedenkenlos zustimmen, beendete er sein Resümee doch mit einem Stoßseufzer: »Aber das ist ja Anstrich. Was mir gefällt, ist der Inhalt.« Ähnlich ging es mir. Auf mich wartete ein äußerst spannendes Arbeitsfeld. Nachträglich kommt mir die Liste meiner Unternehmungen der ersten acht Wochen wie ein fast nicht zu bewältigendes Pensum vor: sechs Reden geschrieben, zwanzig Berichte ans EDA verfasst, Dutzende von Einzelbesuchern empfangen, fünf schweizerische Delegationen betreut, sechzig Anlässe besucht und acht große Abendessen gegeben. Ganz zu schweigen von der Koordination interner Verwaltungsabläufe – mir unterstanden zusätzlich sechs Generalkonsulate in wichtigen deutschen Städten – und den Problemen auf der Baustelle am Spreebogen. »Hart, aber herzlich«, sagt der Berliner zum Sichtbetonblock des Botschaftsanbaus, wenn er diplomatisch sein will. Viele Politiker, Beamte und Taxifahrer werden deutlicher und bezeichnen die kahlen Mauern als »Schweizer Bunker, kalt, klotzig, grau, hässlich« – nicht fürs Volk gebaut, sondern dem Geschmack einer internationalen Architekten-Elite verpflichtet. Immerhin, der Bau erinnert den deutschen Bundeskanzler täglich an die Existenz der Schweiz im Herzen.

Wie es sich für einen Botschafter gehört, begann ich nach den ersten Wochen einen Reisemarathon durch Deutschland. Dabei wurde ich regelmäßig mit zwei Fragen konfrontiert. Erstens: »Wo ist Ihre bezaubernde Gattin?« Und zweitens: »Wann tritt die Schweiz der Europäischen Union bei?« Letzteres konnte ich immer sehr präzise beantworten: »Sicherlich nicht mehr in diesem Jahrzehnt, aber vielleict in diesem Jahrtausend.« Die Schweiz ist wirtschaftlich aufs Engste mit der EU verbunden, über hundert Abkommen sorgen dafür. Für die Berner Regierung bleibt der EU-Beitritt ein Hauptziel, denn sie hält die Interessen der Eidgenossenschaft langfristig innerhalb der EU für besser gewahrt als außerhalb. Dieser Beitritt muss aber – wie alle wichtigen Entscheide – vom Stimmvolk und den Kantonen gutgeheißen werden, und innenpolitisch ist die Meinung zurzeit gespalten. Auf der einen Seite stehen die »Euroturbos«, die lieber heute als morgen der EU beiträten. Zu ihnen gehören unter anderem Joseph Deiss von der CVP, die Sozialdemokraten und die meisten Angehörigen des diplomatischen Korps. Dem stehen konservative Kreise unter Führung von Christoph Blocher diametral gegenüber. Sie sind kategorisch gegen einen EU-Beitritt. Eine dritte, etwa gleich große Gruppe plädiert für besonnenes Abwarten. Ihr gehöre auch ich an, was mir im EDA hin und wieder Ärger bescherte. Für uns liegt ein Beitritt derzeit nicht im nationalen Interesse, wir schließen ihn aber auch nicht für alle Zeiten aus. Vielmehr soll von Zeit zu Zeit geprüft werden, ob sich schweizerische Interessen innerhalb der EU nachdrücklicher verteidigen ließen als außerhalb. Bis zum allfälligen Beitritt sollten die Nachteile der Nichtmitgliedschaft durch weitere bilaterale Abkommen gemindert werden.

Für alle Schweizer steht die gewaltige Nachkriegsleistung der Europäischen Union außer Frage. Sie hat die ehemaligen »Erbfeinde« Deutschland und Frankreich miteinander versöhnt. Sechzig Jahre Frieden und Wohlstand in Europa sind darauf zurückzuführen. Dennoch ist das Zögern der Schweiz aus historischen, politischen und wirtschaftlichen Gründen verständlich. Die Geschichte lehrt uns ein tiefes Misstrauen gegen Machtballung, Zentralismus und Bürokratie. Ein EU-Beitritt hätte gravierende Auswirkungen auf unsere staatsrechtliche Ordnung, die direkte Demokratie, den Föderalismus und unsere Regierungsform.

Zudem würde die Schweiz als eines der wenigen Länder Europas wirtschaftlich *nicht* von einem Beitritt profitieren, sondern erlitte kurzfristig sogar einen bedeutenden Wachstumsverlust. Der Umgang der EU mit kleinen Mitgliedsstaaten – vor allem die »besonderen Maßnahmen der EU-Vierzehn« gegen die österreichische Regierungskoalition Schüssel/Riess-Passer – hat bei vielen Schweizern nicht gerade vertrauensbildend gewirkt. Größere Mitgliedsstaaten können sich viel mehr herausnehmen, ohne Interventionen befürchten zu müssen. Wie hätte man in Berlin und Paris reagiert, wäre Silvio Berlusconi ein Luxemburger, Belgier oder Däne und nicht Italiens Regierungschef? Und wer weiß schon, welche der zahlreichen helvetischen Eigenheiten eines Tages der EU-Kommission missfallen?

Viele Schweizer können auch der Wirtschafts- und Steuerpolitik der EU wenig abgewinnen. Sie fürchten zum Beispiel, dass die Steuern bei einem EU-Beitritt nach oben »harmonisiert« würden und sich die Staatsquote zu Lasten der wirtschaftlichen Entwicklung weiter in die Höhe schraubt. Leider gibt es kaum Indizien, die diese Ängste entkräften. Leben wir Schweizer nicht seit Jahrzehnten vor, welch positive Auswirkungen ein echter Konkurrenzföderalismus bietet, bei dem einzelne Kantone im gegenseitigen Wettbewerb über Steuersätze entscheiden können? Wo bleiben die Nachahmungsversuche der EU-Staaten? Für uns ist Subsidiarität und klare Kompetenzabgrenzung zwischen Bund und Kantonen eine gelebte Erfolgsgeschichte. In einer Gemeinschaft mit fünfundzwanzig und mehr Mitgliedern kann es doch keine alles umschließende Einheitlichkeit geben!

Man begegnet auch der forcierten Osterweiterung und dem Beitritt der Türkei mit Sorge. Können die Nettozahler der EU dieses politisch motivierte Tempo wirtschaftlich verkraften? Und schließlich vermissen wir Schweizer schmerzlich die Bürgernähe in der Europäischen Union. Alles funktioniert abgehoben, indirekt, jenseits von konkreten Einflussmöglichkeiten des Individuums.

Unser in mehr als hundertfünfzig Jahren sturmerprobtes helvetisches Modell der direkten Demokratie und des wohlgeordneten Föderalismus könnte zur Weiterentwicklung der EU mannigfaltige Inspirationen liefern. In der Summe all dessen scheint es nicht der politischen Klugheit zu entspringen, einen gut funktionierenden Kleinstaat in dieses Großgebilde einzubringen. Jedenfalls nicht zum heutigen Zeitpunkt. Was nichts daran ändert, dass die Schweiz in jeder Hinsicht ein zutiefst europäisches Land ist und sich mit diesem Europa solidarisch verhält.

Allerdings ist auch die Schweiz keine Insel der Seligen. Sie wird von ähnlichen selbst verschuldeten strukturellen Problemen heimgesucht wie andere westeuropäische Nachbarn. Zurzeit ist der Wohlstand noch hoch, die Arbeitslosigkeit niedrig und die Wettbewerbsfähigkeit gut. Doch im internationalen Vergleich wuchs die Steuer- und Abgabenlast der Schweiz in den letzten Jahren viel stärker als in den Konkurrenzländern. Umgekehrt fiel das Wachstum geringer aus. Wenn die Schweizer Regierung weiterhin in diese Richtung wirtschaftet, werden Länder wie Finnland oder Österreich, die 1960 nur halb so reich wie wir waren, im Jahr 2015 wohlhabender als die Eidgenossenschaft sein. Auch in der Schweiz ist der Abbau der Staatsquote dringlich erforderlich, auch hier müssen Selbstverantwortung und Selbstvorsorge gestärkt werden. Die letzten hundert Jahre haben uns doch eindringlich gezeigt, dass eine Ordnung, die auf Freiheit, Leistung, Wettbewerb und Selbstverantwortung beruht, mehr Wohlstand schafft und zugleich sozialer wirkt als eine der Umverteilung und des Staatsinterventionismus.

Schon vor meinem Amtsantritt war Shawne in die Berliner Gesellschaft eingetaucht, und es sprach sich rasch herum, welch charmante Neuberlinerin am Lietzenseeufer wohnte. Da wir beide ein emanzipiertes Eheleben führen, kenne ich ihr Adressbuch ebenso wenig wie sie meines. Überraschungen nicht ausgeschlossen! Als die Große Koalition im Land Berlin zerbrach (für Schweizer sei angemerkt: Die deutsche Hauptstadt ist zugleich ein Bundesland und wurde fast zehn Jahre lang von einem Bündnis aus CDU und SPD regiert), avancierte Klaus Wowereit zum Regierenden Bürgermeister. Ich hatte seinen Namen flüchtig registriert, kannte ihn aber nicht persönlich. Shawne hingegen griff beim Frühstück zur Zeitung, deutete auf sein Foto und fragte: »What do they write about Klaus? Did he something wrong?«

Es stellte sich heraus, dass die beiden sich schon oft begegnet waren, unter anderem bei der Aidshilfe. Auf diesem Feld war Shawne schon in Amerika aktiv gewesen, hatte Hunderttausende von Dollars gesammelt und nahm den Faden in Berlin sofort wieder auf. Viele ihrer Kontakte ergaben sich aus karitativen Aktivitäten, während ihre eigentliche Profession, Schauspielerei und Modeling, immer mehr in den Hintergrund trat. Auch ohne prächtige Residenz begannen wir in unserer Charlottenburger Wohnung ein gesellschaftliches Leben zu etablieren. Nicht aus Eitelkeit oder Geltungssucht, sondern aus Passion und weil in der pulsierenden »Berliner Republik« ein anderes Komment regierte als im behäbigen Bonn. Überall schossen literarische und andere Salons aus dem Boden; in unserer Residenz versammelten wir Politiker, Wirtschaftsleute, Wissenschaftler und Kulturschaffende zum interdisziplinären Gespräch. Das Etikett »Partygesellschaft« für die Berliner Society greift übrigens viel zu kurz, es sei denn, man meint damit jede unstrukturierte Gruppierung, was etymologisch übrigens korrekt wäre.

Irgendwann brachte ein Boulevardjournalist den Begriff »Partybotschafter« auf, und wie die Medien sind, wurde danach jede Veranstaltung mit meiner Beteiligung zur »Party« erklärt – eine Beerdigung hätte dann eben als Abschiedsparty gegolten. *Ob uns das passt oder nicht, wir müssen uns darauf einstellen.* Die Worte von Joseph Deiss wurden unser tägliches Mantra. Auf Schritt und Tritt zogen wir Journalisten hinter uns her, ohne dass wir sie dazu aufgefordert hätten. Später versuchten Boulevardmedien die Machenschaften ihrer Leute

246

damit zu entschuldigen, dass wir unser Privatleben öffentlich gemacht hätten. Aber das stimmt nicht. Obwohl schweizerische und deutsche Magazine Dutzende Male an unserer Tür klingelten und um Einlass baten, gewährten wir niemandem eine Homestory.

Generell wurden neun von zehn Interviewgesuche abgelehnt, und viele Wochen lang trat ich überhaupt nicht in der Öffentlichkeit auf. Mitunter wurde ich sogar von *Grüezi* kritisiert, weil ich an einem bestimmten Anlass nicht teilgenommen hatte. Unter dem Titel »Lieber Sun und Fun als Queen in Berlin« wurde meine Abwesenheit bei einem Besuch der englischen Königin in Berlin bemängelt. Zur gleichen Zeit hielt ich jedoch einen Vortrag an der Universität Oxford – eine Ehre, die Schweizern selten widerfährt – und bedauerte tief, nicht an zwei Orten zugleich präsent sein zu können. Wenn nicht die Queen, so hatten doch immerhin ihre Untertanen in Oxford etwas von mir gehabt! Der Vorwurf von *Grüezi* ging also wieder einmal ins Leere, doch bei allen unentrinnbaren Nachteilen der Personalisierung wäre es töricht gewesen, diese stillschweigend in Kauf zu nehmen, die Vorteile jedoch ungenutzt zu lassen. Nach den Erfahrungen mit der Task-Force gab es im EDA eine klare Linie für eine offensive Medienarbeit, und was mir später als Profilierungssucht vorgeworfen wurde, war von Anfang an mit Bern abgestimmt, zum Beispiel in meinen jährlichen Zielvereinbarungen.

Nicht voraussehen konnten wir lediglich die Kettenreaktionen, die unser Auftreten in Berlin hervorrief – unter anderem deswegen, weil andere Botschaften erst peu à peu vom Rhein an die Spree zogen. Man darf nicht vergessen, dass die Wahl Berlins zur Hauptstadt 1991 nur mit äußerst knapper Mehrheit (dreihundertachtunddreißig zu dreihundertzwanzig Stimmen) getroffen worden war. Danach verstrich fast eine Dekade, bis die Regierung endlich umzog. Nach zwei Generationen Insellage sehnten sich die Berliner nach Hauptstadtflair und internationalem Glamour. Hätte es eine gewachsene Society wie in anderen Metropolen gegeben, wären Shawne und ich kaum aufgefallen. Dieses Mauerblümchendasein im doppelten Wortsinn (denn die Mauer war schuld daran) ist bis heute nicht völlig überwunden. Für die allermeisten Konzernchefs liegt Berlin viel weiter an der Peripherie, als es die tatsächliche Entfernung vorgibt. Deswegen muss man die Zentralen großer Firmen mit der Lupe suchen. Die Europazentrale von Sony, die mit ihrem imposanten Gebäude den Potsdamer Platz prägt, wirkt wie eine Palme in der Wüste. Im gesellschaftlichen Klima der Hauptstadt ist der Mangel an Wirtschaftsvertretern nachhaltig zu spüren und korrespondiert mit dem gleichen Mangel in Parlament und Regierung. Die Politik schmort im eigenen Saft. Unter diesem Gesichtspunkt wäre die Wahl Frankfurts oder Münchens zur deutschen Hauptstadt effektiver gewesen. Sie hätte jedoch die empfindliche föderale Balance aus dem Takt gebracht. Schon 1949 entschied man sich bekanntlich nicht für Frankfurt, sondern für Bonn als provisorische Hauptstadt der westdeutschen Republik: lieber rheinisch-gemütlich als nüchtern-geschäftstüchtig.

Weil das gesellschaftliche Parkett gemeinhin als glatt gilt, drückt man angehenden Diplomaten in Bern eine kleine Broschüre in die Hand: »Règles de Courtoisie«. Darin finden sich mehr oder minder beherzigenswerte Tipps für den gesellschaftlichen Umgang. »Um Irrtümer in der Sitzordnung zu vermeiden«, heißt es beispielsweise, »ist auf die gleichzeitige Einladung allzu vieler hochrangiger Persönlichkeiten eher zu verzichten.« Auch wenn es sich um ein eher lässliches Problem handelt – welcher durchschnittliche Schweizer Botschafter kommt in die Verlegenheit, *zu viele* hochrangige Gäste zu bewirten? –, lässt es sich doch auf zwei Arten lösen: indem man das starre Protokoll beibehält und die Zahl der Gäste verringert oder indem man die Veranstaltungsart ändert. Zur Kontaktpflege bieten sich eine Reihe von Anlässen an, die dem Gastgeber keine hierarchische Kombinationsgabe abverlangen. Ob Arbeitsessen oder kulturelle Darbietung mit anschließendem Umtrunk, jedes Event gehört zum diplomatischen Handwerkszeug und bedarf der gleichen planerischen Sorgfalt wie die Arbeiten im Büro. Vor allem ist auf die gute Mischung der Gäste zu achten. Politiker begegnen den ganzen Tag schon ihresgleichen, am Abend wollen sie mit anderen interessanten Menschen ins Gespräch kommen: Vertretern aus Wirtschaft, Kultur und Wissenschaft. Das Ambiente sollte schon zu Beginn die Gäste aus der strengen Atmosphäre des Arbeitsalltags herauslösen. Zum Beispiel können musikalische Darbietungen oder eine kurze Lesung den angenehmen Teil des Abends einläuten. Unabdingbar muss im Hintergrund ein unauffälliger, effizienter Service wirken. Auf der Einladung steht vermerkt, welche Kleidung erwartet wird, und wenn jemand mitten im größten Empfangstrubel einen Blumenstrauß überreicht, macht die Dame des Hauses eine freundliche Miene – auch wenn sie sich heimlich ärgert, weil sie erneut eine Vase suchen muss! Ein Gentleman schickt den Strauß ein paar Stunden zuvor mit einer kleinen Grusskarte und freut sich dann, wenn er am Abend seine Blumen perfekt präsentiert sieht.

Cocktailempfänge, kulturelle Veranstaltungen und große Abendessen unterscheiden sich in Charakter und Verlauf wesentlich voneinander. Auf einem weitläufigen Cocktailempfang ist es schwieriger, Kontakte zu wichtigen Persönlichkeiten zu knüpfen, als bei einem kleinen Abendessen. Der Hausherr kann auf großen Empfängen unmöglich jeden miteinander bekannt machen, und obzwar Eigeninitiative nicht verpönt ist (immer Name *und* Funktion nennen), braucht es Mut und Geschicklichkeit, an einen Vorstandsvorsitzenden, Minister oder gar Kanzler heranzukommen. Je wichtiger die Person, desto größer die Entourage, und verständlicherweise will der hohe Funktionsträger nicht auch noch auf Cocktailpartys mit konkreten Anliegen behelligt werden. Selbst wenn er weiß, dass der Anlass dem Zweck der Kontaktpflege dient.

Ich rate zu einer unverfänglichen Gesprächseröffnung, etwa mit Hinweis auf eine gemeinsame Leidenschaft, Zigarren bei Kanzler Schröder, Golf bei mir oder Fußball bei Henry Kissinger. (Mit *Hannover 96* und *Borussia Dortmund* kann man bei Gerhard Schröder auch landen.) Man begeht keinen Fauxpas, wenn man danach zu seinem eigentlichen Anliegen kommt. Allerdings sollte man sich sehr kurz fassen und darum bitten, sich schriftlich an den Angesprochenen wenden zu dürfen. Das wirkt professionell und überschreitet die Grenze zur Belästigung nicht. Der Wunsch nach einem offiziellen Vorsprechtermin ist ebenfalls erlaubt.

Anders verlaufen »thematische« Essen, bei denen eine überschaubare Zahl von Gästen ein kontroverses Thema bei guten Speisen und Wein vertiefen will. Im Gegensatz zur normalen Konferenz entschärft das angenehme Ambiente die vorhandenen Meinungsgegensätze und trägt zum fruchtbaren Austausch bei. Um strittige Fragen bei der Zinsertragssteuer und beim Bankgeheimnis zu erörtern, brachte ich beispielsweise Schweizer Bankiers mit Finanzminister Hans Eichel zusammen. Niemand erwartete konkrete Ergebnisse, aber durch eine vorsichtige Moderation wurden die Probleme offener erörtert, als das im Kreis mit zwanzig Fachbeamten und Sachbearbeitern möglich gewesen wäre. Wie immer bei solchen Anlässen saß ich nicht an der Stirnseite des Tisches, sondern in der Mitte. Obwohl ich hinterher einen ausführlichen Bericht nach Bern schickte, schrieb ich keine Zeile mit. Ein Diplomat muss ein gutes Gedächtnis haben – das wird schon beim Zulassungsverfahren geprüft –, denn in vielen Situationen wirken Notizen kontraproduktiv. Sie verleihen inoffiziellen Äußerungen sofort den Anschein von Offizialität, was vorsichtige Gesprächspartner verstummen lässt. Ganz wichtig bei solchen Banketten: die Tafel nie zu spät aufheben und Kaffee, Alkohol, Rauchwaren reichen, solange die Gäste noch nicht müde sind. So können auch diejenigen miteinander reden, die durch die Sitzordnung am vertraulichen Gespräch gehindert wurden. Übrigens, in Deutschland muss man es fast in Großbuchstaben schreiben: *Tischreden sind immer kurz!* Die Gäste haben Appetit – aber nur aufs Essen und nicht auf lange Vorträge des Gastgebers.

Derartige Veranstaltungen habe ich als Botschafter zu Hunderten gegeben. Höhepunkte waren die Abendessen mit

Bundeskanzler Schröder und jeweils einem halben Dutzend wichtiger Schweizer Wirtschaftsführer. Ziel war dabei, die Teilnehmer einander näher zu bringen und über wichtige Fragen die oft divergierenden Standpunkte auszutauschen. Obgleich Schröder als Chef einer rot-grünen Regierung nicht automatisch die Sympathien Schweizer Industrieller genoss, gelang es ihm, die Anwesenden durch Sachkenntnis, Offenheit und Charme für sich einzunehmen. Er vermag von einem Moment auf den anderen von der Finanzpolitik zur Gentechnologie zu wechseln und zehn Minuten später über Sozialpolitik zu reden, immer auf hohem fachlichen Niveau. Anlässlich eines derartigen Abendessens in Basel zeigte sich der Kanzler auch von seiner menschlichen Seite. Spätabends gab es für mich keinen Linienflug mehr zurück nach Berlin. Ohne Umstände lud mich Kanzler Schröder ein, doch mit ihm in seiner Luftwaffenmaschine nach Berlin zurückzufliegen. »Sie können doch Ihre Gattin nicht allein in dieser großen Residenz lassen«, meinte er verständnisvoll.

Berichte gehören zum täglichen Brot des Botschafters. Falsch verstanden verdoppeln sie vorhandene Informationen nur (wie beispielsweise aus Zeitungsartikeln), richtig gehandhabt sind sie unverzichtbar. Im diplomatischen Geschäft spielen weiche Faktoren eine nicht minder bedeutsame Rolle als harte Fakten. Das führt zu einem Umwandlungsbedarf, denn neben Fakten müssen auch Stimmungen, Klimaveränderungen, atmosphärische Störungen in Berichten greifbar und anschaulich gemacht werden; dies ist ein Teil der diplomatischen Kunst. Im Zusammenhang mit den schwierigen EU-Verhandlungen erhielt ich beispielsweise im Sommer 2000 aus Bern die Anfrage, wie der Finanzplatz Schweiz von den Deutschen bewertet würde. Wir führten zahlreiche vertrauliche Gespräche mit Politikern, Beamten, Wirtschafts- und Bankenvertretern und einfachen Steuerzahlern. Daraus ergab sich ein Bild der deutschen Stimmung, das auch *off the record* geäußerte Meinungen integrierte. Häufig sind sie wesentlich einflussreicher als offizielle Statements.

Viele prominente Persönlichkeiten äußern sich gegenüber Diplomaten offen und detailliert, weil sie wissen, dass ihre Aussagen nur in einen vertraulichen Bericht einfließen und nicht in den Spalten überregionaler Zeitungen auftauchen werden. Wer Diplomaten im Medienzeitalter für überflüssig hält, sollte folgenden Selbstversuch absolvieren: Er studiere eine Woche lang drei überregionale Zeitungen eines fremden Landes und sage dann, was dort für eine Stimmung herrsche! Die Antwort wird ihm schwer fallen, denn so etwas geht aus der normalen Berichterstattung höchstens verzerrt hervor.

Ein anderes Handwerkszeug klassischer Diplomatie kennt jeder aus Romanen und Filmen: die *Note*. Dabei wird nicht musiziert, sondern ein formelles Schreiben vom Außenministerium des Gastlands an den fremden Botschafter überbracht. Im persönlichen Tonfall gehalten, mit Anrede und Unterschrift versehen, gehört die Note zur freundlichen Umgangsweise miteinander. (Fehlt beides, handelt es sich um eine *Verbalnote*). Was passiert hingegen, wenn ich eine dringliche Botschaft an Joschka Fischer richten will? Dann mache ich eine förmliche *Demarche*. Dabei interveniere ich auf höchster Führungsebene beim Auswärtigen Amt, in schwerwiegenden Fällen beim Minister selbst. Dieser mündliche Vortrag wird mitunter von der Übergabe eines so genannten *Non-Papers* begleitet, auf dem – quasi als Gedächtnisstütze – die wichtigsten Punkte des Anliegens meiner Regierung aufgelistet sind. Demarchen kommen auch unter befreundeten Staaten vor, sind nicht böse gemeint, signalisieren aber durchaus Nachdruck. Für weniger wichtige Mitteilungen kann man unspektakuläre Informationskanäle verwenden. Anders verhält es sich, wenn der Außenminister des Gastlands einen Botschafter *zitiert* – das kommt unter befreundeten Staaten selten vor und weist auf erhebliche Dissonanzen hin. Damit das Gastland diese Möglichkeit jederzeit besitzt, darf ein akkreditierter Botschafter nicht ohne Abmeldung ins Ausland fahren. Denn wenn er zitiert wird, geht es meist um heikle Probleme, die keinen Aufschub dulden. Dann muss er innerhalb weniger Stunden beim Auswärtigen Amt erscheinen und sich dort abkanzeln lassen. Mir ist das nie widerfahren, auch erwischte ich beim deutschen Außenminister nur gut gelaunte Tage. Eingeweihten zufolge ist das durchaus nicht die Regel. Manche Diplomatenkollegen – vor allem aber Beamte seines eigenen Ministeriums – sollen zuweilen auf einen harschen Joschka Fischer treffen, bei dem sich schnelle Auffassungsgabe und strategische Intelligenz mit Unduldsamkeit paaren.

Auch außerhalb der Politik spielen *Non-Papers* eine wichtige Rolle. In ihnen lassen sich Verhandlungsergebnisse skizzieren, die für keine der beiden Seiten bindend sind. Somit erlauben sie Gedankenspiele und Kompromisse. Gelangen solche Konzepte dann durch eine undichte Stelle in die Öffentlichkeit, kann man sie problemlos dementieren, da sie keinen Urhebervermerk tragen: *Quod non est in actis, non est in mundo* – nur das ist in der Welt, was in den Ordnern steckt und ein Aktenzeichen trägt! So wie der berühmte Hauptmann von Köpenick nach Ansicht kaiserlicher Beamter nicht vorhanden war, weil er keine Papiere besaß. Er behalf sich mit dem nachdrücklichsten Beweis seiner Existenz, der in der deutschen Monarchie möglich war: Er zog eine Uniform an. Das hätte ich wohl auch tun sollen, als Shawne im Oktober 1999 mit der Einladung zu einer Halloween-Party daherkam. Uniformen gelten als *comme il faut*, selbst ein Botschafter darf damit einen Maskenball oder eine Faschingsparty besuchen. Leider ging ich – von oben bis unten züchtig bekleidet – als »Herbst«, Shawne als »Winter«, und wir lösten bei einigen Spießern einen Schneesturm der Empörung aus.

11. Public Diplomacy

Die Presse vermag nicht zwischen einem Fahrradunfall
und dem Kollaps der Zivilisation zu unterscheiden.
George Bernhard Shaw

Ein Dentist, bei dem sich zwei Schauspieler im Wartezimmer
treffen, hat sein Glück gemacht: Sind beide nur halbwegs
zufrieden mit den Bohrereien, werden sie dafür sorgen, dass er
zum Prominentenzahnarzt aufsteigt. Zählt ein Coiffeur ein
paar Damen der besseren Gesellschaft zu seinen Kundinnen,
gilt er als Starfriseur. Es liegt in der Natur der Sache, dass dort,
wo Menschen mit höherem Sozialprestige aufeinander treffen,
eine Aura entsteht, die wiederum andere Menschen anlockt.
Als wir nach Berlin kamen, erkundigte sich Shawne, zu wel-
chem Friseur sie gehen solle. Von vielen Seiten wurde ihr Udo
Walz empfohlen, der sich nach Feierabend überdies karitativ
engagiert. So begegneten sich beide nicht nur im Friseursalon,
sondern auf allerlei Anlässen. Als er meine Frau und mich zu
seiner Halloween-Party einlud, sprach nichts dagegen. Ja,
Shawne fragte sogar, ob Presseleute anwesend seien, bevor sie
unsere Kostüme entwarf. »Nein!«, lautete die Antwort, es
handle sich um eine private Feier im kleinen Kreis, die Gäste
wünschten ausdrücklich unter sich zu bleiben. So verlebten wir
mit rund zwanzig Gästen einen außerordentlich braven, um
nicht zu sagen langweiligen Halloween-Abend, an dem nichts
Anstößiges geschah. In den Vereinigten Staaten genießt dieses

Fest einen hohen Stellenwert, selbst der amerikanische Präsident verkleidet sich dazu nach Lust und Laune. Natürlich wurden auf der Feier ein paar Fotos geknipst, aber nicht für die Öffentlichkeit, sondern fürs private Album.

Zwei Wochen später staunten wir nicht schlecht, als man uns sagte, wir seien in unserer Halloween-Maskerade im *Stern* abgebildet. Wie das? Der Lifestyle-Journalist Alexander Graf Schönburg hatte ein auf dem Fest geschossenes Foto zur Illustration seiner Trendbestimmung benutzt, in Berlin formiere sich eine neue Hauptstadt-Society. Jenseits des Vertrauensbruchs war der Artikel nicht tendenziös geschrieben, erst einige schweizerische Medien machten einen Skandal daraus. In vorderster Reihe stürzte sich die Berner Tageszeitung *Der Bund* auf den Umstand, dass es der Botschafter in Deutschland gewagt hatte, Halloween zu feiern. Das Rudel der Journalisten folgte. Dies bewog Alexander Graf Schönburg zu einem Brief an die *Bund*-Redaktion, in dem er den Medienzirkus auf den Punkt brachte: »Sie schreiben den ›Fall Borer‹ herbei, die anderen Zeitungen ziehen nach. Das fällt wiederum den deutschen Zeitungen auf, die darüber berichten, dass in der Schweiz über Herrn Borer berichtet wird. Die einzig logische Konsequenz ist jetzt, dass die Schweizer Medien nun abermals berichten, wie über Herrn Borer in Deutschland berichtet wird. Das Ganze ist eine schulmäßige Endlos-Schleife der Selbstbespiegelung der Medien und somit ein geradezu schulmäßiges Beispiel dafür, wie man Leser an der Nase herumführen kann.«

Eine treffende Beschreibung des Pingpong-Spiels zwischen helvetischen und deutschen Medien über Irrelevantes, wie wir es in den nächsten drei Jahren noch oft erleben mussten. Mit schöner Regelmäßigkeit schaltete sich dazu das Schweizer Außenministerium ein; schließlich signalisierten nur bei diesen Gelegenheiten deutsche Journalisten Interesse an Außenminister Deiss. Sonst nahmen sie ihn nicht wahr. Sollte Bern diese einmalige Gelegenheit, sich in Szene zu setzen, ungenutzt verstreichen lassen? Nein, lieber äußerte man sich mit so unverzichtbaren Statements wie jenem, dass das EDA Wichtigeres zu tun habe, als Kostüme zu bewerten – was es im selben Atemzug jedoch gerade getan hatte.

Dem wäre wenig hinzuzufügen, außer der verblüffenden Erkenntnis, dass vor dem Hintergrund dieser Entwicklung oft auch andere Harmlosigkeiten negativ interpretiert wurden. Ein Beispiel: Kurz nach meiner Akkreditierung hatte ich einer Lokalreporterin der *Berliner Zeitung* einen Interviewtermin gewährt. Sie wollte wenig Belangvolles und viel Nebensächliches wissen. Was soll man auf die Frage antworten, ob man wegen seiner Jugend nicht ständig für einen Attaché gehalten werde? Mit einem einfachen Nein geben sich Journalisten nicht zufrieden, so formulierte ich süffisant: »Ich habe eine Frau, die einfach zu identifizieren ist. Sie ist sehr hübsch. Wenn ich mit ihr irgendwo hingehe, bemerkt mich ohnehin niemand.«

Welch ungewollter Volltreffer! Dem Berlin-Korrespondenten der *Basler Zeitung* ging diese Ironie nämlich zu weit. Er ernannte mich nach diesen wenigen Wochen in Deutschland zum »Botschafter Lustig« und nahm damit – gewiss gegen seinen Willen – meine spätere Auszeichnung als »Ritter wider den tierischen Ernst« vorweg. Warum sollte ein Botschafter nicht Witz und Humor besitzen? Landauf, landab schüttelte man in Deutschland den Kopf über die Entrüstung der Eidgenossen, die fast ausschließlich im Mief ungelüfteter Redaktions- und Amtsstuben gedieh, wie unzählige positive Zuschriften und Leserbriefe anders denkender Schweizer Bürger bewiesen. Bundesrat Deiss schien kurz davor zu stehen, das Parlament zu einer Sondersitzung einzuberufen, um über die Frage zu debattieren, ob ein Botschafter auf eine Halloween-Party gehen dürfe oder nicht. Andere meiner Kollegen waren dafür bekannt, sturzbetrunken durch zwielichtige Kneipen zu ziehen oder ihre diplomatischen Aufgaben zugunsten privater Geschäfte zu vernachlässigen. Alles kein Grund für Ermahnungen. Eine private Halloweenparty-Teilnahme von Botschafter Borer schon.

Das alles erinnerte mich an das Motto von Hollywood-Regisseuren: »Wir beginnen mit einem Erdbeben und steigern uns dann bis zum Finale.« Verhältnisblödsinn auf breiter Front!

Denn nun fokussierten *Grüezi* und *Adieu* Shawne und mich. Vermutlich verstimmt darüber, dass der erste »Skandal« von der biederen Berner Konkurrenz aufgedeckt worden war, weil sie den deutschen *Stern* fünf Minuten eher gelesen hatte, suchte man nach verwertbaren Indizien für weitere »Fehltritte« des Botschafterpaares. Da wir diese nicht lieferten, musste man sie herbeischreiben. Ob man mir eine Tätigkeit für den helvetischen Geheimdienst unterstellte oder ob Paparazzi-Fotografen Shawnes Garderobe mit Argusaugen überwachten und jedes Detail daran bemäkelten, Anfang März 2000 schienen sie endlich fündig geworden zu sein. Passend zum Relaunch eines neuen *Grüezi*-Layouts durften wir wieder zur Auflagensteigerung des sonntäglichen Blattes herhalten: »Borers Frau halb nackt – Berlin betört, Bern empört«. Halb nackt? Shawne hatte auf einer Buchpräsentation einen Hosenanzug mit einem Rückendekolletee getragen, das nicht einmal bei der katholischen Kirche Anstoß erregt hätte. Wie zwei Jahre später musste die Gefahr-in-Verzug-Stereotype herhalten, um der Sache den nötigen Thrill zu verleihen: »Diplomaten in Bundesbern warnen: Sie wird zum Sicherheitsrisiko.« Weil andere Botschaftergattinnen nun auch solche Kleider begehrten und die Repräsentationszulage erhöht werden musste? Oder weil Bundesbeamte angesichts der Fotos von Shawne das Aktenstudium vernachlässigen würden? Glückliche Schweiz, die solche Probleme hat.

Aber die hatte sie durchaus, zum Beispiel mit ihrem Erscheinungsbild in Deutschland. Dort galt sie als eine Art zwischen den Alpen eingeklemmte Puppenstube. Dieses Bild versuchte ich, wie beschrieben, mit Mitteln der *Public Diplomacy* zu korrigieren. Alle PR-Aktionen kamen jedoch beinahe zeitgleich in der Schweiz an und lösten dort unvorhersehbare Reaktionen aus. Dass die gemeinsame Sprache und die räumliche Nähe beider Länder gewisse Interferenzen hervorbrachten, hätte ich vielleicht ahnen müssen. Aber mir fehlte einfach die Fantasie, um mir die Zerstörungslust einiger schweizerischer Medienmacher vorstellen zu können. Trotz ihrer Quertreibereien bescherten mir meine Anstrengungen in Deutschland große Erfolge und breite Anerkennung. Durch offensives Auftreten waren wir auf bestem Wege, die Schweiz von ihrem Bünzli-Image zu befreien.

Noch nach meinem Abgang lobte die Eidgenössische Finanz-kontrolle (die dem deutschen Rechnungshof entspricht) die Effizienz der Berliner Botschaft und hielt Umschichtungen der Mittel zugunsten der *Public Diplomacy* für voll gerechtfertigt. Von den Blättern aus dem Hause Märki wurde diese Leistung grundsätzlich verleugnet. Aus der feierlichen Botschafts-eröffnung im Mai 2001 machte *Grüezi* beispielsweise eine Geldverschwendung: »Borers Eröffnungsparty: Vierhundert-tausend Franken sind nicht genug.« Als ob ich aus privaten Gründen zur Party eingeladen und das Geld für Cocktailkir-schen und Oliven ausgegeben hätte! Im Gegenteil. Dank der mit diesem Geld finanzierten kulturellen Darbietung wurde die Eröffnung zu einem großen Erfolg, und einen gewichtigen Teil der Summe verschlangen nachhaltige PR-Maßnahmen wie Bücher, Broschüren und der Internetauftritt der Botschaft. Von ihnen profitierte noch mein Nachfolger, und die Finanzkontrol-leure fanden daran nichts zu beanstanden. Ihnen imponierte sogar, wie wir zwei andere Großveranstaltungen organisiert hatten, die weit über Berlin hinaus für Furore sorgten, näm-lich unsere Feiern zum helvetischen Nationalfeiertag. Dafür musste die Staatskasse keinen Rappen bezahlen.

Zusammen mit Reto Gaudenzi von der »St. Moritz Con-sulting« und dem PR-Profi Klaus J. Stöhlker ersann ich erst-mals für die Augustfeiern 2000 ein Modell der *Privat-Public-Partnership*, das Schule machen sollte. Vom erstarkten Image der Schweiz profitierte vor allem die Wirtschaft. Warum soll-te sie sich nicht an den Kosten zur 1. August-Feier beteiligen? Damals galt noch die Mark als Währung, so legten wir fest: Zehntausend Mark machten einen Geldgeber zum Bronze-sponsor, zwanzigtausend Mark zum Silbersponsor und fünf-zigtausend Mark zum Goldsponsor. Binnen kurzem hatten wir über zweihundertfünfzigtausend Mark zusammen und konn-

ten die von meinen Vorgängern als trist empfundene Pflicht-
übung mit frischem Schwung angehen. Das war auch bitter
nötig, denn im August 1291, als die drei Urkantone Uri,
Schwyz und Unterwalden ihren Beistandspakt gegen die Habsburger unterzeichneten, existierten noch keine Sommerferien.
Heutzutage wirft dieser Termin Probleme auf, weil im Hochsommer überall der politische Betrieb erlahmt. Man kämpft
mit der Ferienstimmung in den Köpfen. Mancher begehrte Gast
aus Wirtschaft und Politik packt lieber seinen Urlaubskoffer,
als einen langweiligen Cocktailempfang zu besuchen. Wollten
wir diese Lethargie durchbrechen, mussten wir ein bisschen
mehr bieten. Vor allem in Berlin, wo ein großer Aufmerksam-
keitswettbewerb zwischen qualitativ hoch stehenden Anlässen
herrschte.

Zum Glück war uns nach fünf Wochen Dauerregens der
Wettergott gnädig: Am Morgen des 1. August 2000 strahlte
die Sonne vom blauem Himmel. So war der Prachtboulevard
Unter den Linden mit Touristen und Einheimischen bevölkert,
als wir um zwölf Uhr auf der Friedrichstraße Tessiner Safran-
risotto zu verteilen begannen – dreitausend Portionen, natürlich gratis. Auch an ungeraden Geburtstagsfeiern (wir zählten
das siebenhundertneunte Wiegenfest der Schweiz) sollte man
nicht knauserig sein! Abends kamen dann die geladenen Gäste aus Politik, Wirtschaft, Wissenschaft und Kultur an die
Havel. »Grüezi i dä Schwiz«, verkündete das Willkommens-
schild am Wirtshaus Schildhorn. Ursprünglich hatten wir exakt
siebenhundertneun Gäste einladen wollen, doch wegen der
guten Medienarbeit wurde die Nachfrage immer größer, sodass
wir schließlich zwölfhundert Besucher versammelten. Sie alle
erhielten vorab eine Swatch-Uhr mit Schweizer Kreuz und
einen roten Schweizer Pass zugestellt. Grenzbeamte, im Milizsystem unter den Botschaftsangehörigen rekrutiert, kontrollierten sehr gewissenhaft den Zugang zur essbaren Schweizer Nationalflagge: ein wahres Prachtstück aus Mozzarel-
lakugeln und Tomaten. Übrigens ist die Schweizer Fahne mit
ihrem weißen Kreuz die einzige quadratische Länderflagge der

Welt (den Vatikan wollen wir an dieser Stelle nicht als Staat mitzählen).

Ein Gastgeber sollte sich mit Eigenlob zurückhalten, doch es wurde ein rauschendes Fest mit nachhaltiger Wirkung. Shawne sang, vom Schweizer Militärspiel begleitet, die helvetische Nationalhymne – und im Gegensatz zu den meisten Eidgenossen kannte sie den Text auswendig! Naturgemäß hatte unser Moderator damit auch keine Probleme, denn es handelte sich um den wohl bekanntesten Schweizer in Deutschland, den Talkmaster und Meteorologen Jörg Kachelmann. Seine zuversichtliche Schönwetterprognose hielt den ganzen Abend über, sodass wir zum Schluss ein atemberaubendes Feuerspektakel genießen konnten. Als Geschenk an seine Heimat hatte der Berner Bildhauer Bernhard Luginbühl eine riesige Holzskulptur in die Havel gebaut, die vor unseren Augen langsam und majestätisch niederbrannte. Wie gebannt standen wir Festbesucher am Ufer und sahen dem melancholischen Verglimmen des »Hauses Berlin« zu. Im Titel steckte freilich eine Bosheit, denn das im früheren Ostberlin angesiedelte Restaurant gleichen Namens hatte den Bildhauer zu DDR-Zeiten einmal brüsk abgewiesen. Mit seiner Aktionskunst machte Bernhard Luginbühl den Abend für uns alle unvergesslich. Ein Schweizer Manager, der eine hohe Funktion in der deutschen Wirtschaft bekleidete, drückte mir beim Abschied kräftig die Hand und sagte: »Seit fünfundzwanzig Jahren lebe ich in Deutschland. Heute bin ich zum ersten Mal stolz darauf, Schweizer zu sein. Danke!«

Auch die Sponsoren waren glücklich. Als wir ein Jahr später die Neue Nationalgalerie zum Festort erkoren, konnten wir auf ein verdoppeltes Budget zurückgreifen, doch reichte es längst nicht für alle Bittsteller um Einladungskarten. Aus dem Buhlen um Gäste im Sommerloch war ein begehrter Selbstläufer geworden! Zu den Glücklichen zählten der Regierende Bürgermeister Klaus Wowereit, Minister aus Bund und Ländern, Bundestagsabgeordnete aller Parteien und Meinungsführer aus Wirtschaft, Medien und Kultur. Sogar aus Bern reisten Schweizer Parlamentarier an, die den Nationalfeiertag lieber im Ausland als in heimischen Gefilden verbringen wollten. Eindeutig hatten wir *das* Sommerfest in Berlin geschaffen! Auch diesmal hinterließ ein Kunstwerk bleibende Eindrücke: Der Künstler Philipp Krebs hatte zwischen der Schweizer Botschaft und dem Kanzleramt einhundertzweiunddreißig rote und weiße Luftballons installiert, die ein riesiges Schweizer Kreuz formten. »Die Schweiz hat eine hohe Benchmark für kommende Sommerfeste gelegt«, sprach der deutsche Staatssekretär Günter Pleuger am späten Abend beeindruckt.

Durchaus konsequent besorgte sich sein Auswärtiges Amt unser Konzept für eigene Kulturveranstaltungen und nahm 2002 meine Partner Reto Gaudenzi, Holger Jung und Jean-Remy von Matt unter Vertrag. Sie entwerfen jetzt für Deutschland derartige Anlässe. Gute Ideen zeichnen sich eben durch Nachahmer aus. Stießen meine Anstrengungen im EDA auf wenig Gegenliebe, machten sie wenigstens im Ausland Furore. Bekanntlich steht der Visionär im eigenen Land oft einsam und verlassen da, während er andernorts Zustimmung findet. Der heutige Botschafter Deutschlands in Washington, Wolfgang Ischinger, erklärte auf der ersten deutschen Botschafterkonferenz im Jahr 2000 in seiner Eigenschaft als Staatssekretär: »Der moderne Diplomat muss im Stande sein, nicht nur zu beobachten und zu berichten, sondern in die Meinungsbildung oder gar Entscheidungsfindung der Gastregierung hineinzuwirken. Dazu gehört der gute Kontakt mit den Medien, der Wirtschaft und gesellschaftlichen Gruppen. Der Botschafter muss sich sehr viel mehr nach außen wenden als früher.« In der Tat sollte ein Botschafter heute »ein PR-Agent moderner Prägung« sein, wie es Außenminister Fischer anlässlich derselben Konferenz betonte.

Cui bono, wem nützten unsere Spektakel, kann man fragen. Die beiden Werbeprofis Holger Jung und Jean-Remy von Matt haben sich dazu in einem Buch Gedanken gemacht. Nicht nur Produkte, sondern alle Teilnehmer der Mediengesellschaft befinden sich in einem »war for eyeballs«. Exakt 1,7 Sekunden verwendet der Mensch, um eine Anzeige als nützlich oder sinnlos zu beurteilen – bei Zeitungsschlagzeilen und Fernsehbildern verhält es sich kaum anders. Zeit ist das knappste Gut des modernen Menschen, weswegen er sich in seiner Meinung oft von oberflächlichen Kategoriebildungen lenken lässt. Nichts ist hartnäckiger als ein Vorurteil, zu seiner Bekämpfung braucht man viel Fantasie und Kreativität. Oder wie die Amerikaner sagen: »The first word in President is PR.«

Die vielen euphorischen Berichte über unsere Augustfeiern taten fürs eidgenössische Image mehr als jahrelange Pressemitteilungen aus dem EDA. In Dutzenden von Fernseh-, Radio- und Zeitungsinterviews konnte ich die Schweiz ausführlicher darstellen, als sie sonst in deutschen Medien abgehandelt wurde und es kam bei diesen Anlässen sogar zu konkreten Geschäftsabschlüssen zwischen deutschen und schweizerischen Geschäftsleuten. Im diplomatischen Korps sprach sich unser Erfolg schnell herum, vor allem nach unserer Botschaftseröffnung im Mai 2001. Am Tag der offenen Tür besuchten mehr Berliner unsere neue Residenz als die britische Vertretung, die in unmittelbarer Nachbarschaft des Hotel Adlon eigentlich große Anziehungskraft genießt. »Wie schaffen Sie es nur, so viele Leute anzulocken?«, jammerte der österreichische Kollege kurze Zeit später am Telefon. Der diplomatische Boykott seines Landes wegen der FPÖ-Regierungsbeteiligung machte ihm immer noch schwer zu schaffen. »Können Sie mir einen Tipp geben?« »Ich schicke Ihnen mein Pferd vorbei«, antwortete ich.

Manchmal hilft nur Galgenhumor. Denn eine arglose braune Fuchsstute hatte uns ein neues Medien-Highlight und gehörigen Ärger beschert. Kurz vor Eröffnung der Schweizer Botschaft im Mai 2001 bat die deutsche Illustrierte *Max* um ein Fotoshooting mit Shawne in den Räumen der Residenz. Wir dachten, dies könne im Kampf um Aufmerksamkeit nützlich sein. Schließlich wurde zu jener Zeit beinahe wöchentlich eine neue Botschaft in Berlin eröffnet, und die Medien hatten das Interesse an den staatstragenden, langweiligen Zeremonien längst verloren. Am 20. April erfolgten Shooting und Interview. Das harmlose Frage-Antwort-Geplänkel der Reporterin Hatice Akyün enthielt keine Fallgruben, so gab ich es zur Veröffentlichung frei. Im Stress der Botschaftseröffnung versäumte ich allerdings, mir vorab die Bilder des renommierten Fotografen André Rival anzusehen. Reizvolle Aufnahmen, aber da ich mittlerweile die Rocklängen-Alarmgrenze von Außenminister Joseph Deiss zu kennen glaubte, hätte ich bei einer Ablichtung von Shawne im roten Minirock vor der Schweizer Fahne vielleicht gezögert. Dieses Foto wurde jedoch gar nicht zum Stein des Anstoßes, weswegen meine verpasste Vorabzensur ohnehin nicht funktioniert hätte. Nationalrat Toni Brunner meinte dazu souverän, ihm sei wichtig, dass die Schweizer Fahne endlich in den deutschen Medien gezeigt würde; wer davor stünde, sei ihm egal.

Aber während der Hausbesichtigung war dem Fototeam die Idee gekommen, ein Pferd ins Shooting einzubeziehen. Die alte Residenz besaß nämlich eine Kutscheneinfahrt, und Shawne sollte sie mit einem Einspänner passieren. Aus organisatorischen Gründen wurde daraus nichts, das Pferd blieb ohne Kutsche. Auf ihm machte meine texanische Schönheitskönigin im weißen Abendkleid eine exzellente – und züchtig verhüllte! – Figur. Weder ritt sie durch die Innenräume der Residenz, wie später kolportiert wurde, noch lagen Pferdeäpfel herum. Dennoch machte das Ross den Skandal, als schäme sich die Schweiz ihrer bäuerlichen Wurzeln. Daran war Hatice Akyün von *Max* allerdings mitschuldig. »Sie ist Ex-Schönheitskönigin«, untertitelte die Journalistin ihren Heftaufmacher, »Ex-Milliardärs-Frau, und vielleicht ist ihr Ehemann Thomas Borer-Fielding nach diesem Shooting Ex-Botschafter der Schweiz.«

So kann man schlafende Hunde wecken: Anweisung zum Missverständnis inklusive. Aber ich will mich nicht aus der Verantwortung stehlen. Gewarnt von den bisherigen Reaktionen in Bern, Zürich, Basel hätte ich den bevorstehenden Ärger ahnen und das Fotoshooting untersagen müssen. Das war ein Fehler von mir. Nach diesem Vorfall schränkten wir unsere öffentlichen Auftritte drastisch ein. Sehr zum Bedauern der deutschen Presse übrigens, die über die Schweizer »Neidgenossen« nur spotten konnte. Auch diesmal trafen bei uns waschkorbweise Solidaritätsbriefe, Faxe und E-Mails ein und beschworen uns, nicht klein beizugeben. Ein Unternehmensberater aus St. Gallen schrieb: »Mir ist Ihr Pferd in der Berliner Botschaft lieber als die unzähligen Esel im Berner Bundeshaus«, und traf damit eine weitverbreitete Stimmung. Ein Jahr später, ich hatte soeben meinen Dienst quittiert, erhielten wir erneut Post von ihm: »Es hat sich nun bewiesen, dass das edle Pferd auch mit hohen Hindernissen gespickte Langstreckenrennen gewinnt, und der amtsschimmlige Esel zusätzlich auch noch einen trüben Blick hat.«

Dennoch gelobte Shawne bei Außenminister Joseph Deiss Besserung, worauf er einen huldvoll gedachten, aber säuerlich klingenden Antwortbrief schickte: »Ich bedaure diesen Vorfall und bin mit Ihnen der Meinung, dass Sie die Sache fehlbeurteilt haben, bin aber bereit, Ihre Entschuldigung zu akzeptieren.« (So spricht der König.) »Gleichzeitig erwarte ich, dass Sie künftig der Trennung von privaten und öffentlichen Engagements eine besondere Aufmerksamkeit schenken.« Der letzte Satz vermischte gleich drei Stichworte der *Public Diplomacy* miteinander. Um Aufmerksamkeit ging es tatsächlich, und Shawne lieferte ein mustergültiges privates Engagement *für die Schweiz* ab. Der Kommunikationsberater Klaus J. Stoehlker pflegte zu scherzen, *ein* Auftritt von Shawne bewirke mehr als das ganze immense Budget unserer nationalen PR-Agentur »Präsenz Schweiz«. Wie alle Diplomatengattinnen arbeitete Shawne ohne einen Rappen Entlohnung, und wenn sie für kommerzielle Auftritte Geld bekam, dann spendete sie dies immer zugunsten karitativer Einrichtungen wie dem Zentrum für Folteropfer in Berlin, der Aidshilfe oder den SOS-Kinderdörfern. Die Eidgenossenschaft konnte froh sein, auf diese Weise einen kostenlosen Imagetransfer zu erhalten, für den man in der Wirtschaft Millionen bezahlte. Auf positive Außendarstellung sollte eigentlich der jeweilige Außenminister bedacht sein, was Hans-Dietrich Genscher oder Joschka Fischer stets beachteten – Profis ihres Metiers! Doch wer kannte in Deutschland Bundesrat Joseph Deiss? Wann wurde er zu wichtigen Vorträgen oder zu politischen Debattierrunden eingeladen? Wann verkündete er seine Visionen über die Zukunft Europas oder über den europäischen Umgang mit den USA im Irak-Konflikt? Mit bescheidenen Mitteln versuchten wir in der Botschaft engagiert und innovativ, schmerzhafte Lücken zu füllen. Sicher nicht, ohne Fehler zu machen und dabei Rückschläge zu erleiden, aber wenn man neue Wege geht, macht man eben nicht alles richtig. Wir waren bereit, unsere Strategie zu ändern, wann immer sich etwas als falsch erwies.

Sorge bereitete mir zum Beispiel das schlechte Verhältnis zu den Schweizer Boulevardmedien. Es gingen ernst zu nehmende Gerüchte über eine »Abschussgeschichte« herum. Auftraggeber sei das Boulevardblatt *Adieu*. Dessen Chefredakteur Roger Bernard* hatte in einem schweizerischen Medienmagazin die Marschrichtung vorgegeben: »Ein Thema zu besetzen und es dann über mehrere Tage hinweg so ins Bewusstsein, in die politische Diskussion zu bringen, dass es nachhaltig etwas bewirkt und die anderen Medien nachziehen müssen. Das ist mein Ehrgeiz.« Begrüßenswert, wenn damit investigativer Journalismus à la Watergate verbunden gewesen wäre, aber vielleicht meinte er auch Treibjagden auf Shawne und Thomas Borer-Fielding. Schon traurig, was der Boulevard aus einem Menschen machen kann. Vielleicht vernebelt der eigene Machtzuwachs den Verstand und tötet alle Selbstzweifel ab. Einige Boulevardjournalisten scheinen sich und anderen beweisen zu müssen, dass sie Menschen erst »machen« und dann »zerstören« können – je nach Belieben. Diese gottähnliche Gabe kompensiert möglicherweise mangelndes Selbstwertgefühl. Dass die Boulevardpresse mitunter mehr Einfluss auf die aktive Politik hat als alle seriösen Tageszeitungen eines Landes, hängt allerdings auch damit zusammen, dass sich Politiker viel zu stark von ihr beeinflussen und manipulieren lassen.

---

* Name geändert

265

Die wirklichen Leistungen der Botschaftsmitarbeiter und ihre Arbeitsergebnisse fanden in den Publikumsmedien selten angemessene Würdigung. Harte Arbeit verbreitet eben keinen Glamour. So ist der schweizerischen Öffentlichkeit wenig über unsere Tätigkeit im Zusammenhang mit dem deutsch-schweizerischen Luftverkehrsabkommen bekannt. Wo war Botschafter Borer-Fielding? Leider außen vor, denn die Verhandlungen führte der zuständige Bundesrat Moritz Leuenberger zusammen mit seinen Chefbeamten. Ein bisschen kam ich mir vor wie Carlo Jagmetti in Washington. Seit meinem Amtsantritt 1999 schickten mein Wirtschaftsattaché Roland Specker und ich zahllose Briefe und Berichte nach Bern, um Moritz Leuenberger und Joseph Deiss über die Haltung der deutschen Regierung zu informieren und unsere Verhandlungsmöglichkeiten darzulegen. Unter anderem riet ich eindringlich zu einer umfassenden *Public-Affairs*-Kampagne in den betroffenen Regionen, um unseren überzeugenden Argumenten Gehör zu verschaffen. Doch die Schreiben hatten keinerlei Wirkung, kaum einer unserer Ratschläge wurde befolgt.

Munter und arglos stapfte die Schweiz in eine Verhandlungsfalle, deren Ergebnis so katastrophal ausfiel, dass das Berner Parlament den ausgehandelten Staatsvertrag wohl nicht genehmigen wird. Ein herber Schlag für die bilateralen Beziehungen und eine unnötige weitere Eskalation im nachbarlichen Streit. Noch im August 2001 hatten wir genau davor gewarnt und der Regierung empfohlen, den Vertrag erst gar nicht zu unterzeichnen.

Worum geht es? Für die deutschsprachige Schweiz und die südlichen Teile Baden-Württembergs ist der Flughafen Zürich-Kloten eine unerlässliche Drehscheibe. Topografische Gründe, Besiedlungsstruktur und Entwicklungsgeschichte des Flughafens führten dazu, dass der Anflug größtenteils vom nördlichen deutschen Hoheitsgebiet aus erfolgt. Böser Wille war dabei nie im Spiel. Etwa zehn Prozent des Fluglärms fallen über dem Landkreis Waldshut an, neunzig Prozent im Schweizer Luftraum, in dem auch die lärmintensive Start- und Landephase stattfindet.

Wie auf allen europäischen Großflughäfen hat der Verkehr in den letzten Jahrzehnten stark zugenommen. Die deutschen Betroffenen pochen seit Jahren auf eine drastische Reduzierung der jährlichen Anflüge sowie auf ein totales Wochenend- und Nachtflugverbot. Ihre teilweise berechtigten Anliegen wurden von Berner und Zürcher Seite leider allzu lange überhört. So nahm die Diskussion an Schärfe zu, es bildeten sich Bürgerinitiativen, und Protestresolutionen wurden verabschiedet. Natürlich ließen es sich regionale Politiker nicht nehmen, die Stimmung zusätzlich anzuheizen, um Wählerstimmen zu gewinnen. Ein neuer bilateraler Staatsvertrag sollte die Probleme lösen. Nachdem die Verhandlungsrunden auf Beamtenebene zu keinem Ergebnis geführt hatten, nahmen die Verkehrsminister das Zepter selbst in die Hand. Ein schwerer Fehler der Schweiz! Denn wenn Diplomaten etwas aushandeln, können die Ergebnisse später noch von der Regierung abgelehnt werden, ohne dabei einen Gesichtsverlust zu riskieren. Einen Minister, der zugleich Bundespräsident ist, desavouiert man dagegen nicht, auch wenn er sich über den Tisch ziehen lässt – seine Verhandlungsergebnisse werden als beinahe sakrosankt behandelt.

Von Anfang an empfahl ich meiner Regierung eine harte Haltung. Für die Schweiz war der Streit von strategischer Bedeutung, denn vom Wachstum des Flughafens Zürich-Kloten hängt das wirtschaftliche Wohlergehen großer Teile des Landes ab. Der Berliner Regierung bedeutete der Konfliktfall dagegen lediglich eine kleine Laus im süddeutschen Pelz. Daher hätte die schweizerische Argumentation von der technischen Frage der Überflugrechte auf eine gesamtpolitische Ebene gehoben werden müssen. Die Überflugproblematik wäre dann nur eines von mehreren Elementen im gutnachbarlichen Zusammenleben gewesen. Man darf nicht vergessen, dass die Schweiz auf Straße und Schiene sehr viel deutschen Verkehr und damit verbundenen Lärm absorbiert! Nicht nur durch ihre Funktion als Transitland zwischen Nord- und Südeuropa, sondern auch im unmittelbaren Grenzbereich. Allein in der besagten Region Waldshut – deren Repräsentanten am heftigsten gegen den Fluglärm polemisierten

– gehen täglich rund neuntausend Pendler einer gut bezahlten Arbeit in der Schweiz nach. Sie müssen auch nicht fürchten, wegen mangelnder Schalldämpfung ihrer Automotoren an der Grenze abgewiesen zu werden oder nur während beschränkter Tageszeiten in die Schweiz einreisen zu dürfen.

Die direkte politische Konfrontation wäre in meinen Augen ebenfalls kein Wagnis gewesen. Man hätte durchaus mit negativen Auswirkungen auf andere Verhandlungsdossiers drohen können, wie etwa das der Zinsertragssteuer. Vorsichtige Hinweise, welch unkalkulierbaren Auswirkungen ein »deutsches Diktat« gegenüber dem kleinen Nachbarn auf das deutsche Image im Ausland haben könnte, hätten sicher nichts geschadet. Dies umso mehr, als der dafür empfängliche Außenminister Joschka Fischer und sein Staatssekretär Günter Pleuger bei offiziellen Treffen immer betonten, die Luftverkehrsproblematik dürfe zu keiner Störung des bilateralen Verhältnisses führen. Bei den Feiern zum fünfzigsten Geburtstags des Auswärtigen Amtes in Berlin wies Joschka Fischer explizit darauf hin, wie sorgfältig, ja bisweilen misstrauisch die deutsche Außenpolitik beobachtet werde. Selbstbeschränkung und Selbstbescheidung müssten ihre Hauptlinien bleiben, gerade wegen ihres großen Gewichts in Europa habe die Bundesrepublik besonders bescheiden aufzutreten. Eine Steilvorlage für unsere Position, die wir dem Schweizer Bundesrat unverzüglich übermittelten, was jedoch keinerlei Änderungen der Verhandlungstaktik nach sich zog.

Inzwischen ist das Kind in den Brunnen gefallen. Wie holt man es wieder heraus? Ich empfehle, den Vertrag nicht zu genehmigen, stattdessen den Betroffenen in Süddeutschland eine großzügige finanzielle Entschädigung anzubieten. Die Berliner Regierung wird daraufhin eine einseitige Verordnung in Kraft setzen, was der Schweizer Seite die Möglichkeit gibt, diese auf EU-Ebene anzufechten, weil sie die Dienstleistungsfreiheit verletzt und den Flughafen Zürich einseitig diskriminiert. Denn die wenigen Betroffenen im Landkreis Waldshut werden nicht nur gegenüber schweizerischen Bürgern privilegiert, sondern vor allem auch gegenüber deutschen Fluglärmgeschädigten. Die an Zürich-Kloten angelegten Maßstäbe gelten nämlich für die deutschen Großflughäfen wie Frankfurt, München und Düsseldorf durchaus nicht. In ihrem Einzugsgebiet muss die Bevölkerung viel größere Belästigungen ertragen als im Gebiet rund um den Bodensee.

Näher besehen sollten sich Süddeutsche und Schweizer ohnehin als Verbündete verstehen. Beide Seiten haben ein vitales Interesse an einem blühenden Zürcher Flughafen. Aus dem Zugang zur Schweizer Verkehrsinfrastruktur kann der südliche Teil Baden-Württembergs erheblichen wirtschaftlichen und sozialen Nutzen ziehen, denn damit lassen sich die Nachteile seiner Peripherielage kompensieren. Doch das St.-Floriansprinzip scheint viele blind dafür zu machen, dass ein Austausch über Grenzen hinweg aus Geben und Nehmen besteht. In einem Bereich trägt man Lasten, um dafür in einem anderen zu profitieren. Seit Jahrhunderten kommt der Austausch beiden Seiten zugute. Weiter in die Zukunft gedacht, werden die Regionen diesseits und jenseits des Rheins ohnehin zu einem homogenen Wirtschaftsraum zusammenwachsen. Die national gefärbte Argumentationsweise der gegenwärtigen Auseinandersetzung kann vermutlich schon die nächste Generation nicht mehr nachvollziehen, zumal die deutsch-schweizerische Grenznachbarschaft stets als Vorbild für ganz Europa galt. Plötzlich soll dies in einem Einzelbereich hinfällig geworden sein? Ist man sich der wirtschaftlichen Konsequenzen für die Region nicht bewusst? Statt Egoismus und aufgeheizter Emotionen wäre auch hier kühle Vernunft ein guter Ratgeber. Ich wünsche mir einen pragmatischen und partnerschaftlichen Kompromiss zum Wohle der Bewohner nördlich und südlich des Rheins, denn dass eine Grenze zwischen ihnen verläuft, spielt im Alltag oft schon eine untergeordnete Rolle.

»Allgemein scheint man im EDA Mühe zu haben mit Persönlichkeiten, die auf Grund ihrer Ideen, ihres Verhaltens, ihrer Sichtweisen, ihrer beruflichen Laufbahn oder wegen ihres Nonkonformismus die Normen sprengen«, steht in einem Bericht der Geschäftsprüfungskommission des Nationalrats vom August 2002. Der Veröffentlichungstermin legt einen Zusammenhang mit meiner Person nahe. Die Kommission arbeitete jedoch schon lange vor meinem Abgang an einer grundlegenden Analyse des schweizerischen Auswärtigen Amtes. »Noch immer herrscht im EDA – ob zu Recht oder zu Unrecht, sei dahingestellt – die Auffassung vor, es zeichne den guten Diplomaten aus, sich seinen Standeskollegen anzupassen und ihnen nachzueifern.«

Spötter nennen das beschriebene Phänomen »Diplomaten-Mikado«: Wer sich zuerst rührt, hat verloren. Meinungsverschiedenheiten zwischen Diplomaten und ihren Dienstherren sind deswegen eher selten. Wo sie entstehen, werden sie meist nicht ausgetragen. Ich führte jedoch auch gegenüber Vorgesetzten eine klare Sprache und war damit nie ein einfacher Untergebener. Aber ich verhielt mich stets loyal. Wenn der Boss anders entschied, setzte ich seine Anordnung mit demselben Engagement um, mit dem ich auch eigene Entschlüsse realisierte. Meine divergierenden Überlegungen zum Luftverkehrsabkommen hatte ich selbstverständlich nie öffentlich geäußert, sondern unterstützte die Strategie des Gesamtbundesrats nach bestem Wissen und Gewissen, auch wenn sie nicht meinen Vorstellungen entsprach. Ja, ich verteidigte das Verhandlungsergebnis öffentlich, obwohl ich es für unzureichend hielt. Dass die Bundesräte Deiss und Leuenberger meine Abberufung mit dem Hinweis auf die abweichende Meinung in der Flughafenfrage und angebliche Illoyalität zu rechtfertigen suchten, zeigte bloß ihr schlechtes Gewissen in beiden Fragen: der Abberufung und der missglückten Vertragsaushandlung. Überdies wurde das »politische Motiv« erst Wochen nach dem Märki-Skandal nachgeschoben, als beide Bundesräte innenpolitisch unter Druck gerieten.

Ebenso gehaltlos wie verspätet war der von Joseph Deiss erhobene Vorwurf, meine launigen Worte bei der Verleihung des »Ordens wider den tierischen Ernst« im Januar 2002 seien für einen Botschafter unpassend gewesen. Tausende von Fernsehzuschauern kürten sie zur besten Preisträgerrede der letzten zehn Jahre. Dutzende von deutschen Politikern und Wirtschaftsführern gratulierten mir dazu – doch von keinem einzigen Schweizer Minister kam auch nur die allerkleinste Reaktion! Gehen helvetische Minister zum Lachen doch in den Keller, wie alle Deutschen meinen? Dass die Veranstaltung über mehrere Stunden hinweg gratis für die Schweiz geworben hatte (und zwar vor Millionen Zuschauern), blieb offensichtlich in Bern unbemerkt, während sich touristische Institutionen und Schweizer Unternehmer schriftlich bei mir bedankten. Schon damals befand sich Bundesrat Deiss mit *Adieu* auf einer Linie, als das Blatt meinen Auftritt mit der hämischen Schlagzeile »Ein Narr hält Hof« kommentierte.

Selbst wer noch nie vom Aachener Karnevalsverein gehört hat, würde durch einen Blick auf die lange Liste der Ordensritter erkennen, welch renommierte Auszeichnung dieser Orden darstellt. Träger waren unter anderem die Bundespräsidenten Johannes Rau und Walter Scheel, die Bundeskanzler Helmut Schmidt und Konrad Adenauer, der Außenminister Hans-Dietrich Genscher, der bayerische Ministerpräsident Edmund Stoiber und der ehemalige französische Kulturminister Jack Lang, um nur einige zu nennen. Als ich von meiner Ernennung erfuhr, war ich tief gerührt. An meiner Ritterrede feilte ich lange herum (ja, legte sie sogar dem Außenministerium zur Genehmigung vor!), denn mein einziger helvetischer Vorgänger hatte in den siebziger Jahren vor den Jecken mit staatstragenden Worten ziemlichen Schiffbruch erlitten. Vom damaligen Landammann (Ministerpräsidenten) Appenzell-Innerrhodens, Raymond Broger, ging wohl ein solcher Abschreckungseffekt aus, dass es beinahe dreißig Jahre dauerte, bis in Aachen wieder ein Schweizer zum Zuge kam. Glücklicher weise bin ich in unmittelbarer Nachbarschaft zur alemannischen Fasnachtshochburg Basel aufgewachsen und sog den Fasnachtsgeist mit der Muttermilch auf. Dank dieser Vorbereitung und der guteidgenössischen Unterstützung durch unseren Nationalhelden Wilhelm Tell, den ich anstelle meiner eigenen Wenigkeit in den Narrenkäfig schickte, hatte ich am 26. Januar 2002 einen überwältigenden Erfolg. Er entschädigte mich für viele Anfeindungen und Eifersüchteleien, die ich zuvor ertragen musste.

Um mich fürderhin vor ähnlichen Erfahrungen zu bewahren, erhielt ich neben dem obligatorischen Karnevalsorden auch die »Spaßpolice« der Aachener und Münchener Versicherungen. Eine wertvolle Gabe! Nicht nur, dass sie »freien Krankentransport bei Glatteisunfällen auf diplomatischem Parkett« garantierte, nein, sie bot mir auch den »mentalen Wiederaufbau bei Rüffeln vom Außenminister«. Als besonders wichtig sollte sich freilich die »Sofortleistung bei schweren Verletzungen durch aggressive Zeitungsenten« erweisen.

Bekanntlich trat der Schadensfall zwei Monate später ein.

12. David and Goliath

Ein Skandal ist wie eine Suppe. Erst wenn man sich
durch die trübe Flüssigkeit bis zum Boden durchgelöffelt hat,
kann man die Bestandteile ausmachen, die den Geschmack
bestimmt haben, der eben noch auf der Zunge lag.
Neue Zürcher Zeitung

Elf Stunden braucht der Flieger von Mauritius nach Berlin. Als
wir vor zwei Wochen aufbrachen, freuten wir uns auf einen
Traumurlaub. Der Rückflug kommt uns endlos vor. Was wird
uns zu Hause erwarten? In Windeseile Koffer und Kisten
packen, die Tür der Botschaft ein letztes Mal hinter uns zuzie-
hen? Schließlich müssen wir binnen zehn Tagen die Residenz
räumen und nach Bern ziehen, so schwebt es Joseph Deiss vor.
Ich kann damit umgehen, denn unvorhergesehene Ereignisse
haben stets mein Leben geprägt. Doch Shawne ist angegriffen,
weint viel, ich mache mir große Sorgen um sie. Sie will niemanden sehen. Dank der Umsicht unseres Berliner Kanzleichefs
Claudio Leoncavallo entkommen wir den Fotografen und
Kameraleuten am Flughafen Tegel. Aber sogar vor der Botschaft
lauern uns die Paparazzi auf. »Wenn wir nach Bern zurückkehren würden«, sage ich mit grimmigem Humor zu Shawne, »dann
könnte man jeden Tag in *Adieu* lesen, welches Gemüse du gerade eingekauft hast.« Sie ringt sich ein gequältes Lächeln ab.
»*Grüezi* und *Adieu* hätten bestimmt nichts gegen unsere Versetzung einzuwenden. Das würde ihnen Reisekosten sparen.«

Nun – diesen Wunsch werden wir weder dem schweizerischen Boulevard noch Joseph Deiss erfüllen. Auch unsere Freunde wollen uns in Berlin behalten. »Wir machen eine *Don't-go-away*-Party für euch im Hotel Adlon!«, schmettert es am nächsten Tag aus dem Telefonhörer. Reto Gaudenzi ist Feuer und Flamme für seine Idee, die er zusammen mit mehreren prominenten Berlinern entwickelt hat. »Das wird ein Fanal. Ganz Berlin erklärt sich solidarisch!«

»Danke für die Geste, aber Shawne will nicht feiern. Ich werde einen formellen Abschiedscocktail geben.«

Gesagt, getan. Trotz der kurzfristigen Ankündigung kommen alle, bei denen wir uns für die Zusammenarbeit der letzten Jahre bedanken wollen. Eine Demonstration der Geschlossenheit: Politik, Wirtschaft und die Gesellschaft Berlins stehen einhellig hinter uns. Nur die Stimmung ist bedrückt, alle machen betroffene Gesichter und reden mit gedämpfter Stimme wie auf einer Beerdigung. Meine kleine Abschiedsrede sorgt für etwas Aufmunterung. Wenn Shawne und ich die Residenz trotz der Angriffe ungebrochen verlassen, müssen sich auch unserer Freunde keine Sorgen machen. Der lange Applaus honoriert diese Haltung und stärkt uns den Rücken. Später bekräftigen viele ergreifende Briefe den Eindruck, in Berlin etwas bewegt zu haben. »Als ein stets anregender und konstruktiver Partner, aber auch als hervorragender Gastgeber, haben Sie in Ihrer Amtszeit viel Sympathie für die Schweiz und ihre Bürgerinnen und Bürger hinzugewinnen können«, schreibt Innenminister Otto Schily, mein alter Moabiter Nachbar. »Dass die Beziehungen zwischen Ihrem Land und Deutschland insgesamt – und nicht zuletzt im Bereich der Innenpolitik – ein so hohes Niveau erreicht haben, ist maßgeblich Ihrem Wirken als Botschafter zu verdanken.«

Das Unternehmen *Swatch* schaltet ein einseitiges Solidaritätsinserat in der *FAZ*. Und Urs Jaeggi verrät mir ein biografisches Detail aus seinem Leben: »Ich weiß nicht, ob ich dir je erzählt habe, dass ich nach dem Studiumsabschluss in Bern mich um die Diplomatenlaufbahn bemüht habe. Einer meiner

Professoren, Hans Huber, der damals die Rekrutierungskommission leitete und den du als Jurist sicher kennst, hat damals gesagt, klar nehmen wir Sie, aber Sie werden nie dazugehören, bleiben Sie an der Uni. Ich hatte Botschafter wie Saint-John Perse und André Malraux im Kopf, lateinamerikanische Dichter. Huber sagte knallhart: ›Die suchen keine solchen Leute, die wären bei uns unmöglich.‹ Es war dann auch so, als ich reihum Botschafter kennen lernte, dass ich immer wieder dachte, Gott sei Dank hat er mich gewarnt. Dann lernte ich dich kennen und sah, es geht also doch, und das noch Merkwürdigere war, dass ich sofort dachte: Einer wie du wäre in meiner Schulzeit einer gewesen, mit dem zusammen ein unschlagbares Team möglich gewesen wäre.«

Ein Glück für die Schweiz, dass der in Solothurn geborene Urs Jaeggi nicht Diplomat geworden ist. Als Soziologieprofessor, Schriftsteller und Künstler von internationalem Format hat er mehr für seine Heimat getan als die meisten Botschafter, die ich kenne. Ein Glück auch, dass wir neben trostreichen Briefen so viel praktische Hilfe angeboten bekommen. Von heute auf morgen müssen wir eine neue Wohnung suchen. Obwohl die Spree-Metropole noch kein wirtschaftliches Zentrum darstellt, wollen Shawne und ich vorerst hier bleiben. Das Flair, das pulsierende Leben der deutschen Hauptstadt und unsere Freunde hatten es uns angetan. Berliner und Potsdamer Bekannte halfen uns tatkräftig bei der Wohnungssuche. Auf diese Weise wurden wir zur Villa Kampffmeyer in Potsdam geführt. Majestätisch erhebt sich das großartige Gebäude aus den Gründerjahren gleich hinter der legendären Glienicker Brücke aus der Uferzone der Havel. Brücke und Villa haben manches Drama erlebt, denn an diesem Ort tauschte man im Kalten Krieg gefangene Spione aus. Im Keller der wunderbar renovierten Villa stößt man auf schwere eiserne Türen mit Sichtluken: Zellen der Stasi. In der Nacht vor ihrem Austausch träumten hier die Gefangenen ihrer Freiheit entgegen.

Ebenso eifrig wie DDR-Geheimpolizisten sind uns die Reporter der Boulevardpresse auf den Fersen; eine Ruhepause wird uns nicht gegönnt. Schon über unseren ersten Besuch in der Villa Kampffmeyer berichten die Zeitungen. Hören die Medien etwa mein Handy ab? Stimmt unser Eindruck, dass jemand während der Ferien in unserer Wohnung war? Verfolgt man uns nach wie vor auf Schritt und Tritt? Ganz offensichtlich, und dieses unglaubliche Vorgehen schüchtert Shawne noch mehr ein. Aber sie ist glücklich, dass uns die Villa vorübergehend zur Verfügung gestellt wird. Prächtig wie ein Palais, kommt uns das Gebäude schöner als die meisten Botschafterresidenzen vor. Es würde sich hervorragend als Sitz einer Stiftung oder eines *Think Tanks* eignen.

Das Wohnungsproblem hätten wir also gelöst. Doch wie sieht es mit meiner beruflichen Zukunft aus? Diplomatie ist ein »closed job«, ein geschlossener Orden. Wer ihn verlässt, kann in der Regel nicht mehr zurückkehren. Ebenso wird nach einigen Jahren im diplomatischen Dienst der Wechsel in die Privatwirtschaft schwierig. Können Diplomaten wirtschaftlich denken? Wenige von ihnen. Sind sie gewohnt, schnelle Entschlüsse zu treffen? Nur mit Rückendeckung ihrer Vorgesetzten. Zeigen sie Managementqualitäten, Zivilcourage, Risikobereitschaft, wie man sie in der freien Wirtschaft braucht? Selten. Trotzdem mache ich mir keine Sorgen. Denn vor meiner EDA-Laufbahn habe ich für die *Credit Suisse* gearbeitet, und während der diplomatischen Tätigkeit verlor ich nie die Belange der Wirtschaft aus den Augen. Im Gegenteil. Das Wohl schweizerischer Unternehmen genoss immer höchste Priorität bei mir. Ich verstehe mich als doppelten Grenzgänger: zwischen Politik und Wirtschaft einerseits, zwischen Europa und den USA andererseits. Mit diesen Kenntnissen bin ich in verschiedenster Hinsicht als Berater nützlich, vor allem, wenn Unternehmen ins Ausland expandieren wollen. Außerdem kann ich erhebliche Kenntnisse im Investment Banking und Private Banking vorweisen.

In dieser schwierigen Zeit bestätigte sich einmal mehr Ciceros Weisheit, dass man den sicheren Freund in unsicherer Sache erkennt (*Amicus certus in re incerta cernitur*). Allen voran stehen Friede Springer und Jürgen Schau, der Chef von Colmbia Pictures, wie ein Fels hinter uns und helfen vor allem Shawne. Werner Gegenbauer und Peter Specker, zwei sehr erfolgreiche Berliner Geschäftsfreunde, öffnen viele Türen. Nationalrat Peter Spuhler und manche andere Schweizer Geschäftsfreunde unterstützen meinen Start-up maßgeblich mit ersten Aufträgen. Der immer präsente, verlässliche Freund und Ratgeber Marc Cohen sowie Michael Kräß und Clemens Joos bieten die Hand zur Kooperation im Public Affairs-Bereich, Alex Wich beim Investmentbanking. Ebenso steht Peter Wolf, der Manager meiner Frau, loyal und mit aktiver Unterstützung zu uns. Viele andere wären zu erwähnen.

Noch bevor mein Büro in Potsdam richtig organisiert ist, erhalte ich schon den ersten Auftrag: Ein mittelständisches deutsches Unternehmen soll verkauft werden, man fragt nach, ob ich den Auftrag ausführen könne. Ein anderer Kunde engagiert mich als Lobbyist, und als Redner bin ich nicht weniger gefragt als früher. Schon bald meint Shawne: »Du arbeitest noch mehr als sonst.« Dabei ist das gar nicht möglich. Besonders erfreut bin ich, als das Deutsche Rote Kreuz an mich herantritt und mich bittet, ehrenamtlich als »Sonderbotschafter« tätig zu sein. In seinem Auftrag bemühe ich mich, die Wirtschaft dafür zu sensibilisieren, dass humanitäre Hilfe gerade auch in ihrem Interesse liegt.

Und mein alter Job? In den letzten Apriltagen unterbreitet mir Bern einen Vorschlag für ein neues Aufgabengebiet: »Chef für internationale Verhandlungen im Botschafterrang«. Ein faires Angebot, gewiss. Aber mein Entschluss fiel bereits auf Mauritius, nach allen Querelen und Fehlleistungen im EDA ist mir ein Verbleiben im diplomatischen Dienst unmöglich geworden. Am Samstag, dem 27. April 2002, faxe ich gegen 23.00 Uhr einen kurzen Satz ans Auswärtige Amt und an die Privatadresse von Joseph Deiss: »*Hiermit kündige ich.*« Gleichzeitig formuliere ich eine Erklärung für die Presse. »Ich liebe meine Heimat«, schreibe ich darin. »Nach reiflicher Überlegung und mit großem Bedauern habe ich entschieden, dass ich unter den ge-

gebenen Umständen meinem Ministerium auch nicht in anderer Funktion dienen kann. Ich beende meine diplomatische Karriere. Berufliche und persönliche Gründe machen diesen Schritt unumgänglich, darunter insbesondere der offensichtliche, gut dokumentierte Mangel an Unterstützung und Loyalität durch mein Außenministerium in der zurückliegenden Auseinandersetzung. Ich überlasse es der Öffentlichkeit, ein Urteil darüber zu fällen, ob wir fair behandelt wurden und – viel wichtiger –, ob mit der Art und Weise, wie die Angelegenheit geregelt wurde, den Schweizer Interessen in Deutschland und anderswo wirklich am besten gedient wurde.«

Inhalt und Tonfall der Erklärung treffen wohl mehrheitlich die Meinung der Schweizer Bevölkerung, denn sie überschüttet Bundesrat Deiss mit Protestbriefen. Seine Laune muss schon zuvor auf dem Nullpunkt gewesen sein, mein letzter »Akt der Insubordination« versetzt ihn in Rage. Umgehend weist er seinen Generalsekretär Thomas Litscher an, mir ebenfalls zu kündigen. Bitte? Mein Anwalt Dr. Peter Bratschi muss die EDA-Führung darüber aufklären, dass eine Kündigung eine einseitige Willenserklärung darstellt, die man weder zurückweisen noch seinerseits mit einer Entlassung erwidern kann. Immerhin kann mein Dienstherr darauf hinweisen, dass meine Kündigungsfrist sechs Monate beträgt. Abzüglich der angesammelten Urlaubstage dürfte er mich noch gut zwölf Wochen in Bern beschäftigen.

Ich würde zwar wohl nur in einer Besenkammer sitzen und Däumchen drehen, doch die Demütigung wäre erreicht. Für ein paar Tage sieht es so aus, als wolle der Außenminister diese kleinliche Variante praktizieren, dann stoppen ihn seine Bundesratskollegen. Man stellt mich mit sofortiger Wirkung frei. Was mich betrifft, ich bin zum endgültigen Schlussstrich bereit, auch wenn man mich von verschiedenen Seiten darauf hinweist, dass die Verletzung der Sorgfaltspflicht durch meinen Arbeitgeber ein Recht auf Entschädigung begründe. »Wieso soll der Schweizer Steuerzahler für die Dummheiten seines Außenministers zahlen?«, entgegne ich. Bei Managern finde ich den »goldenen Handschlag« ebenfalls verwerflich, er widerspricht meinem Leistungsdenken. Nein, ich will mich nicht auf Kosten meiner Heimat bereichern, der ich so viel verdanke. Dass ich im Gegensatz zu deutschen Beamten keine Rente auf Lebenszeit erhalte, finde ich vollkommen in Ordnung. Ich bin fünfundvierzig, ich kann arbeiten.

Doch diese Haltung erweckt in Bern keine ähnlichen Gefühle. Wochen später bringt das EDA die erwähnten Gerüchte in Umlauf, nicht die angebliche Affäre sei für meine Abberufung verantwortlich gewesen, sondern meine Illoyalitäten im Amt. Ein durchsichtiger Versuch, die peinlichen Fehler im eigenen Krisenmanagement durch einen Entlastungsangriff zu vertuschen. Angesichts der Schadensbilanz wenig überzeugend: Die Schweiz hat einiges von ihrem guten Ruf eingebüßt, Shawne verlor unser Kind und ich meinen Beruf. All dies hätte Joseph Deiss zu verhindern vermocht. Schon vor der Veröffentlichung der unsäglichen Geschichte – und sogar noch kurz danach – hätte er die Skandalmaschine mit ein paar passenden Worten blockieren können: »Das Privatleben meines Botschafters in Berlin geht mich und die Öffentlichkeit nichts an. Respektieren wir die Privatsphäre des Ehepaars Borer-Fielding. Im Übrigen befasst sich die schweizerische Außenpolitik mit wichtigeren Fragen, die unsere Aufmerksamkeit wirklich beanspruchen.«

Drei Sätze von Joseph Deiss, und meiner Familie und meiner Heimat wäre schwerer Schaden erspart geblieben! Neben der Verantwortung für die Schweiz hätte seine angebliche Verpflichtung auf christliche Werte den CVP-Politiker zu dieser Haltung drängen müssen, denn Nächstenliebe besteht nicht nur aus Achtung vor dem ungeborenen Leben, sondern auch aus Respekt vor der Privatsphäre anderer. In den meisten Ländern der Welt würden Fehler eines Spitzenpolitikers wie die von Joseph Deiss unverzüglich politisch geahndet. In der Schweiz versucht nur die konservative SVP, ihn zur Verantwortung zu ziehen, scheitert aber an der breiten Front der Konkordanz. Alle sechs Bundesräte stellen sich hinter Deiss, obwohl der eine oder andere bekanntlich durchaus erhebliches Eigeninteresse haben dürfte, sein Privatleben vor den Medien geschützt zu wissen. Die Angst vor der Boulevardpresse muss übermächtig sein und verleitet manchmal zu opportunistischer Mutlosigkeit.

Bleibt die Affäre damit ohne Konsequenzen für die Regierung? Nein, aber die Folgen verschleppen sich. Im Dezember 2002 beschert eine Veränderung in der personellen Zusammensetzung des siebenköpfigen Bundesrats dem glücklosen Außenminister Deiss die Möglichkeit zur Flucht. Er nutzt die Gunst der Stunde und flieht vom Auswärtigen Amt ins Volkswirtschaftsministerium. Damit wendet er sich »von der großen weiten Welt ab und der kleinräumigen Schweizer Landwirtschaft zu«, wie Gisela Blau den Umstieg in der Wochenzeitung *Tachles* nicht ohne Süffisanz kommentiert. Wenn die Krise um Botschafter Borer zum Ministeriumswechsel etwas beigetragen haben sollte, wäre ich stolz auf diesen meinen vorerst letzten Dienst für die Schweizer Außenpolitik. Deiss' Nachfolgerin im Außenministerium, der Sozialdemokratin Micheline Calmy-Rey, wünsche ich eine glückliche Hand. Sie tritt mit dem Motto an: »Es ist wichtig, dass die Schweizer Außenpolitik sichtbar ist.« Diesen Satz kann ich nur unterschreiben.

Nach dem Umzug nach Potsdam setze ich mein Krisenmanagement unverzüglich fort. Die permanente Verletzung unserer Privatsphäre durch die Medien muss sanktioniert werden! So mache ich mich an die Kärrnerarbeit der Beweisführung und entwickle eine passende Strategie. Mehrere Anwälte helfen mir dabei. Die Kanzlei von Dr. Peter Bratschi in Bern und Zürich bereitet die Eingabe an den Schweizer Presserat vor. Professor Matthias Prinz in Hamburg geht in Deutschland gerichtlich gegen verschiedene Verlage und Journalisten vor, vor allem aber gegen Armelle Ménager, die Kronzeugin der »Sexaffäre«. Der Berliner Rechtsanwalt Andreas Schulz richtet mit Prinz sein Augenmerk auf die Vorbereitung einer Klage in den USA. Dazu nehmen wir mit US-Spezialisten Kontakt auf, die großes Interesse an dem Fall zeigen. Die Rechte des Individuums werden von amerikanischen Geschworenen mit Sicherheit höher gewertet als die Wirtschaftsinteressen europäischer Medienunternehmen. Dortige Geschworene können am vorliegenden Material mühelos erkennen, dass die Verlage unsere Persönlichkeitsrechte ohne Relevanz verletzten und ohne eine überzeugende Faktenbasis operierten. Dabei fügten sie uns mutwillig großen materiellen und immateriellen Schaden zu. Die intensiven Möglichkeiten der Beweiserhebung vor einem US-Gericht und der hohe Strafschaden machen auf hiesige Verlage wohl mehr Eindruck als die harmlosen Sanktionen nach europäischem Recht. Das könnte eine langfristige Verhaltensänderung bewirken. Letztlich ist sogar der finanzielle Ruin eines involvierten Verlags bei einem entsprechenden US-Urteil denkbar – heilsame Aussichten für die Vabanquespieler des Boulevardzirkus. In Anspielung auf das große Tennistalent eines beteiligten Verlegers nennt Rechtsanwalt Schulz unsere Aktion »Operation Cross Return«.

Im Vordergrund der Bemühungen steht das Haus Märki. Die Kampagnenideologie von Ex-*Adieu*-Chef Roger Bernard habe ich bereits geschildert, sein Kollege Michael Köhler* setzt sie an Ostern in die Praxis um. Eigentlich müsste er wissen, wie seriöser Journalismus funktioniert. Sein Vater war ein hoch geachteter Leitartikler beim Flaggschiff der deutschen Publizistik, der Wochenzeitung *Die Zeit*. Aber wie so oft will es der Sohn ganz anders machen als der Vater. In den Achtzigern heuerte Köhler als Redakteur bei einem Softpornomagazin an, langweilte sich in dessen Zürcher Redaktion und schrieb einen Roman über die schmutzigen Praktiken einer Boulevardzeitung. Damit gelang ihm das Kunststück, den eigenen Lebensweg bis ins Detail literarisch vorwegzunehmen. Denn nachdem er jahrelang wenig erfolgreich für deutsche Verlagshäuser, darunter auch Burda, gearbeitet hatte, holte ihn Märki-Intimus Ruedi Schmidt zu *Adieu*. Damit wollte dieser dem »schwachen

---

* Name geändert

Schweizer Journalismus« durch Könner aus Deutschland unter die Arme greifen – eine fatale Fehleinschätzung! Erst beriet Köhler die *Adieu*-Redaktion, dann wechselte er auf den Chefposten bei *Grüezi* und holte weitere zweitklassige deutsche Journalisten zu seinem Blatt. Ein Aufstieg wie aus dem eigenen Buch! Wie sein Romanheld ist Michael Köhler ein Journalist neuen Typs, »dessen Schlüsselqualifikation in der Fähigkeit besteht, jedwede halb verdaute Information auf der Stelle als attraktives Medienprodukt zu inszenieren, ohne Rücksicht auf die Sache selbst und ihre inhaltlichen Ansprüche«. So charakterisiert der Dortmunder Medienwissenschaftler Thomas Meyer Boulevardreporter bei Fernsehen und Yellow Press. »Der Geschäftserfolg bemisst sich schließlich allein an der Quote und nicht an der sachlichen Angemessenheit des Produkts.«

Doch auch andere Verlage beteiligen sich an der Hetzjagd, namentlich das Haus Burda vor allem mit seiner Illustrierten *Bunte*. In der Öffentlichkeit gibt sich deren Chefredakteurin Patricia Riekel besorgt über die verwilderten Sitten unter journalistischen Berufsanfängern: Die Moral sei wahnsinnig niedrig, das Thema müsse in der Ausbildung höher gehängt werden. An anderer Stelle sagt sie sogar: »Keine internen Sexgeschichten – das geht nur die Betroffenen etwas an und ist tabu.« Was heißt »intern«? Sexualität ist immer etwas Internes und geht niemals fremde Menschen an. In unserem Fall hält sich Riekel jedoch keinen Moment lang an ihre Sonntagsreden. Wie Bundesrat Deiss durch die *Bunte*-Artikel maßgeblich beeinflusst wurde, habe ich im ersten Kapitel geschildert. Möglicherweise geschah dies sogar in enger Absprache mit dem alten Burda-Kollegen Michael Köhler. Unterlassungsansprüche, die Matthias Prinz gegen die *Bunte* erwirkt, bringen Deutschlands Klatschpäpstin vollends gegen Shawne und mich auf. Sie glaubt anscheinend, niemand dürfe es wagen, gegen ihre Meinungsmache vorzugehen. Sie irrt sich. Unsere Privatsphäre muss in der Schweiz und in Deutschland wieder zum unantastbaren Gut werden.

Nicht nur die Printmedien leisten sich teuren Scheckbuchjournalismus. Auch RTL bezahlt Armelle Ménager für die richtigen Statements ein Honorar, und SAT 1 versucht, durch Nachstellung von Szenen die eigene Berichterstattung authentischer zu machen. Als der Sender das fragliche Geschehen vor der Botschaft mit Statisten aufnehmen will, geraten der *Grüezi*-Fotograf und Armelle Ménager in Streit darüber, wo beide jeweils standen und wie sich das Ganze abgespielt haben soll. Davon ist in der Fernsehreportage natürlich nicht die Rede, es könnte die Legende platzen lassen. Nur die oft gescholtene *Bild*-Zeitung verhält sich journalistisch professionell. Sie hinterfragt die angeblichen Fakten und stellt dabei eine Vielzahl von entlastenden Ungereimtheiten fest. Dies wird bei den anderen deutschen Verlagen fein säuberlich ausgeblendet. Am klarsten verhält sich das Berliner Boulevardblatt *BZ*. Ihr Chefredakteur Georg Gaffron hält die Kampagne für widerwärtig und berichtet überhaupt nicht darüber, weil er dadurch unsere Persönlichkeitsrechte verletzt sieht.

Je tiefer wir uns ins Material vergraben, desto häufiger schütteln wir ungläubig den Kopf: Wie können Journalisten nur so leichtsinnig sein? Die Märki-Leute hielten buchstäblich nichts in der Hand, als *Grüezi* am Ostersonntag vorpreschte und seinen Lesern die Geschichte auftischte. Bekanntlich hat Armelle Ménager die Fakten sofort dementiert. Und die Fotos? Unabhängig davon, ob sie echt oder manipuliert sind, beweisen sie gar nichts: Weder bin ich darauf zu sehen noch lässt sich der abgebildete Mercedes mir zuordnen. »Erstaunlicherweise« kann man das Nummernschild nicht erkennen, und schwarze Modelle fahren zu Tausenden in Berlin umher. Das einzige Bild von Armelle Ménager im Auto wirkt so, als würde ihr Gesicht von einem Filmscheinwerfer ausgeleuchtet.

Als der Berliner Fotograf Bernd Lammel für den *Stern* versucht, mit der gleichen Kameraausrüstung wie der Paparazzi-Fotograf die Aufnahme in meinem Wagen nachzustellen, findet er überhaupt nur eine Stellung heraus, in der ein solches Bild möglich wäre. Dazu muss sich die Fotografierte in den Lichtkegel der Kartenleselampe manövrieren, was unnatürliche Verrenkungen voraussetzt. Niemand macht das freiwillig, wenn er nicht gerade für ein Foto posiert. Interessanterweise publiziert der *Stern* die Erkenntnisse von Bernd Lammel nie, obwohl die *Stern*-Journalistin Kerstin Schneider bezeugen kann, dass ich mich am fraglichen Abend im März bis spät in die Nacht hinein als Gast auf der Baden-Württembergischen Landesvertretung aufhielt. Unmöglich konnte ich zur selben Zeit Frau Ménager spazieren fahren! An Entlastungsmaterial hat die Hamburger Illustrierte aber offensichtlich ebenso wenig Interesse wie die restliche Branche. Dabei weiß jeder, von welch fragwürdiger Qualität die Fotobeweise sind. Von Negativen keine Spur, das Material besteht nur aus Bits und Bytes. Jeder Fünfzehnjährige kann Aufnahmen aus der Digitalkamera am Computer nachbearbeiten. Aus unerfindlichen Gründen fehlt der Bilddatei sogar die digitale Datumssignatur. Reiner Zufall, sagt der *Grüezi*-Fotograf.

Warum aber sprechen alle Zufälle gegen ihn? Ich habe dafür eine ganz einfache Erklärung: Die Geschichte stimmt nicht. Keine Bilder, keine Sachbeweise, keine Zeugen. Doch halt! Da gibt es ja noch die gut bezahlte Kronzeugin Armelle Ménager. Ihre zweite Erklärung, mit der die vermeintliche Affäre beglaubigt werden soll, trägt das Datum 1. April. »April, April!«, wird sich Armelle Ménager gedacht haben, als sie – von Matthias Prinz drei Monate später durch rechtliche Schritte in die Enge gedrängt – ihre Aussage komplett widerruft. Sie sei von *Grüezi*-Reporterin Irena Smirnova angestiftet worden, gibt Ménager im Juli zu Protokoll.»Ich möchte hier nochmals mit aller Deutlichkeit sagen«, verkündet sie vor laufender Kamera, »dass ich keinen sexuellen Kontakt mit Dr. Thomas Borer-Fielding hatte. Und dass ich von den Leuten … massiv unter Druck gesetzt wurde, um Falschaussagen zu machen.« Zudem gesteht sie, für ihre Interviews von den involvierten Verlagen mehrfach fünfstellige Euro-Summen erhalten zu haben.

Bereits seit Ostern gerät das Märki-Imperium unter heftigen Beschuss der schweizerischen Medien. Wahr oder nicht wahr, diese Geschichte durfte nicht publiziert werden, lautet der einheitliche Tenor aller Kommentare. Sehr früh schon muss Stephan Märki ahnen, dass ihm seine Journalisten ein Danaergeschenk gemacht haben. Nun kämpft er auf verlorenem Posten. Zehn Tage nach Ostern argumentiert der Verlag bereits nicht mehr mit dem ursprünglichen Vorwurf, sondern eröffnet einen Nebenkriegsschauplatz. Weil ich die Kronzeugin charakterlich in Zweifel ziehe, wirft man mir menschliches Versagen vor. »Im Nachhinein«, meint der Verlag zur Ménager-Geschichte, »zeigte es sich, dass es richtig war, sie zu publizieren. So kann ein Spitzendiplomat nicht mit Menschen umgehen.« Welch verzweifelte Wendung! Jenseits des Realitätsgehalts wird die Kampagne zu einem Bewährungstest für Diplomaten umfunktioniert. Kann man einen Botschafter mit Dreck bewerfen, ohne dass er die Fassung verliert? Wenn ja, darf er im Amt bleiben. Wenn nein, muss er entfernt werden, weil er sich wehrt. Mangelnde Contenance als Kündigungsgrund, oder noch besser: Öffentlicher Pranger ersetzt Assessment Center. Ein effizientes Personalausleseverfahren?

Nach meinem Ausscheiden aus dem diplomatischen Dienst sieht die Bilanz des Ostersonntag-Coups für Märki verheerend aus: ein Imageschaden über die Landesgrenzen hinweg, Tausende von Briefen, E-Mails und Anrufen empörter Schweizer, gekündigte Abonnements, verunsicherte Anzeigenkunden. Hans-Olaf Henkel, Verwaltungsratsmitglied des Konzerns, schreibt in geharnischten Worten einen Protestbrief: Entsetzt und angewidert sei er über die journalistischen Praktiken von *Grüezi* und *Adieu*. Im Rückblick erklärt Märki später einem *FAZ*-Reporter: »Das war ein Kampf, den wir nicht gewinnen konnten. Man wirft uns gerne vor, Kampagnenjournalismus zu betreiben. Aber diese Kampagne von praktisch allen gegen Märki – das habe ich hierzulande zuvor nicht erlebt.«

Man kann es auch anders sagen: Die Selbstkontrolle der Schweizer Medien hat funktioniert. Und so erhalten wir im Juni erste Signale aus der Konzernzentrale. Über einen unbeteiligten Verlagsmitarbeiter nimmt man Kontakt zu uns auf. Ziel: Beilegung des Streits und außergerichtliche Einigung.

Rasch verlagern sich die Verhandlungen auf die Ebene des Verwaltungsratspräsidenten, der einige Jahre lang Schweizer Botschafter in Peking gewesen ist. Diplomaten unter sich – das kommt der Chemie zugute und bringt uns einer schnellen Lösung nahe. Am 14. Juli 2002, dreieinhalb Monate nach Beginn der Katastrophe, prangt in dicken weißen Lettern auf rotem Grund »Entschuldigung« auf der Titelseite von *Grüezi*.

Der Verleger Stephan Märki hat die Größe, in einem langen offenen Brief Abbitte zu leisten und damit einen Schlussstrich unter den Streit zu ziehen. »Wir sind bei unserer Aufarbeitung auf Tatsachen gestoßen«, schreibt er, »die wir nicht akzeptieren können. So hat sich erstens herausgestellt, dass Armelle Ménager ein Informationshonorar von zehntausend Euro bekommen hat. Zweitens musste die oberste Konzernspitze zur Kenntnis nehmen, dass Fotos von Frau Ménager unter einem Vorwand beschafft worden sind. Beide Vorfälle stellen Verstöße gegen die journalistische Sorgfaltspflicht dar, die wir im Hause Märki nicht dulden können. Dafür möchte ich mich auch im Namen der Redaktion bei unseren geschätzten Leserinnen und Lesern entschuldigen. (...) Auch Herrn Dr. Thomas Borer und seiner Frau stand eine Entschuldigung zu. Sie haben beide Ungemach erlitten, was ich bedaure. Wir haben uns bei ihnen entschuldigt. (...) Mit Geld lässt sich vieles, aber nicht alles wieder gutmachen. Wir wissen das und wollen deshalb aus der Angelegenheit auch unsere Lehren ziehen. Im Wettbewerb um Aufmerksamkeit droht gutes journalistisches Handwerk verdrängt zu werden. Dieser Gefahr wollen wir mit erhöhter Wachsamkeit und Sorgfalt begegnen. Auch dem Boulevardjournalismus sind Leitplanken gesetzt, die er nicht übersehen darf.«

Überlegte und einsichtige Worte, hinter denen wir nicht zurückstehen wollen. So bitten Shawne und ich unsererseits das Ehepaar Märki für persönliche Angriffe um Entschuldigung. Wie im offenen Brief anklingt, werden die wichtigsten Protagonisten des Skandals das Verlagshaus verlassen, eine angemessene Schmerzensgeldsumme soll uns für erlittenes Unrecht entschädigen. Außergerichtliche Vergleiche zwischen uns und Armelle Ménager sowie zwischen ihr und Märki schließen sich an. Auch der Schweizerische Presserat gibt uns voll und ganz Recht. Wir können aufatmen. Es ist vorbei.

So denken wir wenigstens. Aber wir haben die Rechnung ohne *Bunte*, *Max*, RTL und SAT 1 gemacht. Die Journalisten dieser deutschen Illustrierten und Privatsender scheinen die Lektion nicht begriffen zu haben. Bewusst manipulativ wiederholen sie die *Grüezi-* und *Adieu*-Fehler noch einmal. Wieder wird gegen uns angeschrieben und angesendet, wieder reihen polemische Artikel Fehler um Fehler aneinander. Die *Bunte* bringt es auf einen Rekord von einem halben Dutzend Falschbehauptungen auf einer Seite. Erneut verletzt man unsere Persönlichkeitsrechte aufs Schwerste und versucht, unseren guten Ruf zu beschädigen. Dazu betritt ein weiterer Akteur das Spielfeld. War Armelle Ménager noch eine tragikomische Figur, wird es mit Heinrich Wirtz endgültig erschütternd. Der Kaufmann gehört zu den vielen tausend Menschen, die ich in meiner Zeit als Botschafter flüchtig kennen gelernt habe. Von seinen Vorstrafen wusste ich damals noch nichts; ein Botschafter kann nicht von jedem, dem er die Hand schüttelt, ein polizeiliches Führungszeugnis verlangen. Wer überdies eine Strafe abgebüßt hat, muss auch wieder in die Gesellschaft aufgenommen werden. Die involvierten Verlage und Sender bauen ihn aber nun als neuen »Kronzeugen« gegen mich auf, und er macht das schmutzige Spiel zunächst willfährig mit. Er sei es gewesen, behauptet Heinrich Wirtz in TV-Sendungen und Illustrierteninterviews, der die Operation »Cross Return« generalstabsmäßig geplant und ausgeführt habe. Dafür sei ich ihm ein Honorar in beträchtlicher Höhe schuldig.

Journalisten sollten wissen, dass jede Affäre Trittbrettfahrer anlockt. Wiederum verfallen sie jedoch in ihre schlechten Rudelgewohnheiten, vernachlässigen ihre Sorgfaltspflichten, schreiben voneinander ab, ohne Plausibilitätsüberlegungen anzustellen oder unsere Dementis durch Fakten zu widerlegen.

Im Gegenteil, sie räumen Heinrich Wirtz breiten Raum ein, obwohl er keinerlei Beweise besitzt. Sie verfahren nach der beliebten Regel:»Je weniger du in der Hand hast, desto lauter musst du brüllen!« Am 10. Oktober 2002 geht bei mir eine obskure Klageschrift über das angeblich zugesicherte, aber nie ausgezahlte Honorar ein. Ich habe so manchen schlecht formulierten Schriftsatz im Leben gesehen, doch was der willfährige Anwalt von Wirtz zu Papier bringt, schlägt dem Fass den Boden aus. Schon der Vermerk auf dem Deckblatt entlarvt die Sensationsmache. »Wegen der hochbrisanten Angelegenheit« wird das Gericht gebeten, »niemandem von dritter Seite, insbesondere von der Presse, Einblick in die Gerichtsakten zu gewähren.« Weshalb wird dann die Klageschrift an einschlägige Redaktionen verteilt?

Nun, Papier ist geduldig. Jeder, der Geld für einen Anwalt ausgeben will, kann Vorwürfe niederschreiben und sie bei Gericht einreichen. Solange sich kein Richter damit befasst hat, besagt die schiere Existenz einer Klageschrift gar nichts. Heinrich Wirtz' Anschuldigungen sind von vorn bis hinten ausgedacht. Doch die Sendung »Akte 02« auf SAT 1 und andere Medien greifen die Angelegenheit so präzise abgestimmt auf, dass man dahinter eine Kampagne vermuten muss. Trotz unserer mittlerweile reichhaltigen Erfahrungen genügt unsere Fantasie jedoch nicht, die wahren Hintergründe der Farce auch nur zu erahnen. Wirtz handelt ebenso wenig aus eigenem Antrieb wie vor ihm Armelle Ménager, sondern wird von Journalisten der Verlage Burda und Milchstraße sowie von SAT 1 angestiftet und offensichtlich mit Geldsummen geködert.

Die erste Spur in diese Richtung findet das schweizerische Nachrichtenmagazin *Facts* heraus. Ende Oktober 2002 interviewt es über fünf Seiten Armelle Ménager. Neue Grotesken scheinen am Horizont auf. Ménager erzählt den *Facts*-Reportern, dass sich Heinrich Wirtz an ihre Fersen heftete und ihr das Blaue vom Himmel versprach: Geld, Ruhm, Medienauftritte, eine Modelkarriere. In seiner Wohnung sei sie Zeugin geworden, wie einschlägige Journalisten der Yellow Press (und leider auch der schweizerischen Nachrichtensendung »10 vor 10«, die den deutschen »Tagesthemen« entspricht) Ende August den »Untergang von Borer« feierten. Die Klageschrift, die Auftritte von Heinrich Wirtz in der Öffentlichkeit – alles ein abgekartetes Spiel! Ich mag Verschwörungstheorien nicht besonders, aber hier übertrifft die Realität die niederträchtigsten Vorstellungen. Weitere mir wohl gesonnene Journalisten erhärten Menagérs Aussagen, und am Nikolaustag des Jahres 2002 bewahrheiten sie sich endgültig. Von meinen Anwälten in die Enge getrieben und von den Medien im Stich gelassen, zieht Heinrich Wirtz die Klage beim Potsdamer Landgericht zurück. In einer ausführlichen eidesstattlichen Erklärung enthüllt er die Vorgeschichte der Kampagne. Patricia Bartels und Alexander Luckow von der *Bunten*, Hatice Akyün von *Max*, Martin Lettmayer von »SAT 1 Akte 02« und Martin Meyer von »10 vor 10« hätten sich im Sommer zum »Club der aufrechten Journalisten« zusammengefunden, »deren vornehmstes Ziel die Wiederherstellung der Pressefreiheit ist, welche insbesondere das Ehepaar Borer-Fielding nachhaltig in der so genannten ›Sexaffäre‹ Menagér durch den Einsatz von hochkarätigen Beziehungen eingeschränkt hätte. Zu diesem Zweck müsse man das Ehepaar Borer-Fielding jetzt in einer allseits konzertierten Aktion systematisch und durch Einsatz von gezielter Indiskretion aus deren Privatsphäre persönlich und wirtschaftlich zerstören und mit Schimpf und Schande aus Deutschland beziehungsweise Europa vertreiben.«

Die angeschuldigten Verlage und Journalisten widersprechen den Darlegungen von Armelle Ménager und Heinrich Wirtz nicht. Wirtz kann sogar einen Vertragsentwurf mit der *Bunten* vorweisen! Unterlassungsansprüche und Verleumdungsklagen, wie sie sonst in solchen Fällen üblich sind, bleiben aus. Vielmehr können wir die Darlegungen in den folgenden Wochen durch weitere Zeugenaussagen und Beweise untermauern.

So viel Niedertracht trifft vor allem Shawne. Patricia Riekel und Patricia Bartels von der *Bunten* hatten sich über Jahre hinweg ihr Vertrauen erschlichen, sie sogar zu privaten Geburtstagsfeiern eingeladen. Und jetzt beteiligen sie sich an solch abgefeimten Aktionen? Was hat Shawne verbrochen? Wirft man ihr etwa vor, dass sie die ganze Zeit zu ihrem Mann steht, ihre Ehe und Familie verteidigt? Ist man aufgebracht, weil sie sich Interviewwünschen verweigert? Spielt ihre amerikanische Herkunft und ihre Unterstützung von Präsident Bush eine negative Rolle, sodass man sie des Landes verweisen muss? Nach den schrecklichen Tagen auf Mauritius hat Shawne mit einer neuen Schwangerschaft wieder Mut geschöpft. Aber die böswilligen Angriffe bringen sie an den Rand dessen, was der Züricher Psychiater Mario Gmür »Medienopfersyndrom« (MOS) nennt. Sie findet keine Ruhe mehr, schläft kaum, kann Artikel und Sendungen in den einschlägigen Medien nicht mehr ertragen. Nach schrecklichen Wochen fordern ihre deutschen Ärzte sie eindringlich auf, im Interesse der Gesundheit von Mutter und Kind Deutschland zu verlassen. Am besten bringe sie unser Kind anderswo zur Welt.

Was für Zustände herrschen hier? Was sind das für Journalisten, die sich zum Ziel nehmen, Menschen zu zerstören, Menschen aus Deutschland zu vertreiben? Wo bleiben die empörten Verleger, die ihre Journalisten für das verwerfliche Handeln maßregeln? Wo die Nachrichtenmagazine, die das Komplott aufdecken? Man erwartet einen Aufschrei der Entrüstung und hofft, die deutschen Medien würden wie die schweizerischen ihre Selbstreinigungskräfte unter Beweis stellen. *Nichts* Dergleichen geschieht. Journalisten aller Couleur fahren mit ziemlich abwertenden, bestenfalls süffisanten Kommentaren über uns fort.

Gegen sie ist in Deutschland kein Kraut gewachsen, so das Resümee meiner Anwälte. Seit August 2002 bleiben ihre Bemühungen ohne nachhaltige Wirkung. Gesprächsangebote unsererseits werden in schnöder Arroganz abgelehnt. Einhellig empfehlen unsere Anwälte schließlich ein Vorgehen in den USA. Wir entschließen uns dazu, nicht nur, um unsere Persönlichkeitsrechte zu schützen, sondern auch für künftig Betroffene.

Denn ein kurzer Blick in die Geschichte zeigt, dass unmoralisches Verhalten von Illustrierten beinahe zur Regel geworden ist. Nicht nur der *Stern* vollbrachte die Meisterleistung, den deutschen Journalismus mit den »Hitler-Tagebüchern« weltweit zu blamieren. Auch die *Bunte* blickt auf eine lange Abfolge von Fehlleistungen und Fälschungen zurück. Nur zwei Beispiele jüngeren Datums: Im Juli 1996 wurde der Burda-Verlag von der Pressekammer des Oberlandesgerichts Hamburg wegen eines frei erfundenen Interviews verurteilt; er musste Prinzessin Caroline von Monaco einhundertachtzigtausend Mark Schmerzensgeld zahlen (eine in der deutschen Rechtsgeschichte enorm hohe Summe). Kurz darauf löste die Illustrierte durch ein gefälschtes Interview mit Tom Cruise in den USA Empörung aus und versetzte dem »deutschen Journalismus einen Tiefschlag« (so die *Süddeutsche Zeitung*). Der Hollywoodstar verklagte den Verlag auf sechzig Millionen Dollar Schadensersatz. Burda verteidigte die Vorgehensweise seiner Redaktion zunächst, entließ dann aber später den Interviewer und entschuldigte sich bei Tom Cruise. Weiter gehende Lehren wurden aus dem Vorfall aber offensichtlich nicht gezogen. »Journalismus beruht zuallererst auf Tatsachen«, schrieb damals Adrian Kreye in der *Süddeutschen Zeitung*. »Dann erst darf er unterhalten. Vor allem, wenn der eigene Verlag sein Flaggschiff *Focus* mit dem Slogan bewirbt: Fakten, Fakten, Fakten.«

Auch zu Beginn des Jahres 2003 zeigen unverantwortliche Journalisten wieder ihre böse Fratze, als sie über eine angebliche Affäre von Bundeskanzler Schröder berichten. Der Chefredakteur des Berliner *Tagesspiegel*, Giovanni di Lorenzo, kritisiert diesen Journalismus in einem Leitartikel vom 9. Januar 2003 heftig: »Was in diesen Tagen über das angebliche Privatleben des Kanzlers und der darin vermeintlich verstrickten Personen verbreitet wird, verletzt aufs Gröbste die Intimsphäre der Betroffenen. Es verstößt gegen elementare Werte journalistischer Arbeit – Wahrhaftigkeit und Relevanz. (...) Auch der Leser kann in diesen Tagen das Kotzen kriegen.« Natürlich lässt sich die *Bunte* diese Gelegenheit nicht entgehen und rätselt in ihrer Ausgabe vom selben Tag: »Doch davon scheinbar völlig ungerührt wabern immer neue Gerüchte um die Ehe des Kanzlers durch Berlin, die sich zum Teil sogar total widersprechen, aber offensichtlich eines bewirken sollen: das Ansehen des Ehepaars Schröder zu beschädigen ...« Treffend analysiert! In eigener Sache besitzt man nicht halb so viel Scharfsinn. Denn was beabsichtigt die *Bunte* mit den Gerüchten über Shawne und mich, wenn nicht unser Ansehen zu beschädigen?

Eine unendliche Geschichte, und so sehr wir ihr Ende herbeisehnen, wissen wir doch, dass es noch lange dauern kann, bis wir in Frieden leben können. Nicht Trotz und nicht Rechthaberei lenken unsere Taten, sondern die Verteidigung des Menschenrechts auf ein Leben ohne Eingriffe in die Privatsphäre. Enthemmter und entfesselter Boulevardjournalismus ist einer Demokratie unwürdig und ein beunruhigendes Zeichen. In dieser Auffassung bestätigt uns auch Bundeskanzler Schröder, der im *Spiegel* vom 6. Januar 2003 erklärt: »Im Journalismus hat sich etwas verändert. Es gibt heute immer weniger Respekt vor der Intimsphäre. Deshalb ist es das gute Recht dessen, der ansonsten jede Form harter Kritik zu akzeptieren hat, sich gegen die Verletzung seiner Intimsphäre zu wehren.«

Medien werden gefährlich, wenn sie ihre Kernaufgabe, die Überwachung von Politik und Wirtschaft, verlassen und rücksichtslos die Privatsphäre von Individuen beeinträchtigen. Besonders bedenklich wird dies, wenn sie mit Skandalierung, Vorverurteilung und Bloßstellung der Betroffenen arbeiten. Öffentliche Schauprozesse ohne jede Verfahrensregel verletzen rechtsstaatliche Grundsätze in alarmierender Weise, und die Folgen stehen in keinem Verhältnis zu den auslösenden Ursachen, wie auch mein Beispiel zeigt. Dass Medienleute für reißerische Informationen überhaupt Geld bezahlen dürfen (der so genannte »Scheckbuchjournalismus«), ist ein unhaltbarer Zustand. Wen wundert es, dass angesichts der entstehenden Märkte frei erfundene »Tatsachen« produziert und verkauft werden? Wird es nicht immer jemanden geben, der einem erfundenen Gerücht Name und Gesicht verleiht, solange Verlage und Sender ihn als „Informanten" großzügig bezahlen? Letztlich bleiben dadurch nicht nur Moral und Ethik auf der Strecke, sondern auch die Glaubwürdigkeit der Verlage als Hüter der »vierten Gewalt«.

Das Jahr 2002 wird mir als persönliches *annus horribilis* in Erinnerung bleiben. Noch lange werde ich mit den Nachwirkungen zu kämpfen haben. Trotzdem richte ich den Blick voller Mut und Zuversicht nach vorn. Leitstern ist für mich der Grundsatz von Nelson Rockefeller: »Wohin wir auch blicken, überall entwickeln sich die Chancen aus den Problemen.« Wer meint, einen Solothurner Schwarzbuben und eine Texanerin so leicht unterkriegen zu können, hat unseren Charakter unterschätzt. Der neugierige Junge aus Bättwil jedenfalls verabschiedet sich nicht in den vorgezogenen Ruhestand. Er wird an der Gestaltung der Zukunft mit Optimismus und Energie mitwirken. *The best ist yet to come.*
I'll be back.

Anhang

Literaturhinweise

Viele Themen konnten im Buch nur gestreift werden. Aus der Fülle der verwendeten Literatur seien einige Titel aufgeführt, deren Lektüre sich für den Leser lohnt, sowie alle Bücher, aus denen zitiert wurde.

Fritz René Allemann: *26mal die Schweiz*, München 1986.
Claude Altermatt: *1798 – 1998. Zwei Jahrhunderte Schweizer Außenvertretungen*, Bern 1998.
Thomas G. Borer: *Das Legalitätsprinzip und die auswärtigen Angelegenheiten*, Basel 1986.
Enrico Brandt, Christian Buck: *Auswärtiges Amt*, Opladen 2002.
Edgar M. Bronfman: *The Making of a Jew*, New York 1996.
James Carville, Paul Begala: *Buck up, suck up and come back when you foul up*, New York 2002.
Stanley Coren: *Die unausgeschlafene Gesellschaft*, Reinbek 1999.
Stuart Eizenstat: *Imperfect Justice: Looted Assets, Slave Labor, and the Unfinished Business of World War II*, New York 2003.
Geschäftsprüfungskommission des Nationalrats: *Personalpolitik in den Karrierediensten und Organisation des Außendienstes im Eidgenössischen Departement für Auswärtige Angelegenheiten*, Bern 2002.
Hans-Olaf Henkel: *Die Ethik des Erfolgs*, München 2002.
Walther Hofer, Herbert R. Reginbogin: *Hitler, der Westen und die Schweiz*, Zürich 2001.

Karl Otto Hondrich: *Enthüllung und Entrüstung*, Frankfurt a. M. 2002.

Carlo S. F. Jagmetti: *Alte Schatten, neue Schatten*, Zürich 2002.

Holger Jung, Jean-Remy von Matt: *Momentum – die Kraft, die Werbung heute braucht*, Berlin 2002.

Beat Kappeler: *Wirtschaft für Mutige*, Frankfurt a. M. 2000.

Hans Mathias Kepplinger: *Die Kunst der Skandalierung und die Illusion der Wahrheit*, München 2001.

Paul Alexis Ladame: *Defending Switzerland*. New York 1999.

Thomas Meyer: *Mediokratie*, Frankfurt a. M. 2001.

Gregg J. Rickman: *Swiss Banks and Jewish Souls*, New Brunswick 1999.

Alois Riklin, Hans Haug, Raymond Probst: *Neues Handbuch der schweizerischen Außenpolitik*, Bern 1992.

Matthias Schranner: *Verhandeln im Grenzbereich*, München 2001.

Claudia Schwartz: *Das Haus im Nachbarland*, Berlin 2001.

Luzi Stamm: *Der Kniefall der Schweiz?*, Baden 1999.

Manfred Strauch: *Lobbying*, Wiesbaden 1993.

Benedikt von Tscharner: *CH – CD*, Zürich 1993.

Uwe Wagschal u. a.: *Der Alleingang – Die Schweiz 10 Jahre nach dem EWR-Nein*, Zürich 2002.

Nachweis der Zeitungs- und Zeitschriftenzitate
Buch-Seitenzahl in Klammer vorangestellt

(13) *Grüezi* 31.3.2002, (17) ebd., (19) ebd., (26) *Bunte* 11.4.2002, (104) *Zeit* 7.11.2002, (123) *NZZ* 31.7.2002, (137) *Weltwoche* 1.8.2002, (150) *NZZ* 6.10.2002, (153) *Sonntagszeitung* 11.2.1996, (155) *Facts* 35/1996, (156) *Bilanz* 12/1996, (160) *NZZ* 9.8.1997, (161) *Grüezi* 10.3.1996, (221) *Weltwoche* 1.8.2002, (223) *The Jerusalem Report* 25.12.1997, (228) *Adieu* 29.1.1997, (229) *Adieu* 27.1.1997, (230) *Weltwoche* 10.6.1999, (247) *Grüezi* 23.7.2000, (248) *Facts* 35/1996, (256) *Berliner Zeitung* 8.11.199, (257) *Grüezi* 5.3.2000, (258) *Grüezi* 29.4.2001, (263) *Max* 10/2001, (271) *Adieu* 26.1.2002, (273) *NZZ* 7.12.2002, (280) *Tachles* 20.12.2002, (280) *NZZ* 7.1.2003, (282) *dpa* 18.10.2002, (282) *Welt* 21.11.2002, (284) *Facts* 44/2002, (285) *FAZ* 19.11.2002, (286) *Grüezi* 14.7.2002, (291) *SZ* 17.8.1996, (291) *Tagesspiegel* 5.1.2003, (292) *Bunte* 9.1.2003, (292) *Spiegel* 2/2003

FAZ = Frankfurter Allgemeine Zeitung
NZZ = Neue Zürcher Zeitung
SZ = Süddeutsche Zeitung

Personenregister

Abacha, Sani 77 f.
Adenauer, Konrad 238, 271
Akyün, Hatice 263, 289
Albright, Madeleine 128, 215
Altermatt, Claude 51, 61, 66,
74, 118, 188 f.
Aubert, Pierre 64

Badamasi Babangida, Ibrahim
77, 88, 90 f.
Baldi, Marino 101, 113
Barbier-Mueller, Ann 164
Barbier-Mueller, Gabriel 161,
164, 166 f.
Bartels, Patricia 26, 289
Baumann, Werner 186
Beer, Greta 180
Begala, Paul 206
Beglinger, Lukas 188
Bergier, Jean-François 192, 194,
209
Berlusconi, Silvio 244
Bindschedler, Rudolf 113
Blankart, Franz 62
Blau, Gisela 280
Bloch, Rolf 189
Blocher, Christoph 217, 243
Bonjour, Edgar 99
Bratschi, Peter 278, 289
Broger, Raymond 271
Bronfman, Edgar 181, 189 f.,
204, 206
Brönnimann, Sylvia 188
Brühl, Nicolas 236
Brunner, Edouard 62
Brunner, Toni 263
Burckhardt, Jacob 37
Burkhard, Peter 36, 60, 188
Burkhardt, Philipp 19
Burt, Richard 172 f., 198
Busch, Wilhelm 187
Bush, George 109
Bush, George W. 170 f., 290

Calmy-Rey, Micheline 280

Caroline von Monaco 291
Carter, James Earl (Jimmy) 127
Carville, James 206
Ceauşescus, Nicolae 162
Chamberlain, Arthur Neville 176
Chenaux-Repond, Dieter 109 f.,
234
Christen, Ruedi 13, 17, 20, 23,
110
Christopher, Warren 128, 141
Cicero 276
Clinton, Hillary 127
Clinton, William Jefferson (Bill)
45, 124, 127, 129, 131, 170,
180 f., 186, 206, 213, 234
Cohen, Marc 186, 199 f., 277
Combernous, Pierre 107
Coren, Stanley 112
Cotti, Flavio 65, 79, 139 ff.,
150 f., 155 f., 158 ff., 163,
185 ff., 191, 194, 203 f., 206,
215, 224, 232
Cruise, Tom 291
Cuéllar, Pérez de 109
Cutler, Lloyd 186

D'Amato, Alfonse 181, 185,
190, 195, 199 ff., 208, 228
Dahinden, Martin 69, 74 f.
Dahrendorf, Ralf 178
Däniken, Franz von 105 f.
Dante Alighieri 100
Defago, Alfred 206
Deiss, Joseph 10 f., 17 f., 20,
22 f., 27 ff., 65, 110, 160, 232,
243, 263, 266, 270 f., 273 f.,
277 ff.
Delamuraz, Jean Pascal 203 ff.,
209
Dietschi, Hugo 39
Diez, Emmanuel 59
Dinichert, Paul 240
Dreifuss, Ruth 70, 216
Dreßler, Rudolf 157
Dubček, Alexander 47

Bildnachweis

Presse- und Informationsamt der Bundesregierung (Bildteil S. 1 und S. 5, unten), Keystone Archiv (S. 7, oben), Daniel Josefsohn (S. 8). Sämtliche anderen Fotos stammen aus dem Privatarchiv des Autors. Sollten darüber hinaus Ansprüche bestehen, bitten wir um freundliche Nachsicht.